Antropologia: questões, conceitos e histórias

2ª edição

Antropologia: questões, conceitos e histórias

Allan de Paula Oliveira

Rua Clara Vendramin, 58 . Mossunguê . CEP 81200-170 . Curitiba . PR . Brasil
Fone: (41) 2106-4170 . www.intersaberes.com . editora@intersaberes.com

Conselho editorial	Capa
Dr. Alexandre Coutinho Pagliarini	Charles L. da SIlva (*design*)
Dr.ª Elena Godoy	LukeProject e Login/Shutterstock
Dr. Neri dos Santos	(imagens)
M.ª Maria Lúcia Prado Sabatella	*Projeto gráfico*
Editora-chefe	Bruno de Oliveira
Lindsay Azambuja	*Diagramação*
Gerente editorial	Maiane Gabriele de Araujo
Ariadne Nunes Wenger	*Equipe de* design
Assistente editorial	Iná Trigo
Daniela Viroli Pereira Pinto	Charles L. da SIlva
Edição de texto	Sílvio Gabriel Spannenberg
Monique Francis Fagundes Gonçalves	*Iconografia*
	Célia Regina Tartalia e Silva
	Regina Claudia Cruz Prestes

Dados Internacionais de Catalogação na Publicação (CIP)
(Câmara Brasileira do Livro, SP, Brasil)

Oliveira, Allan de Paula
  Antropologia : questões, conceitos e histórias / Allan de Paula Oliveira. -- 2. ed. -- Curitiba, PR : Editora InterSaberes, 2023.

  Bibliografia.
  ISBN 978-85-227-0706-5

  1. Antropologia 2. Antropologia – História 3. Antropologia social 4. Cultura I. Título.

23-160357   CDD-301

Índices para catálogo sistemático:
1. Antropologia   301

Eliane de Freitas Leite – Bibliotecária – CRB 8/8415

1ª edição, 2018.
2ª edição, 2023.

Foi feito o depósito legal.

Informamos que é de inteira responsabilidade do autor a emissão de conceitos.

Nenhuma parte desta publicação poderá ser reproduzida por qualquer meio ou forma sem a prévia autorização da Editora InterSaberes.

A violação dos direitos autorais é crime estabelecido na Lei n. 9.610/1998 e punido pelo art. 184 do Código Penal.

Sumário

11 *Apresentação*
17 *Organização didático-pedagógica*

Capítulo 1
21 **A antropologia e seu lugar no mundo moderno**

(1.1)
23 A diferença como código de experiência e observação da sociedade

(1.2)
29 Pensar a partir das diferenças humanas

(1.3)
46 O surgimento da antropologia

(1.4)
54 A antropologia e o mundo moderno

Capítulo 2
71 **Conceitos e questões antropológicas**

(2.1)
73 Etnocentrismo

(2.2)
79 Cultura

(2.3)
89 Relativismo

(2.4)
96 Mudança cultural e contatos entre culturas

(2.5)
106 Multiculturalismo

Capítulo 3
119 **Trabalho de campo e etnografia: os modos de trabalho da antropologia**

(3.1)
121 Precursores da etnografia

(3.2)
124 Etnografia e antropologia

(3.3)
128 A observação participante e uma nova forma de etnografia

(3.4)
133 Etnografia: clássicos, influências e questionamentos

(3.5)
143 A etnografia para além do trabalho de campo e novas possibilidades

Capítulo 4

155 **Correntes e tendências teóricas na história da antropologia**

(4.1)
157 A antropologia no século XIX

(4.2)
171 Antropologia norte-americana

(4.3)
184 Antropologia britânica

(4.4)
200 Antropologia francesa

(4.5)
214 Antropologia contemporânea

Capítulo 5
237 **Antropologia do Brasil e antropologia no Brasil**

(5.1)
239 Primeiras reflexões sobre as diferenças humanas relacionadas ao Brasil

(5.2)
244 Questão racial e cultura brasileira

(5.3)
253 Sociologia e antropologia

(5.4)
259 Etnologia indígena

(5.5)
270 Antropologia urbana e antropologia da sociedade nacional

(5.6)
275 Brasil contemporâneo

Capítulo 6
285 **Relações entre antropologia e história**

(6.1)
287 A dupla consciência europeia e a invenção da antropologia

(6.2)
291 A história da cultura: Boas

(6.3)
296 Sincronia e diacronia na antropologia social britânica

(6.4)
302 Ocidente e mito na história: Lévi-Strauss e o tempo revisitado

(6.5)
311 Antropologia histórica e etno-histórias

319 *Considerações finais*
323 *Referências*
339 *Bibliografia comentada*
349 *Respostas*
353 *Sobre o autor*

Para os meus alunos, que me deixam aprender.
Para Maria Helena, que escreve comigo os rabiscos
e as linhas dos dias.

Apresentação

Neste livro, nosso objetivo é explicar a você como a antropologia, importante saber do campo das ciências humanas, estuda o ser humano. Para tanto, apresentamos alguns conceitos básicos da disciplina e descrevemos as principais tendências teóricas e metodológicas desse saber, sempre chamando a atenção para sua historicidade, ou seja, para suas transformações ao longo do tempo.

A obra está dividida em seis capítulos. No Capítulo 1, expomos a definição de antropologia que permeará a narrativa deste livro: uma reflexão baseada nas diferenças humanas, tendo como pressuposto uma unidade do ser humano, desde a Antiguidade até o século XIX – momento do surgimento dessa ciência.

No Capítulo 2, abordamos alguns conceitos centrais da antropologia: cultura, etnocentrismo, relativismo cultural, multiculturalismo e mudança cultural.

No Capítulo 3, discorremos sobre o principal método de trabalho dos antropólogos – a etnografia –, desde suas origens até conceituações contemporâneas.

No Capítulo 4, versamos sobre o desenvolvimento da antropologia, desde a segunda metade do século XIX até os dias atuais, enfocando os três centros canônicos de produção antropológica: Estados Unidos, Inglaterra e França.

No Capítulo 5, por sua vez, focamos a história da antropologia no Brasil, a qual tem particularidades com relação aos centros mais tradicionais.

Por fim, no Capítulo 6, destacamos as relações entre antropologia e história ao longo dos últimos 150 anos e, também, a forma como os antropólogos dialogam com o saber historiográfico. Em outras palavras, apresentamos a história vista da perspectiva antropológica.

Assim como nos capítulos anteriores, procuramos apresentar uma síntese, tendo consciência, todavia, de seus limites: o objetivo é oferecer a você um panorama do lugar do conhecimento histórico em diferentes momentos do desenvolvimento da antropologia. Sendo assim, apresentamos a antropologia em função de sua relação com a história, revelando tendências analíticas e, nesse processo, apontando a diversidade de formas como a história foi apropriada pelos antropólogos.

Vale ressaltar que, neste livro, há várias citações importantes relacionadas à história da antropologia. Sempre que o título da obra está em português, significa que existem traduções brasileiras ou portuguesas. Quando não há, o título aparece na língua original, com tradução entre colchetes. Outra informação relevante diz respeito aos etnônimos – nomes próprios que indicam povos e sociedades –, os quais, por convenção dos antropólogos, são grafados no singular e com inicial maiúscula. Por exemplo: os Guarani, os Kamaiurá e os Nuer. No entanto, quando têm função de adjetivo, esses termos são grafados normalmente: a arte guarani, a política kamaiurá e a indumentária nuer.

Por se tratar de uma introdução ao tema, nosso intuito é apresentar uma visão panorâmica da disciplina e convidá-lo a reflexões mais avançadas. Nesse sentido, apenas mencionamos discussões importantes no campo da antropologia contemporânea, sem o aprofundamento que uma literatura mais especializada pode oferecer.

Por isso, ao final do volume, há a seção "Bibliografia comentada", com sugestões de leitura que podem originar discussões mais especializadas e, muitas vezes, complementar o texto-base. Privilegiamos obras disponíveis em edições brasileiras lançadas nos últimos 20 anos, de modo que seu acesso seja mais facilitado.

Procuramos contribuir com um campo cujo aproveitamento no mercado editorial brasileiro se limita a alguns títulos. No âmbito nacional, o ensino da antropologia, como área de saber específica, está inserido no campo das ciências sociais. Com a sociologia e a ciência política, ela constitui a base da formação dos cientistas sociais brasileiros. No final da década de 1960, começaram a ser instituídos no país programas de pós-graduação em Antropologia e, a partir da década de 1990, houve a criação de cursos de graduação na área (em 2016, existiam 11).

Nos cursos de graduação em Ciências Sociais e em Antropologia, a disciplina é ensinada mediante críticas de textos clássicos, ao mesmo tempo que os alunos são introduzidos nos diversos campos em que a antropologia tem se especializado: parentesco, gênero, religião, política, arte, sexualidade, técnica, entre outros. Assim, a história da disciplina e dos conceitos com os quais ela trabalha é apresentada de forma extensiva. O mesmo não ocorre em cursos como História, Psicologia, Direito, Administração ou Artes, nos quais é oferecida somente uma ou outra disciplina ligada à antropologia. Esses cursos dependem, em grande medida e em graus variáveis, de textos que levem aos estudantes questões debatidas na antropologia, sem, no entanto, o caráter extensivo que o ensino da disciplina tem na área de ciências sociais.

Allan de Paula Oliveira

Dois livros publicados na década de 1980 têm servido como base para a introdução da antropologia em diversos cursos de graduação no Brasil: *Cultura*: *um conceito antropológico*, de Roque Barros Laraia (publicado originalmente em 1986 e com várias reedições), e *Aprender antropologia*, de François Laplantine (publicado em 1988 a partir da tradução do original francês lançado um ano antes). O primeiro tem como foco o desenvolvimento do conceito de cultura – essencial para a compreensão da história da antropologia desde o final do século XIX – e, ao mesmo tempo, debate conceitos como relativismo, etnocentrismo e mudança cultural. Vale ressaltar que o livro que você tem em mãos, especialmente os Capítulos 1 e 2, são uma tentativa de contribuição a esse campo explorado por Laraia; todavia, procuramos enfatizar aqui a historicidade do conceito de cultura e a polissemia relacionada a seu uso.

Por sua vez, a obra de Laplantine é mais ampla. O autor enfatiza menos o conceito de cultura, mas historiciza a própria antropologia, além de trazer um quadro de suas tendências epistemológicas no final da década de 1980. Assim, apresenta alguns marcos do pensamento antropológico e, na parte seguinte, as principais tendências deste na contemporaneidade. Desse modo, narra o desenvolvimento da antropologia no tempo, oferecendo uma visão panorâmica do conjunto de abordagens realizadas pela disciplina ao final da década de 1980. O autor francês dá enfase ao período de constituição da antropologia, nos séculos XVIII e XIX, e às tendências epistemológicas da disciplina no século XX: antropologias simbólica, social e cultural.

Porém, no presente livro, dedicamos nossa atenção às três principais comunidades do pensamento antropológico (Oliveira, 1984): as antropologias norte-americana, francesa e inglesa. Trazemos, nos Capítulos 4 e 5, uma síntese da história dessas tradições, a fim de contextualizar os principais autores e clássicos da antropologia, sobretudo suas preocupações teóricas e temáticas, propiciando uma base para leituras mais avançadas.

As obras às quais acabamos de nos referir citam muito rapidamente a história dessas comunidades do pensamento antropológico, sendo necessário recorrer a textos fragmentados, alguns já fora de catálogo em português: Kuper (1978), para a antropologia britânica, é um bom exemplo. Não há uma narrativa em português sobre a história da antropologia na França ou nos Estados Unidos; o que existe são materiais sobre autores específicos, como a coletânea organizada por Grossi, Motta e Cavignac (2006) sobre autores franceses e o trabalho de Kuper (2002) sobre autores norte-americanos. Pode-se afirmar o mesmo com relação à história da antropologia no Brasil, que também carece de sínteses históricas introdutórias, como a produzida por Melatti (1984).

Organização didático-pedagógica

Esta seção tem a finalidade de apresentar os recursos de aprendizagem utilizados no decorrer da obra, de modo a evidenciar os aspectos didático-pedagógicos que nortearam o planejamento do material e como você pode tirar o melhor proveito dos conteúdos para seu aprendizado.

Introdução do capítulo

Logo na abertura do capítulo, você é informado a respeito dos conteúdos que nele serão abordados, bem como dos objetivos que o autor pretende alcançar.

Síntese

Você conta, nesta seção, com um recurso que o instigará a fazer uma reflexão sobre os conteúdos estudados, de modo a contribuir para que as conclusões a que chegou sejam reafirmadas ou redefinidas.

Indicações culturais

Nesta seção, o autor oferece algumas indicações de livros, filmes ou *sites* que podem ajudá-lo a refletir sobre os conteúdos estudados e permitir o aprofundamento em seu processo de aprendizagem.

Atividades de autoavaliação

Com estas questões objetivas, você tem a oportunidade de verificar o grau de assimilação dos conceitos examinados, motivando-se a progredir em seus estudos e a se preparar para outras atividades avaliativas.

Atividades de aprendizagem

Aqui você dispõe de questões cujo objetivo é levá-lo a analisar criticamente determinado assunto e aproximar conhecimentos teóricos e práticos.

Bibliografia comentada

Nesta seção, você encontra comentários acerca de algumas obras de referência para o estudo dos temas examinados.

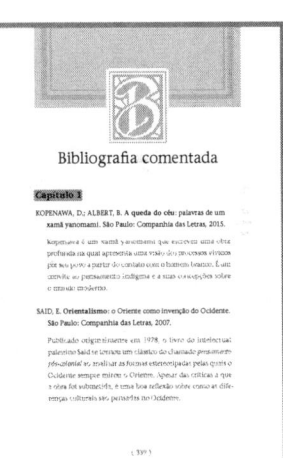

Allan de Paula Oliveira

Capítulo 1

A antropologia
e seu lugar no
mundo moderno

Neste capítulo, apresentamos diversas reflexões sobre as diferenças humanas, desde a Antiguidade até o mundo moderno, momento em que se tornou possível o surgimento da antropologia como uma forma de reflexão específica. Baseados em debates contemporâneos acerca da globalização e de sua pressuposta homogeneização do mundo, chamamos a atenção para a importância da percepção de tais diferenças e para as várias questões envolvidas nesse contexto.

(1.1)
A DIFERENÇA COMO CÓDIGO DE EXPERIÊNCIA E OBSERVAÇÃO DA SOCIEDADE

Nos últimos 20 anos, a palavra *globalização* entrou no vocabulário cotidiano de todos. Ela aparece constantemente em jornais impressos e televisivos, revistas, noticiários esportivos, artes e, até mesmo, discursos de candidatos a cargos políticos. Enfim, passamos a usar esse termo sem prestar muita atenção nos debates sobre ele. Economistas discutem se o avanço da globalização melhorou ou piorou os índices econômicos mundiais. Liberais a enaltecem como uma força que estimula as economias e ajuda a resolver problemas sociais. Teóricos de esquerda, por sua vez, veem a globalização como o novo nome para o imperialismo de países hegemônicos e como a responsável pelo aumento dos índices de desemprego. Discursos conservadores, muitas vezes presos a conceitos xenófobos, acusam o referido fenômeno de permitir a entrada de imigrantes indesejados em seus países. Independentemente do matiz político e econômico, há um consenso entre essas visões: a globalização é um dos principais fenômenos do mundo moderno e não há como questionar sua existência.

Allan de Paula Oliveira

"O mundo é uma aldeia"¹ tornou-se uma frase comum diante dos fatos que vivemos diariamente.

Apesar de ser oriunda do debate econômico e político, a palavra *globalização* invadiu também o domínio da cultura – o esporte e a música popular são excelentes exemplos dessa dimensão. Desde a década de 1990, times europeus como Barcelona e Manchester United tornaram-se marcas consumidas no mundo todo. Atualmente, para um brasileiro, é mais fácil assistir pela TV a uma partida do futebol inglês do que a certos campeonatos estaduais no país. Além disso, a combinação entre esporte e publicidade promoveu a popularidade de atletas como Messi, Michael Jordan, Cristiano Ronaldo e Usain Bolt. Mesmo em países culturalmente mais conservadores e, portanto, mais resistentes às práticas culturais modernas, como Arábia Saudita e Irã, é comum ver jovens com a camisa do Barcelona ou da seleção brasileira de futebol, por exemplo.

Assim como os esportes, as transformações da produção de mídia (televisão e desenvolvimento da internet) deram uma dimensão inédita ao caráter internacional da música popular. Desde a década de 1990, por exemplo, o rótulo *world music* tornou-se conhecido; por ele são indicadas músicas tradicionais de lugares considerados exóticos por europeus e por norte-americanos, produzidas com base em critérios da música *pop*.

Por outro lado, a expansão da internet promoveu a divulgação de músicas produzidas em diferentes lugares do planeta. Em 2012, o vídeo mais assistido mundialmente no Youtube foi o clipe *Gangnam Style*, do coreano Psy, nome importante do chamado *K-pop* (*pop* coreano). No mesmo ano, a gravação de *Ai se eu te pego*, do artista brasileiro

---

1 *Expressão associada às obras escritas pelo teórico canadense Marshall McLuhan (1972) na década de 1960.*

Michel Teló, motivou a produção de vídeos caseiros (com as pessoas fazendo a coreografia da canção) no mundo inteiro.

Enfim, o esporte e a música popular são dois exemplos de como a globalização tem marcado a cultura contemporânea, a tal ponto que, para muitos, está ocorrendo uma diminuição das diferenças culturais, ou seja, o mundo está se tornando mais homogêneo.

Embora essa percepção de homegeneidade e inter-relação tenha se tornado mais aguda nos últimos 30 anos, ela não é tão recente como parece. Hobsbawn (2002), em sua obra *A era dos impérios*, mostra como, entre 1875 e 1914, surgiu uma percepção de que o mundo estava cada vez mais interligado. Segundo ele, o avanço tecnológico na área de transportes (expansão das ferrovias e popularização da navegação a vapor) e na de comunicações (surgimento do telégrafo e do telefone) naquele período criou a ideia de um mundo em rápida expansão e de inter-relação entre seus diferentes lugares.

Uma palavra se tornou central a partir da segunda metade do século XIX e se intensificou entre 1875 e 1914: *internacional*. Em 1864, os ingleses criaram uma associação internacional de trabalhadores, um dos marcos do movimento socialista. Um ano antes, foi fundada, em Genebra, a entidade de ajuda humanitária Cruz Vermelha, cujo nome oficial é Comitê Internacional da Cruz Vermelha (International Committee of Red Cross).

Em 1874, surgiu o primeiro acordo internacional de serviços postais, reunindo os correios de vários países. Em 1904, foi fundada, em Paris, a Fifa (Federation Internationelle du Football Association), entidade ligada ao futebol. Muitas empresas capitalistas de atuação mundial surgiram nesse período, como Bayer (1863), Nestlé (1866), Mitsubishi (1870), Coca-Cola (1886) e Ford (1903). É importante lembrar que esse caráter internacionalista da segunda metade do século XIX estava ligado à expansão do capitalismo e a seu braço político na época: o imperialismo. Porém, o que interessa aqui é o fato de que, desde 1850, aproximadamente, há a percepção de que o mundo está cada vez menor e mais interligado e de que as diferenças culturais estão diminuindo. A partir da década de 1990, o discurso sobre a globalização aprofundou essa ideia.

Entretanto, se muitos fatos criam a sensação de que o **mundo é uma aldeia**, outros apontam na direção contrária. Costumes considerados estranhos para o Ocidente, como a poligamia, o levirato (quando um homem toma como esposa a viúva de um irmão morto) e o sororato (quando um homem viúvo toma como esposa a irmã de sua mulher), continuam sendo observados em diversas áreas do mundo, como em regiões rurais de vários países asiáticos e africanos.

Desde o século XIX, acreditava-se que tais costumes desapareceriam com o tempo, pois seriam substituídos pela forma da família nuclear burguesa, marcada pela valorização da monogamia e, consequentemente, pela limitação da vida sexual ao casamento, em que o único parceiro sexual legítimo é o cônjuge. Essa configuração familiar, cristalizada na Europa entre os séculos X e XIX, simboliza a família moderna; no entanto, como mencionamos, esse modelo não se tornou a norma vigente em inúmeras localidades. A poligamia, por exemplo, é uma prática corrente em grupos camponeses do norte da África, em regiões do interior da Índia e em grupos mórmons fundamentalistas no interior dos Estados Unidos[2].

> Desde 1850, aproximadamente, há a percepção de que o mundo está cada vez menor e mais interligado e de que as diferenças culturais estão diminuindo. A partir da década de 1990, o discurso sobre a globalização aprofundou essa ideia.

---

[2] *A poligamia entre os mórmons é bastante polêmica em sua igreja, sendo oficialmente condenada por seus líderes, mas continua sendo praticada em alguns grupos fundamentalistas.*

> Quando se fala em poligamia, é comum se pensar em um aumento do número de parceiros sexuais, a partir de uma sensibilidade contemporânea que atrela o casamento à vida sexual. Contudo, em várias sociedades em que a prática da poligamia foi registrada, essa relação entre matrimônio e vida sexual não é tão marcada. O casamento é visto muito mais como um acordo entre grupos sociais que se tornam aliados ou, ainda, como um tipo de contrato que exige que os cônjuges cuidem um do outro. Por exemplo: em sociedades nômades, em que a caça é o principal meio de subsistência (como eram os esquimós até o começo do século XX), um marido com várias esposas era o responsável pela subsistência de todas, mas não tinha exclusividade sexual sobre elas. Isso não quer dizer uma vida de liberdade sexual ilimitada, mas que essa exclusividade não era a questão mais importante do casamento.

A religião também foi um domínio em que as diferenças se mantiveram. No século XIX, acreditava-se que sobreviveriam ao tempo somente as grandes religiões institucionalizadas, como o cristianismo, o islamismo, o budismo e o hinduísmo. Alguns pensadores mais radicais tinham em mente que o avanço da ciência faria as crenças religiosas desaparecerem.

Todavia, não foi isso o que ocorreu. A diversidade de crenças religiosas é gigantesca no mundo todo, com religiões deístas, animistas (com crenças em almas), monoteístas e politeístas. Algumas religiões, por exemplo, exigem de seus praticantes dietas alimentares rigorosíssimas. Além disso, mesmo no interior de cada religião, há uma diversidade enorme de práticas e dogmas. O cristianismo aparece de inúmeras formas: no catolicismo, no protestantismo, no espiritismo, no pentecostalismo etc. O mesmo vale para o islamismo, que é de um tipo no Marrocos, de outro no Irã, de outro na Indonésia e assim por diante. A internacionalização do século XIX e a globalização do século XX não significaram o fim das religiões ou sua homogeneização. Pelo contrário: ofereceram novos âmbitos para a diversidade. Atualmente, a televisão e a internet têm um papel fundamental na diversidade das práticas religiosas.

Allan de Paula Oliveira

Casamento, família e religião são apenas alguns exemplos de domínios da vida social em que as diferenças continuam sendo observadas a despeito das narrativas de homogeneização do mundo. A questão central é aprender a ver o mundo sob essa perspectiva. O texto "As técnicas do corpo", escrito pelo antropólogo francês Marcel Mauss em 1935, é um ótimo ponto de partida para isso. O autor convida o leitor a observar as diferentes formas como as sociedades e as culturas modelam os corpos dos indivíduos por meio de atividades diversas. Para cada atividade, há uma técnica específica. Para dormir, por exemplo, o corpo é educado a ficar em determinada posição, e a escolha dessa posição varia de uma sociedade para outra. Nesse sentido, a posição de dormir, algo tão prosaico, não é natural.

A noção de que deitar numa cama é algo natural é completamente inexata [...]. O que é muito simples é que podemos distinguir as sociedades que nada têm para dormir, exceto o "chão duro", e as outras que se valem de um instrumento. A "civilização de 15 graus de latitude" [...] caracteriza-se, entre outras coisas, pelo uso de um apoio para a nuca, para dormir. Esse objeto é geralmente um totem, às vezes esculpido com figuras agachadas de homens, de animais totêmicos. Há os povos com esteira e os povos sem esteira (Ásia, Oceania, uma parte da América). Há os com travesseiros e os sem travesseiros. Há populações que comprimem em roda para dormir, em volta de um fogo, ou mesmo sem fogo. Há maneiras primitivas de se aquecer e aquecer os pés [...]. Há, enfim, o sono em pé. Os Masaï[3] *conseguem dormir em pé [...]. Há o uso do cobertor. Povos que dormem cobertos e os que dormem não cobertos. Há a rede e a maneira de dormir suspenso".* (Mauss, 2003, p. 414)

---

3 Grupo étnico que vive na região do Quênia e no norte da Tanzânia, na África.

Pode-se pensar que o uso de cobertores, travesseiros ou camas reflete apenas um avanço da tecnologia. No entanto, Mauss (2003) esclarece que o desenvolvimento da tecnologia segue os critérios de cada sociedade. Na Amazônia, muitas sociedades conhecem a cama, mas preferem dormir em redes por uma questão de conforto e de técnica do corpo. Assim, o autor usa essa técnica como mote para apresentar ao leitor um comentário geral sobre diferentes sociedades no mundo. Em suma, nos anos 1930, ao mesmo tempo que os europeus davam como certo o domínio de seu modo de vida em todo o mundo, Mauss apresentava fatos que apontavam a diversidade das sociedades humanas.

> Marcel Mauss (1872-1950) é um dos principais nomes da história da antropologia e da sociologia. Sobrinho de Émile Durkheim – um dos fundadores da sociologia contemporânea –, Mauss integrou, ao lado do tio, a equipe do L'Anée Sociologique, revista que fundamentou o campo da sociologia na França a partir de 1896. Nesse campo, ele direcionou sua atenção para as sociedades consideradas primitivas e exóticas, ajudando a delimitar o futuro campo da antropologia. Entre seus trabalhos mais importantes estão *Esboço de uma teoria da magia* (1904) e *Ensaio sobre a dádiva* (1924).

(1.2)
Pensar a partir das diferenças humanas

A percepção de que as sociedades são diferentes e seus costumes variam é antiga. Os gregos, na Antiguidade, observaram como outras sociedades da época, como os persas ou os medos – que ocupavam as atuais áreas da Turquia, da Síria, do Iraque e do Irã –, tinham modos de vida distintos, com hábitos e costumes que, a seus olhos, pareciam estranhos. Tudo chamava a atenção: o modo de vestir, de comer, de casar, de se relacionar com o sagrado e com a morte (e com os mortos) etc.

Allan de Paula Oliveira

Até a língua era notável. O fato de esses povos não falarem a língua grega deu espaço a uma palavra que, no pensamento grego dos séculos V e IV a.c., denotava a diferença: *barbárie*. Em outros termos, aqueles que não falavam grego eram considerados bárbaros. Posteriormente, o pensamento romano manteve a palavra e seu sentido de alteridade. Ou seja, no pensamento greco-romano, *bárbaro* é aquele diferente de "nós". É importante frisar que, para gregos e romanos, *bárbaro* não era, necessariamente, sinônimo de *atrasado*. Sociedades da época tão ou mais desenvolvidas tecnologicamente que a grega e a romana – a persa, por exemplo – eram consideradas bárbaras. O que interessa aqui é esse marcador da diferença, que, segundo Woortmann (2000), serve para diferenciar o outro (alteridade) de nós (identidade).

Com o tempo, o critério de diferenciação foi se alterando. Com a cristianização do Império Romano, a partir do século I, e sua conversão ao cristianismo, no ano 313, a religião cristã passou a ser um marcador poderoso, que se tornou central durante a Idade Média. O diferente, então, não era mais aquele que não falava latim ou grego, mas aquele que não seguia o credo cristão. Portanto, a partir do final da Antiguidade e durante toda a Idade Média, as diferenças entre as sociedades humanas eram pensadas em termos religiosos – em vez de bárbaro, o diferente era tido como infiel. Nesse período, surgiu a figura que, no pensamento cristão, ocuparia o lugar central da diferença: o muçulmano.

Com a expansão do islamismo, a partir do século VII, por todo o Oriente Médio e pelo norte da África, o muçulmano se tornou, aos olhos dos europeus, o símbolo do diferente. E mais do que isso: um símbolo marcado pelo medo e pela hostilidade. Evidentemente, os europeus sabiam da existência de outros povos e também os viam como infiéis e diferentes. Em *O livro das maravilhas,* que começou a circular na Europa por volta de 1300[4], o mercador veneziano Marco Polo traz os relatos de sua viagem ao Oriente, onde teria atingido a China. Esses relatos, porém, estão ligados a outras representações da diferença entre os europeus, as quais demonstram a ideia do exótico, do incrível, como o próprio nome da obra revela.

Nesse sentido, o pensamento medieval se desdobrava em uma dupla representação da diferença: uma, pelo signo do "infiel" e, portanto, "inimigo", tinha no muçulmano seu exemplo maior; outra, pelo signo do "fantástico", tinha na Índia e, sobretudo, na China seus referentes centrais. Cabe ressaltar que essa dupla representação oferecia aos europeus uma espécie de lente, pela qual eles observavam o mundo.

Contudo, essa dupla representação foi posta à prova quando os europeus se lançaram a explorações marítimas pelo mundo, em um processo denominado *Grandes Navegações*, entre o século XV e o início do século XVII. Em um primeiro momento, os europeus entraram em contato com sociedades da África e, principalmente, da América.

A chegada ao continente americano deu início a uma profunda modificação na forma como os europeus pensavam as diferenças humanas, haja vista terem contatado sociedades que fugiam completamente aos estereótipos contidos nas "lentes" citadas anteriormente. Ao mesmo tempo, novos elementos foram adicionados às representações europeias da diferença, advindos de transformações no próprio pensamento europeu.

---

4 O livro das maravilhas *apareceu em um período anterior à invenção da imprensa (1415) e à popularização dos livros. Portanto, pouquíssimas pessoas tinham acesso a seu texto e sua divulgação ocorria de forma oral.*

Se, durante boa parte da Idade Média, o pensamento europeu tinha na religião cristã seu fundamento central, por volta do século XIV, começou a haver um processo de afastamento desse caráter religioso, emergindo uma persperctiva mais aberta a indagações sobre a natureza e o homem. Trata-se do Renascimento, o qual teve um impacto enorme na forma como as sociedades americanas (em maior grau) foram percebidas[5].

Essas sociedades foram classificadas pelos europeus de acordo com uma maior ou menor proximidade daquelas que consideravam um pouco mais civilizadas, como a Índia e a China. Nesse sentido, sociedades como a asteca e a inca eram vistas como mais civilizadas, na medida em que tinham o domínio da agricultura e uma estrutura política reconhecível aos olhos europeus, com uma figura similar à de um imperador. Isso não significa que os incas e os astecas não geraram estranhamento aos europeus; ambas as sociedades, por exemplo, chamaram a atenção pela prática de sacrifícios humanos, incompreensível para os viajantes europeus[6].

Outras sociedades, todavia, suscitaram um estranhamento maior: eram nômades, não praticavam a agricultura, não apresentavam nada que os europeus reconhecessem como uma religião instituída ou mesmo uma liderança política e viviam em estado de guerra constante. Foi o caso de muitas sociedades indígenas que habitavam

---

5   *De certa forma, entre os séculos XV e XVI, os europeus não avançaram muito no interior da África, limitando-se a entrepostos comerciais nas regiões litorâneas. Somente no século XIX, no contexto do colonialismo, o interior do continente foi ocupado. Sobre a percepção europeia das sociedades na América, veja Todorov (2003).*

6   *Na mesma época (século XVI) em que europeus entravam em contato com o costume dos sacrifícios americanos – estranho a seus olhos –, tornava-se mais intensa na Europa a perseguição a heresias, que resultava, muitas vezes, em mortes públicas (na fogueira, por exemplo). Todavia, para os europeus, essas mortes não eram vistas como sacrifícios humanos.*

o atual território brasileiro, vistas pelos europeus da época como "sem fé, sem lei, sem rei"[7], conforme o português Pedro Magalhães Gândavo (2008), que viveu no Brasil entre 1558 e 1576. Na obra a seguir, Theodore de Bry retrata o canibalismo tupinambá. A chegada dos europeus à América foi um marco na forma como as diferenças humanas eram percebidas.

Figura 1.1 – *Os filhos de pindorama*, de Theodore de Bry

BRY, T. de. **Os filhos de pindorama**. 1562. Gravura.

---

7   A frase de Gândavo aparece em sua obra Tratado da terra do Brasil *(2008)*. *Esse livro só foi publicado no século XIX, mas a ideia dos indígenas "sem fé, sem lei, sem rei" marcou a forma como os europeus lidavam com essas sociedades no Brasil.*

Allan de Paula Oliveira

O estranhamento dos europeus com relação a essas sociedades foi ainda mais potencializado pela prática ritual do canibalismo, de modo que uma discussão filosófica e teológica sobre o caráter humano dos indígenas brasileiros ocupou todo o século XVI na Europa (Raminelli, 1996). Para muitos pensadores europeus desse século, os indígenas eram "bestas", mais animais do que humanos, e, portanto, passíveis de eliminação ou escravização. Por outro lado, pensadores ligados à Igreja Católica os viam como cristãos decaídos, que precisavam recuperar a fé cristã por meio da cataquese. Nos dois casos, as diferenças entre indígenas e europeus eram vistas de maneira negativa, como algo a ser eliminado ou, ao menos, reduzido. Não à toa, os lugares onde a Igreja promovia a catequese dos indígenas eram chamados de *reduções*.

A proximidade dos indígenas brasileiros com a natureza também chamou a atenção dos europeus e deu margem a vários debates. Por volta de 1400, a palavra *savage* (selvagem), de origem francesa, começou a se popularizar por toda a Europa. Durante todo o século XVI, as sociedades indígenas contatadas na América do Sul, sobretudo no litoral do Brasil, foram vistas como selvagens, pois viviam em um estado mais próximo da natureza do que da civilização. Essa percepção combinava com discussões filosóficas da época sobre as diferenças entre o estado de sociedade e o estado de natureza, presentes na obra de pensadores renascentistas como Jean Bossuet e Thomas Hobbes.

Nesse sentido, os indígenas brasileiros, entre os séculos XVI e XVIII, serviram como motivo para essas discussões: eles eram o exemplo de humanos que estavam no estado de natureza. Uma vez mais, percebe-se como as diferenças humanas eram encaradas de forma negativa, sendo que os europeus mediam a humanidade de outros homens de acordo com o que consideravam estado de sociedade e estado de natureza. A partir daí, foram justificadas a ocupação da América e a violência contra as sociedades estabelecidas no continente, com o propósito de reduzi-las, trazê-las para o estado de sociedade, fazê-las respeitar uma lei e um rei, catequizá-las e, sobretudo, eliminar as diferenças.

É claro que houve vozes destoantes naquele período, como a do Frei Bartolomeu de Las Casas (1474-1566), clérigo espanhol que interviu, de forma muito ativa, junto à Coroa espanhola na defesa das culturas indígenas mexicanas. Obviamente, essa defesa passava por uma atuação religiosa no sentido de converter indígenas para o credo cristão. Todavia, Las Casas apresentava uma visão mais compreensiva das outras culturas, sendo contrário às violências exercidas por espanhóis às sociedades indígenas no México.

Outro nome importante é Michel de Montaigne (1533-1592), nobre francês que produziu um texto intitulado "Dos canibais", em que produz uma reflexão sobre sua experiência de ver dois indígenas brasileiros levados para a França e exibidos como exemplos de conversão dos povos selvagens. No entanto, em vez de se ater ao estranhamento dos costumes indígenas, Montaigne faz outro percurso intelectual: usa esses costumes para pensar como a sociedade europeia vivia. Ou seja, a partir do outro e das diferenças, pensa a própria sociedade. Na época em que escreveu seu texto (final do século XVI), a França, e boa parte da Europa, estava envolta em guerras religiosas entre católicos e protestantes, com violências terríveis sendo perpetradas pelos dois lados.

Um dos pontos que mais chamava a atenção dos europeus era o fato de os indígenas brasileiros viverem em constante estado de guerra entre si. Porém, Montaigne se perguntava se os europeus não faziam o mesmo. Para ele, o canibalismo dos indígenas brasileiros era estranho, mas não era menos estranho queimar em praça pública pessoas acusadas de heresia, como se fazia na Europa. Em suma, no final do século XVI, Montaigne apresentava uma atitude perante as diferenças humanas que viria a ser uma das contribuições da antropologia no século XX: o **relativismo**.

> O texto "Dos canibais" integra a obra mais notável de Montaigne, *Ensaios*, publicada pela primeira vez em 1580. Essa obra, uma das mais importantes da história da filosofia, é uma coletânea de textos curtos, escritos de forma bastante pessoal, sobre os mais diferentes temas: vida, morte, amizade, amor, prazeres, paixões etc.

No século XVIII, novas formas de pensar as diferenças humanas começaram a tomar forma no pensamento europeu. Elas estavam relacionadas ao ambiente intelectual da época, descrito pelos historiadores pela palavra *Iluminismo*.

De fato, vários pensadores europeus, desde o século XVII e, sobretudo, no século XVIII, propuseram novas formas de reflexão sobre o ser humano. Até então, tais reflexões estavam atreladas ao pensamento religioso. *Grosso modo*, se o Renascimento, nos séculos XIV e XV, significou um rompimento com o pensamento religioso na reflexão sobre a natureza – advindo daí o desenvolvimento das ciências naturais e da saúde (física, biologia, medicina etc.) –, o Iluminismo, no século XVIII, propôs a possibilidade de reflexão sobre o ser humano de uma forma mais independente da religião.

Nessa lógica, o ser humano passou a ser visto menos a partir da ideia de uma criação de Deus e mais pelas potencialidades do uso da razão – considerada um atributo de toda a humanidade. O Iluminismo, dessa forma, criou um novo conceito, em parte mais inclusivo, de humanidade e de homem. As diferenças passaram a ser vistas mais como graus de humanidade do que como ausência de humanidade. Discussões do tipo "Os indígenas sul-americanos são humanos ou animais?" perderam completamente o sentido. Para o pensamento iluminista, muçulmanos, chineses, indígenas sul-americanos e europeus são todos humanos e fazem parte da humanidade. A questão passou a ser como explicar as diferenças nesse quadro de uma só humanidade.

Duas tendências surgiram com base nesse pensamento iluminista e tiveram impacto na forma como as diferenças humanas são pensadas. A primeira está centrada na palavra *civilização*, de origem francesa, e denota dois aspectos: o **refinamento dos costumes** e o **progresso material**. O sociólogo alemão Norbert Elias (2011), em sua obra *O processo civilizador*, mostra como um intenso processo de refinamento dos costumes e dos hábitos corporais marcou a Europa a partir do século XVI.

Aprender a sentar à mesa, a comer, a usar talheres, a ter higiene, a se comportar, a controlar os impulsos violentos – tudo isso era visto como civilizar-se, tornar-se civilizado. Em certa medida, essa tendência enxergava a natureza e a natureza humana como coisas a serem controladas; por isso, civilizada era a vida nas cidades, com recursos tecnológicos e progresso, em oposição à vida no campo ou nas sociedades selvagens, carentes materialmente.

Com a Revolução Industrial, a partir do século XVIII, esse progresso tecnológico passou a ser visto ainda mais como sinal de civilização. Essa tendência do pensamento iluminista, que valoriza o refinamento do homem e o progresso, está na base dos discursos de valorização da educação pública, muito debatidos durante o século XIX em toda a Europa. É importante observar que esse pensamento fundamentou intelectualmente

> Para o pensamento iluminista, muçulmanos, chineses, indígenas sul-americanos e europeus são todos humanos e fazem parte da humanidade. A questão passou a ser como explicar as diferenças nesse quadro de uma só humanidade.

muito do discurso colonialista europeu do século XIX, segundo o qual a Europa civilizava o resto do mundo[8].

Essa primeira tendência também serviu de base para uma das principais representações da vida social na modernidade (séculos XIX e XX): a ideia de uma **evolução das sociedades rumo ao progresso**. Nessa representação, o progresso material é visto como uma espécie de destino das sociedades humanas, ao qual todas elas estão fadadas. E mais do que isso: a evolução da sociedade europeia era o modelo a ser seguido, ou seja, nessa evolução do progresso, a Europa estava em um estágio mais avançado do que as demais sociedades.

Ainda hoje, os grupos humanos que vivem em sociedades indígenas ou em áreas rurais, por exemplo, são vistos como carentes materialmente e, consequentemente, como atrasados. Para muitos, é preciso intervir nesses grupos e apressar seu progresso. Mais adiante, retomaremos esse assunto. Neste ponto do texto, o importante é perceber como essa tendência do pensamento iluminista fundamentou uma forma de olhar para as diferenças, as quais seriam, com o tempo, eliminadas em prol de um ideal europeu de progresso e humanidade.

Uma segunda tendência, representada pela palavra *romantismo*, operava em um sentido diferente e, em parte, oposto. Esse termo denota uma linha de pensamento (ou um movimento intelectual) que surgiu a partir do Iluminismo – ou seja, valoriza a razão humana –, mas privilegia aspectos considerados menores.

O romantismo como tendência do pensamento iluminista começou a ser desenvolvido na Alemanha, durante a segunda metade do século XVIII, a partir das obras de pensadores como Johann

---

8 *Havia outros fundamentos importantes acerca do colonialismo, como o econômico – o desejo europeu por mercados consumidores e fornecedores de matérias-primas. Porém, não é possível compreender plenamente o colonialismo sem essa dimensão intelectual.*

Fichte (1762-1814) e Friedrich Schelling (1775-1854). Em suas obras, em vez de uma valorização do progresso como índice da razão humana, transparece uma atenção ao interior do ser humano, a seu pensamento, a seus valores, em suma, à **subjetividade humana**. A primeira tendência, como já explicamos, tem na palavra *civilização* seu eixo central, ao passo que a segunda tendência tem no termo *cultura* seu índice mais importante. Nesse caso, as sociedades humanas não são vistas necessariamente caminhando para o mesmo fim, isto é, para o progresso. Em vez disso, cada uma é marcada por sua forma de pensar e por seus valores, ou seja, por sua **cultura**.

O pensamento romântico do século XIX situava a cultura europeia em um patamar mais alto, mas, em relação à tendência anterior, essa corrente oferecia outra forma de olhar para as diferenças entre as sociedades, menos marcada por um desejo de apressar o progresso delas e mais interessada em observá-las em suas especificidades. Tal pensamento valorizou também a proximidade do homem com a natureza, vista como o domínio mais propício ao exercício da razão humana. Assim, em vez de preconizar o progresso e uma marcha civilizatória mediante a subjugação da natureza pelo ser humano, o romantismo valorizava os momentos em que o ser humano estava inserido na natureza. Surgiu, a partir daí, uma crítica ao progresso e à vida urbana e uma valorização de formas de vida mais "naturais". Não foi à toa que, na Europa do século XIX, se presenciaram a valorização de atividades como montanhismo (cuja prática esportiva teve na década de 1850 um momento fundante) e caminhada pelos campos e a transformação do banho de mar em algo saudável – até o século XVIII, o mar era sinônimo de perigo e insalubridade (Corbin, 2009). O efeito disso é uma valorização também de sociedades e grupos humanos marcados por uma proximidade com a natureza, como as sociedades indígenas e os grupos rurais. Por volta de 1850, surgiu na Inglaterra a ideia de um estudo científico sobre as tradições, os hábitos e os mitos dos camponeses, o qual recebeu o nome de *folklore* (Vilhena, 1997), ou seja, o que o pensamento civilizatório via como atraso o pensamento romântico valorizava como algo a ser registrado.

> A valorização da natureza pelo pensamento romântico denotava a influência das ideias de Jean-Jacques Rousseau (1712-1778), um dos principais nomes do Iluminismo e uma das influências mais importantes na Revolução Francesa. Em certa medida, ele inverte a premissa renascentista (presente, por exemplo, na obra de Thomas Hobbes) de que o homem em estado de natureza é mau e de que a vida em sociedade significa um controle dos maus instintos humanos. Para Rousseau, o homem é, por natureza, bom, sendo a vida social a causadora de sua corrupção. Como, para ele, não há como negar essa vida social, é preciso um contrato social[9] capaz de tornar a vida em sociedade possível. Daí emergiu uma nova visão das sociedades indígenas sul-americanas, por exemplo. Se antes elas eram vistas pelos renascentistas como decaídas ou animalescas, Rousseau as transformou em virtuosas. Cristalizou-se, assim, a ideia do "bom selvagem", representação que veio a influenciar muitos discursos sobre sociedades não europeias a partir do século XIX.

Em suma, o Iluminismo criou uma noção de humanidade mais inclusiva, se comparada com a forma como o homem era concebido na Idade Média e na Renascença. No entanto, como dito antes, essa ideia de humanidade se desdobrou em duas tendências: uma valorizava o progresso material e observava as diferenças em função do progresso europeu, sendo *civilização* a palavra-chave; a outra valorizava a subjetividade e, para perceber as diferenças, voltava sua atenção às especificidades do pensamento humano, sendo a palavra *cultura* bastante significativa. A primeira tinha uma atitude de intervenção perante as diferenças, muitas vezes por meios educacionais e, outras, por meios violentos. Já a segunda tinha uma atitude mais

---

9 Contrato social *é o título de sua obra mais importante, publicada em 1762.*

compreensiva perante as diferenças, embora, às vezes, gerasse discursos de isolamento cultural que também produziam violências. E tais violências de ambas as tendências ficavam evidentes quando surgia uma pergunta central: "O que explica as diferenças?".

> A mera aceitação e o simples reconhecimento das diferenças também podem provocar violências. É o caso, por exemplo, do racismo institucionalizado que ocorreu, de forma oficial, nos Estados Unidos, até a década de 1960, e na África do Sul, até os anos 1980. Nesses países, havia leis que permitiam a separação entre brancos e negros em espaços públicos, escolas, ônibus etc., baseadas na ideia de que grupos diferentes devem viver separados. A palavra que designa isso é *segregação*. Há aí um reconhecimento das diferenças, mas este evita totalmente qualquer forma de integração entre grupos distintos.

A resposta do século XIX à pergunta que acabou de ser feita foi dada pela biologia. Se o Iluminismo criou uma ideia de humanidade dotada de razão em potencial, o pleno desenvolvimento dessa razão estaria atrelada a fatores biológicos e corporais. Uma palavra ascendeu ao vocabulário científico da época e se tornou central na forma como as diferenças humanas eram pensadas: *raça* (Schwarcz, 2003). As diferenças entre as sociedades seriam apenas o reflexo das diferenças raciais (fenótipo) de seus indivíduos. E se as sociedades da Europa, com uma população majoritariamente branca, eram mais desenvolvidas tecnologicamente do que as da África, formadas principalmente por negros, isso era a evidência da superioridade racial de uma população sobre a outra.

Dessa forma, o racismo ganhou um *status* científico no século XIX, balizado por médicos, biólogos, sociólogos e juristas. No direito, ganharam popularidade ideias que relacionavam determinados traços raciais a uma maior propensão a comportamentos violentos ou ao crime. Por outro lado, esse pensamento criou uma série de situações, como o medo da miscigenação, vista com o poder de enfraquecer as raças, ou a **eugenia**, ideia de que uma raça deveria preservar-se, evitando o contato com outras e eliminando os indivíduos considerados deficientes.

Essas ideias se tornaram tão populares no século XIX que foram incorporadas aos discursos políticos da época. Por exemplo: o governo imperial brasileiro, a partir de 1870, incentivou a entrada de imigrantes europeus brancos com a esperança de que a sociedade brasileira, ao longo do tempo, fosse "embranquecendo", pois vários de seus problemas eram atribuídos ao fato de haver muitos mestiços no país. Outras consequências políticas foram mais graves: a ideia de que uma raça deveria se preservar do contato com raças inferiores, popularizada no século XIX, foi uma das principais bases intelectuais do surgimento do nazismo na Alemanha da década de 1920.

Muitas vezes, o racismo do século XIX – que persiste em muitas práticas e discursos do século XXI – aparecia combinado com outros elementos na explicação das diferenças entre as sociedades humanas. Quando a raça não era suficiente para a explicação, recorria-se, por exemplo, ao clima. Daí surgiu a ideia vulgar de que os países de clima frio são mais propensos ao desenvolvimento do que os de clima quente ou, ainda, de que as planícies geravam sociedades mais desenvolvidas do que as montanhas.

Esse tipo de combinação entre raça e clima ou entre raça e geografia aparecia na maioria dos relatos sobre o Brasil feitos por viajantes europeus no século XIX. Chamava-lhes a atenção o caráter mestiço da população brasileira e, também, o clima tropical e úmido, sendo ambos evocados frequentemente como razões para o "atraso" da sociedade brasileira. Esses relatos são apenas um exemplo de como, naquele período, a biologia e a geografia foram utilizadas como discursos de explicação das diferenças entre as sociedades humanas. Apesar de essas explicações terem perdido muito de sua força e sido contestadas cientificamente após a Segunda Guerra Mundial, elas continuam muito presentes no senso comum da atualidade.[10]

> É muito comum o uso da palavra *evolucionismo* para descrever algumas teorias sociais vigentes no século XIX. De fato, a ideia de que as sociedades evoluem e, nesse processo, seguem um padrão comum esteve presente na maioria dos autores daquele século.
>
> É preciso, todavia, cuidado no uso do referido termo, haja vista que ele também denota a mais importante teoria desenvolvida pela biologia naquele tempo, a partir do trabalho de Charles Darwin. Por isso, é comum o uso da palavra *darwinismo* e, no caso da análise social, da expressão *darwinismo social*.
>
> No entanto, é importante observar que a ideia de evolucionismo social é anterior à obra de Darwin, cujo livro mais famoso, *A origem das espécies*, foi lançado em 1859. Darwin, inclusive, não acreditava que suas ideias sobre a evolução das espécies naturais pudessem ser aplicadas às sociedades. Porém, tornou-se senso comum no pensamento da época que as sociedades, assim como as espécies naturais, evoluem e que algumas sobrevivem e outras não.

As diferenças eram também utilizadas pelos europeus para sua autoafirmação como "o lugar civilizado por excelência". Hobsbawm (2002) destaca que, no século XIX, surgiu também uma autoconsciência histórica dos europeus, para os quais a Europa se situava no lugar mais avançado da história e as outras sociedades eram atrasadas.

Essa autoconsciência levou ao surgimento dos museus como espaços onde se podia visualizar, por meio dos objetos, a evolução da história. Ao mesmo tempo, o museu mostrava como viviam as

---

10 *A Segunda Guerra Mundial (1939-1945), com seus números terríveis ligados a discursos de "limpeza racial", foi um ponto de partida importante para debates públicos de condenação ao racismo. Mesmo assim, este continua sendo um dos grandes problemas contemporâneos.*

sociedades consideradas atrasadas. Nesse sentido, ir a um museu na Europa do século XIX significava perceber o passado do continente em dois registros: um passado representado pela própria história europeia, e outro, pelas sociedades exóticas e selvagens expostas no local. Um bom exemplo é o Museu Americano de História Natural, em Nova Iorque. Fundado em 1869, o museu tem em seu acervo não somente registros da história estadunidense, mas também seções dedicadas a sociedades da Oceania, da Ásia, da África e da América do Sul, as quais, no pensamento da época, estavam atrasadas na história, ou seja, eram uma mostra atual do passado.[11]

Essa exibição das diferenças, combinando racismo, colonialismo e autoconsciência histórica, teve como símbolo maior os *human zoos* (zoológicos humanos) – exposições humanas que se popularizaram na Europa a partir de 1870, acompanhando exposições mundiais e feiras de comércio. Junto com artefatos e invenções tecnológicos e painéis de produtos comerciais, eram expostas pessoas trazidas de colônias europeias na África e na Ásia, bem como indígenas da América do Sul.

É interessante observar que essas exibições humanas ocorriam em eventos conjuntos com as exposições mundiais, as quais representavam verdadeiros rituais de autoafirmação europeia. Era por meios desses eventos que os europeus afirmavam sua superioridade tecnológica e cultural. Os *human zoos*, muito populares na Europa e nos Estados Unidos até a década de 1930, tornaram-se obsoletos e moralmente condenados após a Segunda Guerra Mundial. Mesmo assim, há registros de exposições ocorridas na década de 1950.

---

11 Sobre o surgimento dos museus, veja Schwarcz (2003).

Figura 1.2 – Cartaz da Exposição Universal de Bruxelas (Bélgica), em 1910

Os séculos XVIII e XIX trouxeram novas formas de concepção sobre as diferenças humanas. Criou-se a ideia de uma humanidade única, da qual fariam parte todos os homens, independentemente de seus costumes, suas práticas ou sua aparência. No entanto, na tentativa de explicar as diferenças nessa perspectiva de unidade humana, optou-se por uma hipótese evolutiva: uma sociedade, a europeia, era vista como a mais evoluída, e todas as outras eram percebidas como atrasadas na história. Além disso, a posição de atraso se devia a fatores biológicos ou climáticos, os quais impediam ou retardavam o desenvolvimento das potencialidades humanas.

Esse tipo de discurso, ligado a interesses políticos e econômicos – característico do imperialismo –,

> Os séculos XVIII e XIX trouxeram novas formas de concepção sobre as diferenças humanas. Criou-se a ideia de uma humanidade única, da qual fariam parte todos os homens, independentemente de seus costumes, suas práticas ou sua aparência.

Allan de Paula Oliveira

justificou uma série de fatos que marcaram o século XIX: a intervenção europeia em várias partes do planeta, a exibição de artefatos selvagens em museus ou, pior, a exibição de pessoas vivas em exposições humanas voltadas à celebração da superioridade europeia. Foi nesse contexto de percepção das diferenças a partir de uma autoimagem celebratória da Europa que surgiu a antropologia.

(1.3)
O SURGIMENTO DA ANTROPOLOGIA

A moderna acepção de antropologia surgiu no século XIX como um saber de pretensões científicas, em decorrência da observação das diferenças entre as sociedades humanas e da reflexão sobre elas. Sua cristalização[12] como saber dotado desse significado ocorreu no contexto anteriormente citado: o colonialismo europeu, o pensamento evolucionista e a autoafirmação europeia. Entretanto, no momento de seu surgimento, a antropologia começou a trabalhar com conceitos e discursos que levaram a uma crítica tanto do colonialismo quanto do evolucionismo social. Ao mesmo tempo, a disciplina ofereceu, ao longo de sua história, novas possibilidades de reflexão a partir das diferenças.

Como já mencionamos, reflexões baseadas nas diferenças entre as sociedades humanas são muito antigas. O surgimento da antropologia relaciona-se a um novo estatuto dessas reflexões, que passam a ser vistas como científicas e, portanto, fundadas sobre um método.

O estabelecimento da antropologia como ciência está ligado a dois fenômenos concomitantes. Eles são interligados, mas, para efeito de

---

12   *A cristalização da antropologia refere-se ao processo pelo qual a antropologia se constituiu como um saber específico, separado de outros, como a história, a filosofia e a sociologia.*

descrição, é útil separá-los. O primeiro é, de certa forma, mais antigo e está ligado a relatos de viajantes europeus, que, desde o século XVI, constituíam o próprio contexto do **colonialismo europeu**. Entre os séculos XVIII e XIX, a Europa logrou o que já havia começado a desenvolver nos dois séculos anteriores: um sistema colonial mundial, que ocupava grande parte do planeta, sobretudo os continentes africano e asiático. As Américas, colonizadas desde o século XVI, sofreram processos de independência e construção nacional durante o século XIX. No entanto, não saíram da órbita de influência europeia até mesmo depois da Segunda Guerra Mundial. Os países latino-americanos podiam ser politicamente independentes, mas eram economicamente dependentes do sistema colonial europeu.

Em suma, o século XIX ficou marcado pela presença de europeus, especialmente ingleses e franceses, em boa parte da África, da Ásia e da Oceania. Essa presença se dava não somente de forma militar e comercial, mas também cultural. Isso explica o fato de a maioria dos países africanos ter como língua oficial o inglês ou o francês. Um grande exemplo dessa propagação cultural europeia ligada ao colonialismo europeu do século XIX é o futebol, que surgiu de práticas esportivas da elite inglesa, por volta de 1880, e começou a ser levado pelos ingleses a todas as partes do mundo.

O colonialismo europeu exigia também, para sua administração, procedimentos de estudo, descrição e registro dos costumes e das ideias dos inúmeros povos colonizados. Isso significa que a própria máquina colonialista gerou a necessidade de estudar as sociedades englobadas por ela.

Assim, por exemplo, o Império Colonial Inglês – cujo tamanho permitia o ditado de que "onde o Sol nunca se põe" – organizou, ao longo do século XIX, inúmeras missões com o intuito de estudar as ideias sobre religião, família, liderança política e atividades econômicas de sociedades da África e da Oceania. Domínios franceses também foram esquadrinhados por pesquisadores enviados pela França e, dessa forma, o próprio imperialismo europeu acabou criando um domínio de compreensão das diferenças.

O estudo voltado a esse tipo de compreensão, ou seja, por meio do registro e da documentação de diferentes costumes de sociedades consideradas exóticas e primitivas, recebeu o nome de *etnologia* (o prefixo grego *etno* significa "nação", e o sufixo *logia*, "estudo"). Foi no final do século XVIII que essa palavra começou a ser usada na Europa com esse significado. Entre 1839 e 1842, foram fundadas sociedades de etnologia em Londres, Paris e Nova Iorque, as quais reuniam tanto funcionários do Estado interessados no estudo dos costumes e no pensamento das sociedades "primitivas" quanto diletantes, guiados por uma curiosidade em torno do tema.

O segundo fenômeno que fundamenta o surgimento da antropologia é a ideia de que é possível fazer uma **ciência das sociedades**. Essa noção está ligada a um momento da história, no século XIX, em que a palavra *sociedade* se tornou motivo de grandes reflexões. Em parte, isso ocorreu em função dos acontecimentos políticos, sociais e culturais na Europa desde o século XVIII. O Iluminismo consagrou a ideia de que a potencialidade humana, marcada pelo desenvolvimento da razão, se realizava no plano do indivíduo, ou seja, este passou a ser o núcleo das relações políticas, sociais e jurídicas.

Além disso, a Revolução Francesa consagrou a ideia de cidadão: pelo ideal da igualdade, todos são cidadãos e estão no mesmo plano perante a lei. Contudo, essa concepção nunca se efetivou totalmente na prática, mantendo-se como um ideal que orientou os discursos políticos durante o século XIX, o qual teve um peso enorme na forma como o Estado e a sociedade passaram a ser pensados. É importante frisar que o pensamento iluminista do século XVIII e a Revolução

Francesa situavam o indivíduo no centro do mundo moderno, ou seja, tudo girava em torno dele.

> A palavra *antropologia* (estudo do homem, na acepção grega) é usada desde o Renascimento. Em um primeiro momento, ela tinha o sentido de um estudo no plano biológico e anatômico do homem (traços fisiológicos, como tamanho do crânio). Por volta do século XVII, ela começou a ser usada para denotar um estudo do homem no sentido mais filosófico, ligado à ideia iluminista de uma humanidade única dotada de razão em potencial. Immanuel Kant, em 1798, publicou o livro *Antropologia do ponto de vista pragmático*, em que a referida palavra tem esse sentido mais filosófico.
> Ainda hoje, algumas correntes da filosofia usam o termo nesse sentido, assim como é comum, no pensamento cristão, certos teólogos usarem a expressão *antropologia cristã*. Em ambos os casos, a antropologia aparece como o estudo do homem em um plano mais filosófico e espiritual.
> Cabe ressaltar que interessa a este livro o sentido mais próximo de etnologia, ou seja, a antropologia como um **estudo sobre o homem com base nas diferenças entre as sociedades humanas**. Esse casamento entre as palavras *etnologia* e *antropologia* e o uso mais geral desta última ocorreram simultaneamente na Europa e nos Estados Unidos, entre 1870 e 1950. Na França, o termo *etnologia* como sinônimo de antropologia é muito usado. Já no Brasil, a etnologia tornou-se o ramo da *antropologia* especializado em sociedades indígenas.

Como reação a essa valorização do indivíduo, surgem reflexões sobre a sociedade. Se ele passa a ser visto como o valor absoluto das relações humanas, despontam questões do tipo "Como viver em sociedade?", "Como a sociedade funciona?" e "Como manter as pessoas unidas em sociedade?". Essas perguntas não fariam o menor sentido, por exemplo, duzentos ou trezentos anos antes, pois, nos séculos XV e XVI – marcados por uma ideia (importante desde a Idade Média) de comunidade unida em torno da cristandade –, a existência de uma pessoa não fazia sentido fora dessa comunidade.

Em um processo iniciado na Renascença (século XIV) e consagrado no século XVIII, o indivíduo se tornou um valor central. Como reação a isso, cristalizou-se uma reflexão sobre a sociedade: quanto mais valorizada se tornava a ideia de indivíduo, mais a sociedade se transformava em matéria de estudo. O século XIX assistiu à emergência de um contexto favorável a uma reflexão sobre a sociedade, ou melhor, uma sociologia. Essa reflexão, todavia, emergiu com uma pretensão científica. O que isso significava? Tratava-se de aplicar ao estudo da sociedade os critérios da ciência. Desde o século XVI, o termo *ciência* remete ao estabelecimento de leis que regem os fenômenos. Ou seja, o pensamento social que surgiu no século XIX procurava estabelecer leis que regessem o funcionamento da sociedade. Era justamente isso que daria o caráter científico às reflexões produzidas. Quando Karl Marx, nas décadas de 1850 e 1860, usou o termo *socialismo* para se referir a seu posicionamento político, ele agregou a ideia de ciência: seu socialismo era um socialismo[13] científico. *O Capital* – a obra mais importante de Marx, cujo primeiro volume foi publicado em 1867 – era, de certa forma, uma tentativa de apresentar as leis que regiam o funcionamento da sociedade capitalista. Essa tentativa era vista como científica e acreditava-se que, quando da apresentação das leis, seria possível, de certa maneira, prever o funcionamento da sociedade.

Outros pensadores do século XIX, como o inglês Herbert Spencer (1820-1903) e o francês Auguste Comte (1798-1857), também propuseram reflexões sobre as leis que regem a sociedade. Diferentemente de Marx, engajado politicamente em lutas ligadas ao universo do trabalho, seus estudos ou suas obras eram voltados à compreensão da sociedade e a propostas para aperfeiçoá-la, sobretudo moralmente. Esses pensadores tinham medo da desagregação social. Daí a

---

13 *A palavra* socialismo *já era usada desde o final do século XVIII. No entanto, por carecer de um espírito científico, os socialistas de 1850 e 1860 chamavam esse socialismo mais antigo de* utópico.

importância de uma reflexão sobre a sociedade e seu funcionamento. Spencer, Comte, Marx, entre outros autores do século XIX, são considerados precursores – cada um com suas características – do pensamento sociológico[14].

Não existe um fundador da sociologia, isoladamente. O fato é que, por volta de 1880, tanto na França quanto na Alemanha, a palavra *sociologia* começou a denotar um campo do saber voltado para o estudo da sociedade. Na França, o nome mais importante da sociologia é Émile Durkheim (1858-1917), que, em obras como *A divisão do trabalho social* (1893) e *Regras do método sociológico* (1895), estabelece o escopo de estudo da nova disciplina e as bases do que ele considerava seu método.

Para Durkheim, a sociologia devia tratar dos **fatos sociais**, fenômenos cuja existência estava ligada à vivência do homem em sociedade. Um exemplo era a religião. O sentimento religioso, segundo Durkheim, era produto da vida social e não podia ser atribuído a um traço natural do ser humano. Além disso, ele se preocupava em observar e analisar os efeitos da vida em sociedade sobre os indivíduos ou, ainda, como a sociedade os pressionava.

Nesse sentido, Durkheim escreveu muitos textos sobre questões de moral e educação, vistas como formas de a sociedade moldar seus indivíduos. Um estudo clássico da sociologia durkheimiana é *O suicídio* (1897), em que o autor analisa esse fenômeno em relação às pressões sociais. Em vez de abordar a questão como uma doença ou como uma anomalia psicológica, Durkheim trata o suicídio sob a perspectiva de um fato social.

Um ponto importante em sua sociologia é a ideia de **explicação sociológica**, diferente de outras formas de explicação. No texto

---

14 Para uma história da sociologia, veja Aron (2000).

chamado "Sociologia", escrito em 1903, os colaboradores Marcel Mauss e Paul Fauconnet desenvolvem essa ideia de explicação para a sociologia. Segundo eles, explicar sociologicamente um fato não é descrever suas origens, pois isso caberia à história, mas estabelecer suas relações com os diferentes domínios da sociedade. Por exemplo: explicar sociologicamente o predomínio de uma forma de família, como a família nuclear burguesa (formada por pai, mãe e filhos oriundos da união entre os dois), seria estabelecer as relações entre esse fato e outros de ordem religiosa, econômica, política, estética etc. O fato de esse tipo de família não aceitar, por exemplo, filhos gerados fora do âmbito nuclear (os chamados *filhos ilegítimos*) está ligado a questões religiosas (sacralização do casamento), econômicas (preservação da propriedade), entre outras.

Entretanto, não se trata de dizer que a causa da família nuclear burguesa advém de questões religiosas ou econômicas, mas de inter-relaciona-las. Desse modo, só se pode compreender um domínio como o parentesco (tipo de família) relacionando-o à religião e à economia. A explicação sociológica, nessa acepção, não oferece os motivos psicológicos que levam à constituição da família nem a história das formas de família. Durkheim e seus colaboradores, nesse sentido, defendiam que o estudo do homem em sociedade exigiria a colaboração de diversos saberes, como sociologia, história e psicologia.

Na Alemanha, o desenvolvimento da sociologia está ligado a nomes como Ferdinand Tönnies (1858-1936), Georg Simmel (1858-1918) e Max Weber (1864-1920). Os dois primeiros se preocuparam, em suas obras, com a tensão entre o indivíduo e a sociedade, que, de acordo com suas observações, era mais intensa na sociedade moderna. Weber, por sua vez, direcionou sua atenção, entre outros tópicos, aos valores que orientam as ações e as ideias em determinada sociedade. A fim de entender a emergência do capitalismo como modelo econômico, ele voltou-se para os valores religiosos – na forma da religião protestante –, que possibilitaram a aceitação de ideais capitalistas, como o lucro e a poupança.[15] Independentemente de suas diferenças, esses autores, assim como seus colegas franceses, ajudaram a consolidar a sociologia como um saber científico, diferente de outras ciências humanas que também surgiram no século XIX: a história, a psicologia e a economia. Além de determinarem os limites desse saber e apontarem seus objetos de estudo, eles apresentaram propostas metodológicas para o estudo da sociedade.

No entanto, de modo geral, a sociologia, em seu momento de origem, no século XIX, tomava como objeto de análise a sociedade europeia. Durkheim, em seu estudo sobre o suicídio, analisa a própria sociedade francesa de sua época. Já Simmel escreveu textos famosos sobre a vida nas grandes cidades e o lugar do dinheiro no mundo moderno, tendo como referência a sociedade alemã, na qual vivia.

Mesmo que, em alguns casos, a sociologia se voltasse à história, como no livro de Weber sobre a ética protestante, era a história da sociedade europeia. No máximo, focavam-se sociedades não europeias consideradas, em algum grau, civilizadas – é o caso de estudos sobre religião na China e na Índia presentes na obra desse mesmo autor. Porém, o estudo de sociedades como a chinesa e a indiana se dava no sentido de responder a questões ligadas à sociedade europeia. Nesse processo, a sociologia não se voltou para as sociedades consideradas primitivas ou selvagens nem para a maioria das sociedades englobadas pelo poder colonial europeu. Essa lacuna seria preenchida pela etnologia e pela antropologia.

---

15 Essa análise consta na obra mais importante de Max Weber, A ética protestante e o espírito do capitalismo, *publicada em 1904.*

Allan de Paula Oliveira

Dessa forma, entre 1880 e 1930, constituiu-se uma divisão do trabalho de pesquisa sobre a sociedade: por um lado, a sociologia, que estudava os fatos da sociedade moderna europeia; por outro, a etnologia (na França) e a antropologia (na Inglaterra e nos Estados Unidos), voltadas para os fatos das sociedades "primitivas". A relação entre essas disciplinas passou a ser muito próxima. Em alguns lugares, como na França, a etnologia tornou-se um ramo da sociologia entre 1890 e 1930. Na Inglaterra, em 1920, a antropologia começou a se definir como *antropologia social*. Nos Estados Unidos, a formação do antropólogo passou a ter no estudo de sociologia um de seus fundamentos.

Segundo Kuper (2008), a definição da sociologia no final do século XIX ajudou a definir a antropologia como uma ciência dedicada ao estudo das sociedades consideradas primitivas.

> Assim como acontece com a sociologia, não é possível estabelecer um fundador ou uma única origem para a antropologia. Esta surgiu de desenvolvimentos intelectuais que ocorreram simultaneamente em vários lugares: Inglaterra, França, Alemanha e Estados Unidos. Alguns nomes, contudo, tornaram-se importantes na história da disciplina nesse primeiro momento, a ponto de serem citados como fundadores. Marcel Mauss foi um deles. O alemão Franz Boas (1858-1942) tornou-se muito famoso nos Estados Unidos a partir da década de 1890 e, até sua morte, foi a face pública da antropologia norte-americana. Boas realizou pessoalmente estudos sobre sociedades esquimós e sociedades indígenas nos Estados Unidos e no Canadá, além de formar diversos pesquisadores.

(1.4)
A ANTROPOLOGIA E O MUNDO MODERNO

Se a antropologia surgiu em função das chamadas *sociedades primitivas*, atualmente ela não se define mais, por vários motivos, em torno dessa expressão. A primeira razão foi um movimento epistemológico em direção à sociedade moderna ou, ainda, à própria sociedade que originou a antropologia. Esse movimento tornou-se intenso a partir da década de 1970, mas já se prenunciava muito antes. Antropólogos considerados fundadores da disciplina, como Franz Boas e Marcel Mauss, chamavam a atenção para o fato de a antropologia produzir ideias que poderiam ser observadas em qualquer sociedade e, também, de a sociedade moderna poder ser estudada pela disciplina.

Em 1928, Boas publicou pela primeira vez o livro intitulado *Anthropology and Modern Life* (*Antropologia e vida moderna*), no qual evidencia que a

> Antropologia é frequentemente considerada uma coleção de fatos curiosos, narração sobre a aparência peculiar de povos exóticos e descrição de seus estranhos costumes e crenças. Ela é vista como um entretenimento aparentemente sem nenhuma influência na vida de comunidades civilizadas.
>
> Esta opinião é equivocada. Mais que isto, eu espero demonstrar que um claro entendimento dos princípios da antropologia ilumina os processos sociais de nosso próprio tempo e deve nos mostrar, se estivermos prontos para ouvir seus ensinamentos, o que fazer e o que evitar. (Boas, 1962, p. 11, tradução nossa)

Mauss, em seu texto clássico *Ensaio sobre a dádiva* (1924) – importantíssimo na história da antropologia –, apresenta uma infinidade de práticas, costumes e representações de sociedades "primitivas" para, ao final, perguntar o que tais elementos podem nos dizer sobre nosso próprio tempo e nossa sociedade.

Embora levassem a sério o fato de a antropologia constituir um discurso baseado nas diferenças entre as sociedades humanas, esses antropólogos também tomavam como dado o pressuposto iluminista da unidade humana. Portanto, por mais diferente que seja uma cultura, ela constitui uma produção humana. Uma comunidade camponesa de Bali (Indonésia) realiza briga de galos: são humanos. Índios tupinambás do litoral brasileiro do século XVI realizavam rituais de canibalismo com os corpos de inimigos mortos: são humanos. Sociedades indígenas do Canadá e do noroeste dos Estados Unidos no século XIX realizavam um ritual chamado *potlach*, no qual destruíam e queimavam toda a riqueza produzida durante um ano de trabalho: são humanos. Sociedades do interior da África, nas décadas de 1930 e 1940, realizavam incisões (cortes profundos, de forma a deixar cicatrizes) na testa dos indivíduos como forma de marcar sua idade: são humanos.[16]

Apesar das diferenças, todas essas práticas são realizadas por seres humanos, que devem ser incluídos na mesma ideia de humanidade. Dessa forma, a antropologia não podia ser definida como o estudo das sociedades "primitivas", mas como uma maneira de olhar para a sociedade a partir de uma relação entre diversidade e unidade humana. No entanto, criou-se no senso comum e, de certo modo, na própria divisão do trabalho científico a ideia generalizada de que a antropologia estuda sociedades "primitivas" e exóticas. Conforme

---

16 *Todos os fatos citados nesse parágrafo estão ligados a importantes trabalhos na história da antropologia. A briga de galos realizada por camponeses balineses foi estudada na década de 1950 por Clifford Geertz, que publicou um famoso texto sobre o assunto em 1973: "Um jogo profundo: notas sobre a briga de galo balinesa". Nos últimos 30 anos, o canibalismo tupinambá tem sido estudado por diversos antropólogos que voltam suas atenções às sociedades indígenas na Amazônia, como Eduardo Viveiros de Castro e Manuela Carneiro da Cunha. O* potlach *realizado por sociedades indígenas do Canadá e do noroeste dos Estados Unidos foi matéria de análise em vários textos de Robert Lowie e Franz Boas, entre 1890 e 1920; também tem um papel central na narrativa* Ensaio sobre a dádiva, *de Marcel Mauss. Os rituais etários de sociedades africanas foram abundantemente descritos em trabalhos desenvolvidos por antropólogos ingleses entre 1930 e 1960, como* Os Nuer *(povo do atual Sudão e da República Centro-Africana), publicado por Edward Evans-Pritchard em 1940.*

suas possibilidades à época, esses "fundadores" da disciplina tentaram superar isso.

No entanto, somente a partir da década de 1960, o olhar da antropologia voltou-se para sociedades, comunidades, grupos e coletivos mais próximos. Em primeiro lugar, é preciso destacar que isso se deveu ao próprio desenvolvimento da antropologia em países considerados periféricos, como México, Brasil e Índia. No Brasil, por exemplo, desde a década de 1970, foi desenvolvida uma tradição fortíssima de estudos antropológicos realizados em centros urbanos, chamada por muitos de *antropologia urbana*. Nesse caso, tratava-se de realizar exatamente o movimento preconizado por Boas e Mauss, ou seja, a partir de um "olhar social" exercitado na diversidade humana, miravam-se os diferentes grupos sociais que conviviam, de variadas formas, no meio urbano. Dessa maneira, antropólogos começaram a estudar as relações sociais em conjuntos residenciais de metrópoles; as práticas religiosas, extremamente diversas, no meio urbano; as práticas e as representações ligadas ao lazer e ao trabalho; os rituais no meio urbano; o consumo; entre outros temas.

A antropologia não podia ser definida como o estudo das sociedades "primitivas", mas como uma maneira de olhar para a sociedade a partir de uma relação entre diversidade e unidade humana.

Em segundo lugar, houve uma dissolução da divisão do trabalho intelectual entre antropologia e sociologia, com os antropólogos penetrando em lugares até então estudados pelos sociólogos e vice-versa. Portanto, a partir da década de 1960, a ideia de que os antropólogos estudavam as outras sociedades, mas não as deles próprios, caiu por terra.

Ao longo do século XX, a própria antropologia revelou a inadequação de expressões como *sociedades primitivas*, na medida em que se debruçou sobre a dinâmica social delas e percebeu que sua dinâmica é tão complexa como a da sociedade moderna. Por exemplo: os antropólogos ingleses, ao estudar os já citados rituais de passagem etária em sociedades africanas, revelaram que estes exerciam um papel fundamental na determinação dos direitos e deveres dos indivíduos, bem como que operavam como marcadores de gênero, atividade econômica (a partir de certa idade, algumas atividades passavam a ser disponíveis), sexualidade, entre outros aspectos. Nessa ótica, rituais que, de longe, pareciam sem sentido algum, irracionais, tinham seus significados apontados pelos antropólogos. Em suma, quanto mais a antropologia se debruçava sobre a sociedade chamada *primitiva*, mais percebia que não podia ser atribuído a essa palavra o sentido de *mais simples*.

Atualmente, a antropologia não faz distinção do tipo de sociedade ou de coletividade que ela estuda. Os antropólogos continuam estudando rituais no interior da África ou da Oceania, mas também procuram compreender os processos de modernização que afetaram esses continentes e as transformações daí advindas. Por exemplo: há vários trabalhos sobre as transformações das sociedades indígenas no Brasil ou das sociedades africanas em virtude da introdução de religiões cristãs (catolicismo, protestantismo ou evangelismo), bem como sobre a relação dessas sociedades com práticas tradicionais de cuidado da saúde diante de políticas públicas voltadas para a área. Além disso, nos últimos 30 anos, uma antropologia direcionou-se para os domínios que ocupam o centro da vida moderna, como o sistema financeiro e os laboratórios de ciência. Assim, tanto a antropologia quanto a sociologia não se definem mais por esta ou por aquela sociedade. Sinteticamente, a antropologia se define por estudar a vida social a partir de uma concepção de ser humano articulada entre unidade (a ideia de humanidade) e diferença (a diversidade).

Por fim, restam questões que subjazem ao que foi apresentado no começo deste capítulo: Se a antropologia se define por um olhar às diferenças entre as sociedades humanas, qual é seu lugar em um contexto de globalização, no qual há a suposição de que as diferenças estão desaparecendo? Há sentido em uma antropologia nesse contexto? Em caso afirmativo, qual é o papel dela? Essas são perguntas com as quais a própria antropologia, em suas diferentes vertentes, vem lidando há tempos. Autores clássicos da disciplina também se questionavam sobre isso. Claude Lévi-Strauss (1962), importante antropólogo francês, afirmou, na década de 1960, que a expansão do Ocidente estava levando a uma crise da antropologia, com a desarticulação de muitas das sociedades às quais se dedicava ao estudo.

Inúmeras sociedades se desarticularam perante a expansão do mundo moderno, a qual ainda é vivida, de forma dramática, por muitas outras. Porém, o próprio Lévi-Strauss (1962) chama a atenção para o fato de que as diferenças não desaparecerão, mas se tornarão mais fluidas, menos visíveis à primeira vista. Nesse sentido, não se deve cair em um "pessimismo sentimental" diante dos contatos entre diferentes sociedades e culturas e pressupor que o mundo se tornará mais homogêneo.

> A antropologia se define por estudar a vida social a partir de uma concepção de ser humano articulada entre unidade (a ideia de humanidade) e diferença (a diversidade).

Vale destacar dois aspectos com relação a essa questão. O primeiro é como a expansão do Ocidente, ou seja, a entrada de seu modo de vida e de seus valores em outras sociedades, não é vivida de forma simples quando essas sociedades simplesmente adotam o ideário ocidental. Pelo contrário: diante do Ocidente, muitas sociedades (re)ativaram seus costumes e seus modos de vida, adotando alguns aspectos estrangeiros e rechaçando outros. Aquilo que os sociólogos chamam de *modernização* tem sido vivido por muitas sociedades não como perda de nosso modo de vida, mas como reforço de muitos dos nossos costumes.

O antropólogo norte-americano Marshall Sahlins apontou, em vários textos da década de 1990, a "indigenização da modernidade", entendida por ele como os processos pelos quais modos de pensar e de viver ligados a diferentes sociedades se confrontavam com o avanço do Ocidente (Sahlins, 2007). Em vez de desaparecerem, como previam muitos teóricos, esses modos, ou melhor, essas culturas, apropriaram-se de meios modernos para se manterem.

Um exemplo muito interessante é a forma como sociedades indígenas da América do Sul têm lidado com a música. Elas foram "invadidas", sobretudo no Brasil, por estilos de músicas comerciais produzidas pela sociedade deste país: forró, pagode, *rock*, *funk*, *gospel*, *hip hop* etc. Essas músicas, vistas como modernas, atraíram muitos jovens. Atualmente, quando chega a uma aldeia guarani no Paraná ou em Mato Grosso do Sul ou, até mesmo, ao parque do Xingu (Mato Grosso), o visitante se depara com jovens ouvindo Racionais MC's.

Muitos verão isso de forma pessimista e lamentarão o fato de esses jovens não estarem ouvindo as músicas tradicionais tocadas nos rituais de suas sociedades. No entanto, as músicas rituais não deixaram de ser praticadas – os rituais são momentos específicos e importantíssimos na vida dessas sociedades –, e o fato de os jovens ouvirem o *rap* de São Paulo não significa, em princípio, o fim da cultura. Pelo contrário: pode ser uma forma interessante de se afirmar a existência dessas sociedades ou, ainda, de tais indivíduos se apresentarem perante a sociedade brasileira e dizerem "somos indígenas". É o caso dos Brô MC's, *rappers* que, desde 2015, cantam em guarani, e da rádio Yandê, que se autoproclama "a primeira rádio indígena web do Brasil"[17]. Tanto o *rap* quanto o rádio e a internet são meios modernos usados para a afirmação das diferenças e da existência dessas sociedades.

Em todo o mundo, têm sido observados exemplos similares: na Austrália, o surgimento de rádios aborígenes; nos Estados Unidos, a criação de canais na internet dedicados às lutas indígenas; no Peru e na Bolívia – países com populações majoritariamente indígenas–, a elaboração, nos últimos 40 anos, de políticas públicas voltadas ao uso de idiomas indígenas. Em suma, a globalização e a modernidade podem ter diminuído o tamanho do mundo, tornando-o uma "aldeia", mas as diferenças entre sociedades humanas continuam sendo importantes.

Tinariwen[18] é um grupo malinês de *tichumaren*, um estilo tradicional de música praticado em áreas do Saara, como o norte de Mali, por guitarras acústicas, sem eletrificação. No entanto, esse e outros grupos de Mali, de Burkina Faso ou do Níger têm praticado esse estilo com guitarras elétricas e a adição de instrumentos como contrabaixo e bateria – a tradição é posta em jogo por meios modernos. A banda tem vários trabalhos lançados e algumas de suas *performances* podem ser vistas em canais como o YouTube.

O segundo aspecto a ser observado é que, nesse modo de vida "moderno", muitas diferenças são produzidas o tempo todo. No começo do século XX, sociólogos perceberam que a vida nas grandes cidades merecia estudos, haja vista que o fato de os homens viverem em grandes aglomerações os afetava profundamente. Um dos pontos considerados era a profunda diversidade de estilos de vida nas grandes

---

17 Para conhecer a música *"Eju orendive"*, do grupo de rap indígena Brô Mc's, acesse <https://www.youtube.com/watch?v=oLbhGYfDmQg>. Acesso em: 23 maio 2018.
18 Veja o site <http://www.projectrevolver.org>. Acesso em: 11 jan. 2018.

Allan de Paula Oliveira

cidades: diferentes procedências, religiões, formas de lazer e de trabalho, padrões estéticos etc.

Essa percepção das diferenças no meio urbano se tornou tão marcante que, na década de 1980, alguns teóricos, para se referirem a elas, começaram a usar a expressão *tribos urbanas*. Quando se toma a sério a colocação de Weber (1967) de que o adensamento urbano e o desenvolvimento de grandes metrópoles são expressões da modernidade, é preciso observar que o modo de vida moderno contempla uma pluralidade de possibilidades que se expressam nas práticas de diferentes grupos sociais.

Estudos atuais de antropologia e sociologia urbanas têm apontado essa pluralidade: torcidas organizadas de futebol, terreiros de candomblé, igrejas pentecostais, passeatas LGBT, greves trabalhistas, *shopping centers*, veganos, *punks*, bailes *funk*, bailões da terceira idade, manifestações políticas etc. – uma diversidade de práticas, expressas em estilos, espaços e atividades, pelas quais grupos de pessoas se conectam entre si e se diferenciam de outros grupos. Não é preciso ir longe para observar as diferenças entre os agrupamentos humanos; basta caminhar pela cidade ou navegar pela internet.

Nesse sentido, a antropologia ainda tem muito a dizer nesses tempos modernos, seja no sentido de provocar reflexões sobre a relação entre as sociedades em âmbito mundial, seja no sentido de produzir uma sensibilidade para as diferenças entre grupos sociais em âmbito local. Em ambos os casos, a tarefa é urgente. O primeiro se refere à contraposição a discursos de xenofobia e de intolerância, cada vez mais presentes no cotidiano mundial. Se a cristalização da antropologia, no século XIX, ajudou a matizar a violência do imperialismo europeu, agora é preciso apontar os riscos de fundamentalismos políticos, econômicos e culturais. O segundo diz respeito ao apontamento dos perigos da equação entre diferenças e desigualdades, que é um dos grandes problemas do mundo moderno.

Se a sociedade moderna se constituiu, a partir da Revolução Francesa, com base no ideal de igualdade entre os cidadãos, trata-se de mantê-lo sem que isso signifique o fim das diferenças. O exemplo das religiões é útil: o fato, positivo, de haver diferentes religiões em uma sociedade tem de ser observado pelo Estado – instância que deveria representar o ideal de igualdade –, de forma que todas sejam respeitadas e tenham a mesma proteção.

Vale frisar que o Estado não pode tratar de forma desigual as religiões mediante o discurso de que elas são diferentes.[19] Isso é muito comum no mundo moderno: nega-se o ideal da igualdade a partir da afirmação das diferenças, sob o raciocínio de que, se tal grupo social tem um modo de vida ou valores diferentes, ele é excluído da proteção estatal. Esse tipo de discurso tem gerado, no mundo todo, processos de exclusão social profundos e violências de todo tipo. Exatamente por se constituir como uma reflexão sobre o ser humano que leva em conta o pressuposto da unidade humana e a existência de diferenças humanas, a antropologia talvez seja o saber mais propício a oferecer um olhar sobre o mundo contemporâneo em que essas diferenças não se traduzam em desigualdades.

---

19 *É justamente por ter de respeitar e proteger todas as religiões que o ideal do Estado moderno é laico. A laicidade não significa a ausência de religião, mas se refere ao fato de que todas podem ser exercidas sob a proteção do Estado e nenhuma pode receber um lugar privilegiado diante dele – por exemplo, uma influência maior na elaboração da Constituição. A laicidade é o princípio da igualdade aplicado às religiões e um dos grandes desafios dos Estados modernos contemporâneos.*

Indicação cultural

RÁDIO YANDÊ. Disponível em: <http://radioyande.com>. Acesso em: 23 maio 2018.

A Yandê é a primeira rádio indígena *web* do Brasil, com uma programação voltada para a produção musical e artística de diversas etnias do país. A página *web* da rádio oferece também uma plataforma para debates sobre problemas e questões vividos pelas sociedades indígenas brasileiras. A rádio, uma excelente fonte de informações sobre os grupos indígenas brasileiros e suas agendas políticas, revela formas, no mundo contemporâneo, de afirmação da identidade em relação às diferenças culturais.

Síntese

A antropologia se consolidou no século XIX como uma reflexão sobre o homem como ser social, a partir da relação entre o pressuposto da unidade humana e a observação e o reconhecimento das diferenças humanas. Nesse sentido, a disciplina representou uma nova maneira de conceituar as diferenças humanas, afastando-se de formas mais antigas que geravam sua negação e sua exclusão.

No mundo contemporâneo, marcado por discursos como o da globalização – que muitas vezes sugere o fim das diferenças entre as sociedades humanas –, a antropologia assume um papel político muito importante, ao mesmo tempo que oferece subsídios para reflexões sobre problemas sociais graves, como a relação entre diferenças e desigualdades.

Atividades de autoavaliação

1. No que diz respeito à globalização, marque V para as afirmativas verdadeiras e F para as falsas.

   ( ) A globalização é um processo de integração mundial que anula cada vez mais as diferenças entre as culturas.

   ( ) Nos últimos 150 anos, com o avanço da ciência e dos meios de comunicação, assistiu-se, em nível mundial, a um enfraquecimento das práticas religiosas.

   ( ) A globalização não significou o fim das diferenças entre culturas. Pelo contrário: criou novos espaços e meios para a expressão dessas diferenças.

   ( ) Com relação aos arranjos familiares, a forma da família nuclear burguesa tornou-se a única observada nas diferentes sociedades humanas.

   Assinale a alternativa que corresponde à sequência correta:

   a) V, F, V, F.
   b) F, V, F, V.
   c) V, V, F, V.
   d) F, F, V, F.

2. Analise as sentenças a seguir.

   I) A percepção das diferenças humanas e sua problematização são recentes no pensamento humano e remetem ao século XIX.

   II) O termo *bárbaro* foi usado no pensamento greco-romano no sentido de demarcar uma separação entre sociedades a partir de uma percepção da diferença entre elas.

Allan de Paula Oliveira

III) O pensamento ocidental na Idade Média se caracterizava pela ausência de marcadores de diferença entre as sociedades humanas, ou seja, todas eram equiparadas.

IV) Michel de Montaigne, em seu texto sobre os canibais, representou uma nova maneira de se relacionar com as diferenças, em que estas são utilizadas como forma de reflexão sobre a própria sociedade.

Estão corretas apenas as afirmativas:

a) I e IV.
b) II e III.
c) I e II.
d) II e IV.

3. Leia os trechos a seguir.

I) O período conhecido como *Grandes Navegações*, que decorreu entre os séculos XV e XVII, representou um momento da história mundial em que os contatos entre diferentes culturas se intensificou e exigiu novas formulações por parte dos europeus.

II) No século XVI, o desenvolvimento de ideias como estado de natureza e estado de sociedade, presentes no pensamento político de autores como Hobbes e Bossuet, ignorou completamente o contato dos europeus com as sociedades indígenas americanas.

III) Montaigne pode ser lido como o precursor de uma importante forma de relação com as diferenças: o relativismo.

IV) O Iluminismo significou uma concepção de humanidade definida pela fé em Deus, não tendo nenhuma importância para a compreensão das diferenças humanas.

Estão corretas apenas as afirmativas:
a) I, II e III.
b) I e III.
c) I e II.
d) II e IV.

4. Leia as afirmativas a seguir e marque V para as verdadeiras e F para as falsas.

( ) A antropologia se cristalizou como saber a partir de mecanismos da administração europeia em suas colônias no mundo todo e, também, de desenvolvimentos científicos no século XIX, marcados pelo pressuposto iluminista de unidade humana e pelo interesse no estudo das sociedades.

( ) A biologia é central nas formas de reflexão sobre as diferenças humanas que surgiram no século XIX e, a partir desse momento, a categoria *raça* ganhou um grande relevo.

( ) O desenvolvimento dos museus no século XIX representou um elemento importante que combinava antropologia, biologia e colonialismo.

( ) O desenvolvimento da antropologia nada teve a ver com o colonialimo europeu no século XIX.

Assinale a alternativa que corresponde à sequência correta:

a) V, F, V, F.
b) F, F, V, V.
c) F, V, F, V.
d) V, V, V, F.

5. Leia as sentenças a seguir.

   I) A ideia de bom selvagem se constituiu em um mito importante na forma como os europeus lidaram com as sociedades indígenas nas Américas.
   II) Uma das questões da antropologia no mundo moderno é defesa da diversidade e das diferenças sem que isso signifique a perpetuação de desigualdades.
   III) A ideia de indigenização da modernidade aponta a desarticulação das culturas diante do avanço do Ocidente.
   IV) O campo de estudos da antropologia, no século XXI, continua sendo as sociedades "primitivas".

   Estão corretas apenas as afirmativas:

   a) I e III.
   b) I e II.
   c) II, III e IV.
   d) II e IV.

Atividades de aprendizagem

Questões para reflexão

1. Faça um exercício de reflexão sobre sua percepção das diferenças. Em que medida você tem contato com grupos de pessoas ou com comunidades que têm práticas, comportamentos e valores que você considera diferentes ou, até mesmo, estranhos? Qual é sua proximidade com eles?

2. Reflita sobre as seguintes questões:
   a) De que modo as diferenças culturais transparecem em seu consumo cultural?

b) O que você conhece da música, da literatura e do cinema produzidos em outras culturas? Qual é sua impressão sobre essas formas de expressão artística?

Atividade aplicada: prática

1. A palavra francesa *flanerie* refere-se ao ato de andar a esmo pela cidade. O *flaneur* é aquele que anda pela cidade, sem direção, observando tudo e a todos. Faça um exercício de *flanerie* por sua cidade, seu bairro ou sua rua, fotografando (com seu celular mesmo) os espaços, as pessoas e as atividades que você relaciona a comportamentos e valores diferentes dos seus. Depois, observe as fotografias e reflita se elas não denotam situações de desigualdade social. Caso denotem, tente explicar como e por quê.

Capítulo 2
Conceitos e questões antropológicas

Neste capítulo, apresentamos quatro conceitos centrais na história da antropologia: etnocentrismo, cultura, relativismo e multiculturalismo – seria inexato chamá-los de *conceitos antropológicos*. Outras disciplinas também produziram reflexões sobre eles, como a Sociologia, a Psicologia e até mesmo a Filosofia. O conceito de cultura, por exemplo, tornou-se tão popularizado que faz parte do senso comum. No entanto, tais conceitos estão profundamente relacionados à história da antropologia e, não raro, aparecem na forma como o senso comum, muitas vezes, define a disciplina. Expressões do tipo "o relativismo dos antropólogos" ou "a antropologia como a ciência da cultura" são frequentes em jornais e revistas. Em suma, a antropologia pode não ter inventado esses conceitos, mas cada um deles aponta questões com que esse saber, ao longo de sua história, teve de lidar e sobre as quais produziu reflexões.[1]

(2.1)
ETNOCENTRISMO

O termo *etnocentrismo* remete ao julgamento de valor de determinada sociedade, de suas práticas e de suas ideias, do ponto de vista da sociedade à qual o observador pertence. Trata-se de julgar os outros a partir de nós. Nesse sentido, o etnocentrismo é uma atitude extremamente presente na relação entre as diferenças humanas, diante das quais pode surgir uma série de representações e ações, como preconceitos, incompreensões e, no limite, conflitos violentos.

Esse termo tem um duplo aspecto: (1) cognitivo, ligado à forma como as diferentes sociedades, ou grupos sociais, se relacionam;

---

[1] Há outra palavra importantíssima relacionada à história da antropologia que ganhou certo estatuto conceitual: etnografia, *tema do próximo capítulo deste livro*.

Allan de Paula Oliveira

(2) político, ligado à fundamentação de uma série de representações negativas das diferenças. No primeiro caso, o etnocentrismo se estabelece como uma questão epistemológica a ser observada sempre que se trata do estudo da alteridade. No segundo, ele é um problema a ser considerado do ponto de vista político.

> A palavra *conceito*, usada no início do capítulo, merece um pequeno comentário. O que é um conceito? Essa é uma questão que a filosofia tomou como base para inúmeros debates que escapam aos limites deste texto (Deleuze; Guattari, 1991). E essa é uma daquelas questões nas quais a resposta é menos importante do que o trabalho de reflexão que ela produz. O uso que fazemos aqui do referido termo é o mais simples possível: por *conceito*, agrupam-se fatos no sentido de compreendê-los. Assim, a palavra *cultura* tornou-se uma forma de delimitar certos aspectos da vida humana. O mesmo ocorreu com o termo *etnocentrismo*, que determina certas posturas, atitudes e práticas em torno da relação com as diferenças humanas.
>
> Nosso objetivo neste capítulo não é apresentar uma definição para cada conceito, mas focar seu desenvolvimento e as questões envolvidas em sua formulação, para as quais a antropologia, ao longo de sua história, teve um papel central.

O etnocentrismo é uma atitude extremamente presente na relação entre as diferenças humanas, diante das quais pode surgir uma série de representações e ações, como preconceitos, incompreensões e, no limite, conflitos violentos.

A história das relações entre as sociedades humanas é, em grande medida, uma história do etnocentrismo. Quando os gregos, conforme mencionamos no capítulo anterior, classificaram os povos que não falavam sua língua como *bárbaros*, havia nisso um componente etnocêntrico. O ponto de vista central nesse julgamento era a própria cultura grega. Nessa perspectiva, bárbaros eram os outros. Da mesma forma, quando os europeus, no século XVI, chegaram às Américas e julgaram as práticas de muitas sociedades americanas como bestiais e selvagens ou, ainda, negaram o estatuto de humanidade aos indígenas, seus posicionamentos foram marcados por um caráter etnocêntrico.

Em ambos os casos, tratava-se de julgar a alteridade, as diferenças, a partir dos valores da própria sociedade. É interessante observar que o contrário também é verdadeiro: os índios da América do Sul duvidavam do caráter humano dos europeus. É muito comum, por exemplo, os etnônimos – nomes pelos quais as sociedades se denominam – das sociedades indígenas da Amazônia (*Arawete*, *Yaminawa*, *Waiapi*, entre outros) significarem "nós, os verdadeiros humanos".

Lévi-Strauss (1993) evidencia, em um texto célebre, relatos do século XVI sobre como os indígenas americanos mantinham submersos os corpos de espanhóis (vistos como seres estranhos) mortos para descobrir se eram sujeitos a putrefação. Na mesma época, do outro lado do Atlântico, teólogos e juristas espanhóis travavam discussões intermináveis para determinar se os indígenas americanos tinham alma.

Nesses exemplos, o etnocentrismo aparece como uma forma de julgamento das diferenças e de autoafirmação das sociedades. Os gregos se consideravam superiores aos bárbaros, assim como os europeus, no século XVI, viam-se como o centro do mundo diante dos indígenas americanos. Da mesma maneira, os *Arawete*, na Amazônia, definem-se, perante outras sociedades indígenas e o homem branco, como *os verdadeiros homens*. Esse etnocentrismo, na prática, é inevitável, pois uma sociedade, um grupo social ou uma coletividade sempre julgará os outros a partir de seus próprios valores.

O ponto mais importante a ser observado são algumas consequências sociais e políticas do etnocentrismo, que podem variar desde um fechamento social no qual o contato com a alteridade é evitado ao máximo (segregação) até uma atitude de eliminação de toda e qualquer alteridade. Esses dois casos, extremos, geram posturas violentas:

xenofobia e extermínio, respectivamente. Esse sentido mais perverso do etnocentrismo é um dos grandes problemas políticos no mundo contemporâneo, pois é central na forma como muitas sociedades se relacionam. Os diferentes fundamentalismos religiosos, por exemplo, são produtos desse etnocentrismo, no qual uma religião é vista como superior a outra. Conflitos étnicos como os que marcaram, na década de 1990, os Bálcãs e o interior da África (Uganda e Ruanda) são exemplos dos extremos a que essas posturas podem chegar.

Entre essas duas posturas situa-se um etnocentrismo mais cotidiano, que fundamenta incompreensões da alteridade, sem chegar, contudo, aos extremos citados. Entretanto, exige-se, por parte de qualquer observador das sociedades humanas, ou melhor, de todos, um cuidado epistemológico intenso, haja vista que ele pode ser o ponto de partida para atitudes extremas.

Dois exemplos prosaicos servirão para ilustrar isso.

Tome-se o uso que se faz, no mundo moderno, dos termos *arte* e *artesanato*. Qual a diferença entre eles? O que define um objeto como sendo uma coisa ou outra? Essas questões dizem respeito à forma como a ideia de arte foi desenvolvida no mundo moderno, desde o Renascimento (Elias, 1995).

Entre os séculos XV e XVIII, uma concepção de obra de arte e de artista foi cristalizada e, em função dela, surgiu uma série de classificações: alguns objetos passaram a ser vistos como a *verdadeira arte*, e outros, como uma *arte menor*[2]. Além disso, alguns passaram a ser vistos como *artistas*, e outros, como *artesãos*. Algumas obras foram colocadas em espaços como museus e galerias e, a princípio, excluídas da possibilidade de trocas comerciais – por exemplo, não é possível ir

---

2   Essa concepção de arte, diferenciada de artesanato, é matéria de inúmeros debates e críticas no campo artístico.

ao Museu do Louvre, em Paris, e comprar a *Mona Lisa*. Outras, como qualquer frequentador de feira *hippie* pode observar, foram colocadas à venda, para uso cotidiano. E mais: o termo *artesanato* tende a ser usado para se referir à produção daqueles considerados *outros* – indígenas, população mais pobre, imigrantes etc. A distinção entre arte e artesanato se fundamenta, muitas vezes, em pressupostos etnocêntricos e, nesse sentido, *artesanato* é um modo de diminuir o valor estético de um objeto.

O segundo exemplo desse princípio etnocêntrico aparece no uso da palavra *religião*. É comum ela designar algumas concepções e práticas em detrimento de outras, definidas como meras crenças. O islamismo, o cristianismo e o budismo são vistos como religiões, mas ainda é comum denotar concepções e práticas de origem africana ou indígena como *cultos afro* ou *crenças indígenas* respectivamente, ou, até mesmo, como *superstições*. Como no exemplo anterior, os termos *cultos, crenças* e *superstições* são usados de forma a diminuir as práticas e as concepções sagradas daqueles considerados *outros*.

O etnocentrismo, nesses dois exemplos, transparece em uma diferença de valor atribuída a palavras como *artesanato* e *crença*. Mostra-se como o etnocentrismo pode gerar desigualdades, e é preciso estar atento a isso – a antropologia, no decorrer de sua história, tem tentado chamar a atenção para esse ponto.

> O uso da expressão *sociedades primitivas* fundamentava-se em uma postura etnocêntrica por parte dos europeus. Primitivo em relação a quem ou a quê? Isso representava uma autoimagem dos europeus como o centro da humanidade. Nesse sentido, outras sociedades eram classificadas como *primitivas*. O mesmo princípio se revelava em textos de economia e política produzidos entre 1940 e 1990, em que as sociedades eram classificadas como de Primeiro Mundo, de Segundo Mundo (os países socialistas) ou de Terceiro Mundo. Essa classificação, obviamente, foi produzida por economistas e teóricos de países do chamado *Primeiro Mundo*.

Allan de Paula Oliveira

Figura 2.1 – Indígenas tocando flauta durante um ritual no Parque do Xingu

Ouvir essas músicas e classificá-las como desafinadas é um exemplo de etnocentrismo. No entanto, o etnocentrismo também pode se expressar na atitude oposta, qual seja: em uma classificação das coisas sem levar em conta suas diferenças. Por exemplo: classificar como *arte* ou *religião*, definidas de formas específicas, a produção ou as ideias dos outros, independentemente de suas diferenças. Isso não deixa de ser etnocentrismo, porque as definições de *arte* e de *religião* partiram de uma sociedade específica, em um momento histórico particular. Todavia, esse etnocentrismo é inevitável e está relacionado ao próprio ato de classificar. O conceito de *arte* foi inventado para classificar coisas, com o intuito de dar conta de uma infinitude de coisas completamente diferentes: a Mona Lisa, a música de Bach, o livro de Machado de Assis, o *rap* da periferia de São Paulo, as pinturas corporais dos índios do Xingu, a arquitetura árabe, a *performance* de rua etc. Adiante, você verá que o papel da antropologia tem sido mostrar como, atrás das generalizações dos conceitos, oriundas desse etnocentrismo epistemológico, opera uma diversidade de práticas.

(2.2)
CULTURA

A antropologia estabeleceu uma relação tão marcada com o conceito de cultura que é comum ela ser definida como *a ciência que estuda a cultura*. Essa definição faz sentido em alguns aspectos, mas esconde uma série de abordagens e tendências teóricas no interior da disciplina – em algumas de suas vertentes, o termo *cultura* é pouco problematizado. Todavia, o desenvolvimento da antropologia deu novos sentidos a esse termo, dotando-o de significados mais complexos e, em certa medida, contribuindo para sua popularização. De acordo com Laraia (2009), *cultura* é, para muitos, um conceito antropológico.

O sociólogo alemão Norbert Elias (2011) escreveu, no final da década de 1930, uma obra seminal na qual analisa o desenvolvimento das palavras *cultura* e *civilização*. Segundo o autor, *cultura* se tornou um conceito, ou seja, um substantivo que define algo, a partir do final do século XVIII, na Alemanha. Pensadores alemães, como Johann Gottfried Herder (1744-1803), começaram a usar a palavra *kultur* com o intuito de denotar o desenvolvimento espiritual (conhecimento) de um povo. Seu objetivo era demarcar uma diferença entre esse conceito e o de civilização, popularizado no inglês (*civilization*) e no francês (*civilisation*) desde, aproximadamente, o século XVII.

Os franceses e os ingleses adotavam o termo *civilização* para se referirem ao refinamento dos costumes (etiqueta) e, a partir do século XVIII, ao desenvolvimento material e tecnológico dos povos. Dessa forma, o refinamento e o progresso eram vistos como sinais de civilização. Obviamente, essa visão das duas nações mais desenvolvidas da Europa nos séculos XVII e XVIII tinha um caráter etnocêntrico, o que era criticado pelos pensadores alemães, que, em vez de valorizar a etiqueta e o progresso material, vistos como **atributos externos** aos indivíduos, passaram a valorizar seu conhecimento e sua moralidade, tidos como **atributos internos**. É interessante observar que, nessa perspectiva, povos considerados *menos civilizados* teriam sua cultura.

> O romantismo é, muitas vezes, visto como um movimento intelectual, o que pode criar a falsa impressão de um movimento organizado com líderes e propostas definidas. É mais interessante observá-lo como uma tendência do pensamento europeu entre o final do século XVIII e boa parte do século XIX, a qual marcou vários campos do conhecimento: a filosofia, a música, as artes visuais, a literatura etc. Em cada uma dessas áreas, o romantismo teve dinâmicas e temporalidades diferentes. Em comum, houve uma valorização da subjetividade humana contra o que era visto como uma ênfase exagerada na expressão externa da razão do ser humano, tal como formulada pelo Iluminismo no século XVIII. Assim, o romantismo estendia a crença na razão do homem aos domínios da subjetividade e valorizava palavras como *emoção* e *espírito*. Além disso, trouxe um contraponto importante à ideia de unidade humana (em torno da razão) proposta pelo Iluminismo: a de que cada povo, cada nação, tem seu "espírito" e, nesse ponto, são diferentes.

Entretanto, essa perspectiva alemã não significava, a princípio, uma equiparação entre os povos. Foi nessa mesma época – no final do século XVIII – e também na Alemanha que a estética se desenvolveu como ramo da filosofia. Desde então, uma cisão entre a "alta" e a "baixa" cultura passou a ser extremamente significativa nas reflexões sobre arte, por exemplo.

As reflexões alemãs sobre *kultur* abriram a possibilidade do desenvolvimento de uma ideia da cultura como um atributo ligado ao espírito, internalizada nos seres humanos. E mais do que isso: um atributo coletivo, denotativo do caráter de um povo, de uma sociedade. Nessa perspectiva, todos os povos têm sua cultura, a qual se expressa no conhecimento, na moral, nos costumes, nas crenças, na forma de pensar o mundo etc. A cultura, nessa primeira acepção, está mais relacionada ao plano do pensamento. Essa visão mais internalizada, ligada à subjetividade dos indivíduos, teve um papel muito importante no romantismo durante boa parte do século XIX.

Essas ideias foram difundidas pela Europa durante a primeira metade do século XIX, influenciando pensadores franceses e britânicos, que produziram tentativas de combinar essa visão alemã de *kultur* como conhecimento com as noções inglesas e francesas de civilização. Surgiu, então, uma concepção de cultura mais ampla: ao mesmo tempo que se expressa no plano do pensamento (conhecimento e crenças), ela tem uma dimensão material, revelada em costumes, rituais, técnicas e objetos.

Dessa tentativa de combinar conceituações alemãs, francesas e inglesas, surgiu a primeira definição científica de cultura, elaborada pelo antropólogo inglês Edward Burnett Tylor em 1871: "Cultura ou civilização, tomada em seu mais amplo sentido etnográfico, é aquele todo complexo que inclui conhecimento, crença, arte, moral, lei, costume e quaiquer outras capacidades e hábitos adquiridos pelo homem na condição de membro da sociedade" (Tylor, 2005, p. 69).

Nesse contexto, dois aspectos merecem ser ressaltados. O primeiro é a **relação entre os termos *cultura* e *civilização***, os quais Tylor (2005) estabelece como sinônimos. Essa relação se fundamenta na perspectiva evolucionista do autor. Tal definição foi dada em seu livro *Cultura primitiva*, cujo título evidencia a ideia de que há um estágio das sociedades humanas em que o desenvolvimento da cultura ou da civilização ainda é primitivo, ou seja, está no começo. Uma vez mais, percebe-se a ambiguidade do pensamento do século XIX: todas as sociedades são marcadas pela cultura; no entanto, algumas estão em uma fase primitiva, e outras, em um estágio mais avançado. Tylor escreveu seu livro tentando delimitar as características desse estágio primitivo da cultura.

O segundo aspecto a ser destacado é a ideia de que **a cultura é um produto da vida em sociedade, ou seja, ela é coletiva e compartilhada**. Além de apresentar uma definição de cultura, no capítulo

"A ciência da cultura", Tylor (2005) propõe um estudo científico da cultura, com objeto e métodos delimitados. Se o objeto é definido como *um todo complexo*, o método de estudo envolve, em primeiro lugar, o registro e a coleta pormenorizados das expressões da cultura: as regras morais, os costumes, as leis, a arte, as técnicas, os objetos etc. O registro e a descrição minuciosos dos costumes e das práticas de outros povos já eram praticados na Europa desde o século XVIII, com o nome de *etnografia*. O segundo passo do método seria a **comparação dos dados etnográficos**, de modo a classificar as sociedades em primitivas ou avançadas, de acordo com seu grau de cultura. Esse método de estudo da cultura, que envolvia registro pormenorizado e posterior comparação, permitia uma divisão do trabalho. Assim, o registro e a coleta de dados não deveriam, necessariamente, ser feitas pela pesquisador. Foi aí que surgiu a chamada *antropologia de gabinete*, típica do século XIX, em que funcionários coloniais (militares, missionários, burocratas) coletavam dados e os enviavam para etnólogos e antropólogos na Europa, os quais os comparavam e os interpretavam. Trataremos desse assunto mais adiante; por hora, interessa-nos observar o estabelecimento da cultura como objeto de estudo científico.

Por volta de 1890, tanto na Inglaterra quanto nos Estados Unidos, uma geração de pesquisadores começou a questionar e a problematizar esse método, sobretudo a possibilidade de separação entre a observação e o registro dos fatos culturais e sua posterior interpretação. Esses pesquisadores se dedicaram ao trabalho de campo, indo aos locais que desejavam estudar e criando um trânsito no qual, em um momento, estavam "aqui" (no museu, na sociedade de pesquisa, na universidade), e, em outro, estavam "lá", nas sociedades consideradas primitivas.

Essa geração de pesquisadores – representada nos Estados Unidos por Franz Boas (1858-1942) e na Inglaterra por William Rivers (1864-1922), Alfred Haddon (1855-1940) e Charles Seligman (1873-1940) – vinculou a etnologia e a antropologia à prática da etnografia e, aos poucos, começou a inferir importantes questões relativas à forma como os dados etnográficos eram reunidos e estudados. Criou-se, então, uma tradição de trabalho de campo extremamente forte tanto na antropologia norte-americana quanto na britânica.

Em virtude dessa ida dos antropólogos a campo, começou-se a desenvolver a ideia de que a etnografia não deveria ser somente o registro e a observação dos fatos culturais. Mais importante do que isso era perceber o sentido desses fatos para as pessoas que os vivenciavam e os praticavam. Isso modificou completamente o escopo dos trabalhos de campo desenvolvidos pelos antropólogos. Se antes tratava-se, literalmente, de coletar dados, sem preocupar-se com o sentido que eles tinham em dado contexto, agora tratava-se de observar e entender a cultura mediante a ideia de que ela, internamente, tinha coerência. Por mais estranho que fosse um costume, ele deveria ser estudado a partir de sua inserção em um contexto social, enfim, de seu sentido.

Dessa forma, aos poucos, o estudo da cultura foi se tornando mais profundo. Ainda se estudava o todo complexo – os costumes, as crenças, as leis etc., conforme a definição de Tylor (2005) –, mas esse "todo" deveria ser descrito em função dos sentidos que ele tinha para as próprias pessoas das sociedades estudadas.

Certamente, essa abertura para os "sentidos da cultura" não era uma invenção dos antropólogos anteriormente citados. Ela estava inserida em uma tendência intelectual mais ampla, na qual o pensamento humano passou a ser estudado de forma mais profunda. No século XIX, tanto a filosofia quanto os novos saberes que se desenvolviam, como a psicologia e a filologia, estavam empenhados em compreender os mecanismos do pensamento humano e o funcionamento da linguagem como capacidade humana. Dessa maneira, filósofos como Arthur Schopenhauer e Friedrich Nieztsche e psicólogos como William Wundt, William James e Herman Ebbinghaus apontavam, sob diferentes perspectivas, a importância de questões como o funcionamento da consciência, a intencionalidade e a memória.

Em 1870, aproximadamente, palavras como *inconsciente* e *subconsciente* passaram a ocupar um espaço cada vez maior nas reflexões sobre o pensamento humano. Por volta de 1890, um dos temas debatidos na psicologia era a dinâmica e o funcionamento da dimensão inconsciente do pensamento humano e seus reflexos no comportamento, o qual teve, nas primeiras décadas do século XX, um grande impacto nas ciências humanas. A obra de Sigmund Freud – cujos primeiros escritos datam de 1888 – e o surgimento da psicanálise, com a publicação de *A interpretação dos sonhos* (1900), são produtos desse contexto de investigação sobre o pensamento e o comportamento do ser humano.

Tanto Boas quanto Rivers e Seligman conheciam, mesmo que de longe, esses debates. Aos poucos, o estudo antropológico da cultura foi incorporando alguns desses elementos, e, por volta de 1910, já era corrente a pressuposição de que a cultura tinha uma dimensão inconsciente: seguimos suas regras, mas, muitas vezes, não temos consciência disso. O pesquisador interessado em seu estudo deveria levar em conta as expressões conscientes e, também, compreender os aspectos do inconsciente envolvidos na experiência da cultura. A ideia de compreender o sentido da cultura para aqueles que a vivem passou a se desdobrar entre o consciente e o inconsciente.

Dessa forma, a antropologia de gabinete começou a ser criticada, porque esse estudo do sentido não podia ser feito com uma mera ida a campo. Na segunda metade do século XIX, era comum antropólogos britânicos ou franceses enviarem, por meio do exército de suas nações, questionários a serem aplicados a povos subjugados por Inglaterra e França, a fim de identificar seus costumes, suas leis, suas crenças e suas práticas. Com a pergunta "Qual o sentido desses costumes, leis e crenças para aquelas pessoas que as vivem?", esse tipo de questionário se tornou inócuo. Uma nova forma de trabalho de campo por parte dos antropólogos e, consequentemente, uma nova maneira de entender a cultura foram sendo geradas entre 1890 e 1930.

Vale lembrar que, no final do século XIX, a antropologia era vista como a ciência que estudava as sociedades e as culturas "primitivas". Isso revela um dado importante: do ponto de vista europeu, as culturas estudadas pelos antropólogos eram vistas como exóticas, estranhas e, sobretudo, carentes de sentido. Rituais xamânicos, regras de casamento em que um indíviduo é obrigado a unir-se com alguém da mesma linhagem (geralmente um primo), crenças em ações mágicas ou conflitos em razão de acusações de práticas de feitiçaria eram exemplos de fatos com os quais os antropólogos se deparavam nas sociedades que estudavam.

Do ponto de vista europeu, naquele momento, fatos como esses provavam que tais sociedades viviam em um universo de ignorância e obscurantismo. Sentido? Não poderia haver nenhum. Foi nesse contexto que os antropólogos da época começaram a apresentar seus relatos sobre a vida das sociedades consideradas primitivas. A contribuição da antropologia operou na contramão desse senso comum do pensamento europeu, ao mostrar como os fatos culturais (crenças, costumes, práticas, leis etc.) faziam sentido no contexto daqueles que os experimentavam. Por mais estranho que seja um costume, ele faz sentido para quem o vive. Em suma, se Tylor definiu a cultura, os antropólogos da geração entre 1890 e 1930 estabeleceram o modo antropológico de seu estudo[3].

Essa atenção à cultura como um universo de sentido propiciou à antropologia um lugar renovado no quadro das ciências humanas. Mais do que isso, deu ao conceito de cultura um novo estatuto epistemológico, tão poderoso que passou, em alguns casos, a ser debatido como o conceito central na definição da própria ideia de humanidade: para alguns, a natureza do homem se realizaria na cultura.

Os antropólogos, ao revelar como as culturas mais "estranhas" operavam, como produziam seus sentidos, tiveram um papel fundamental nesse processo de afirmação do conceito de cultura. O impacto público que a antropologia teve a partir de então foi enorme.

Em primeiro lugar, essa perspectiva modificou a forma como as sociedades "primitivas" eram vistas, revelando a inadequação da palavra *primitivo*. Alguns livros mostravam a coerência e o sentido de fatos que, aos olhos europeus e norte-americanos, eram irracionais, por exemplo, *Coming of Age in Samoa* – estudo sobre a adolescência entre povos da Samoa –, publicado pela estadunidense Margaret Mead (1901-1978) em 1928, e *The Sexual Life of Savages in Northern-Western Melanesia*, publicado pelo polonês Bronislaw Malinowski (1884-1942), que trabalhava na Inglaterra, em 1929. Mead e Malinowski, com perspectivas teóricas diferentes, revelavam como as culturas de povos da Samoa e da Melanésia faziam sentido como um todo e como os fatos inerentes a elas só poderiam ser compreendidos no interior dessas culturas.

---

3 Modo ligado à palavra etnografia, assunto do qual trataremos no próximo capítulo.

> Esses dois livros não são os mais importantes de Margaret Mead e de Bronislaw Malinowski. Ambos escreveram outras obras que se tornaram mais influentes na antropologia. Todavia, os livros em questão ajudaram a criar, tanto na Inglaterra quanto nos Estados Unidos, uma imagem pública da antropologia.

Em segundo lugar, essa valorização do conceito de cultura, na qual a antropologia teve um papel primordial, na medida em que apresentava um modo de estudo desse conceito, fez com que a disciplina se tornasse mote de debates com outras áreas.

A ideia de que o estudo da cultura deve ser atento aos mínimos detalhes da vida social e ao contexto dos fatos foi central no desenvolvimento, a partir da década de 1920, da forma como sociólogos que trabalhavam nos Estados Unidos se voltaram para o estudo do meio urbano, criando uma tradição de estudos de sociologia urbana.

Um dos objetivos dessa tradição, centrada na Universidade de Chicago e, por isso, conhecida na história da sociologia como *Escola de Chicago*, era o estudo da cultura dos diferentes grupos que compunham o meio urbano. Ao mesmo tempo, historiadores franceses da década de 1920 ligados à revista *Annales* voltaram-se para o estudo daquilo que, mais tarde, foi chamado de *mentalidades* – um conjunto de crenças e representações cujo estudo deveria tomar em consideração o contexto de sua experiência, ou seja, a cultura. O clássico da historiografia *Os reis taumaturgos*, publicado pelo francês Marc Bloch em 1924, é um exemplo dessa tendência e desse diálogo estabelecido com a antropologia. Foi somente no contexto da sociedade feudal que o costume de tocar o rei como forma de curar certas doenças pôde ser compreendido.

Entre 1890 e 1930, emergiu um conceito de cultura mais sofisticado, visto como a produção de sentido do mundo, que, ao mesmo tempo, só pode ser compreendido plenamente quando estudado em seu próprio contexto. Por sua vez, a partir da década de 1950, logo após a Segunda Guerra Mundial, um nova palavra ganhou visibilidade nos debates sobre cultura: *simbólico*. Porém, esse termo não era novo e já aparecia nos debates sobre o pensamento humano e sobre cultura desde o começo do século XX. Ele está ligado ao desenvolvimento de saberes voltados aos signos, entendidos como centrais na linguagem e na comunicação humanas. A semiótica, tal como proposta por Charles Peirce no século XIX, e o desenvolvimento da linguística no início do século XX, sobretudo a obra de Ferdinand de Saussure, ofereceram ferramentas para o estudo da cultura como produtora de sentidos. Emergiu daí uma ideia da cultura como linguagem, como um fundamento da comunicação humana, e seu estudo passou pela compreensão de suas regras.

Em suma, o termo *cultura* passou a denotar a dimensão simbólica da vida humana. Correntes da antropologia que apareceram na década de 1950, como a antropologia estrutural, na França, e certas correntes da linguística, da filosofia e da psicanálise foram fundamentais para essa concepção da cultura como o domínio do simbólico.

Como explicaremos mais adiante, nem todas as correntes e tendências da antropologia centralizaram suas análises no conceito de cultura. A antropologia estrutural, cujo principal nome é o francês Claude Lévi-Strauss (1908-2009), é um exemplo disso, assim como a antropologia desenvolvida na Inglaterra. A cultura não aparece em nenhuma das duas como um conceito central nas análises.

No entanto, a ideia da cultura, tal como passou a ser estudada entre 1890 e 1930, como um todo complexo que abarca aspectos cognitivos, costumes, formas de pensar, crenças, práticas e técnicas e que tem sentido próprio, o qual só pode ser plenamente compreendido em seu contexto particular, tornou-se uma marca do modo como a antropologia lida com o conceito. Essa ênfase no contexto levou, inclusive, a um pequeno deslocamento semântico: em vez de falar em *cultura*, entendida como um estágio do desenvolvimento humano (Tylor, 2005), os antropólogos da geração entre 1890 e 1930 começaram a falar em *culturas*, no plural. Ou seja, essa atenção ao contexto ampliou a própria visão da antropologia sobre a diversidade humana. Dessa forma, o conceito de cultura, durante o século XX, estava relacionado, sobretudo, às formas pelas quais as sociedades dão sentido ao mundo, sendo um domínio da vida humana que opera tanto no nível da ação quanto no do pensamento. Então, a cultura passou a ser vista como uma espécie de lente pela qual os seres humanos enxergam o mundo e agem sobre ele.

O norte-americano Clifford Geertz (1930-2002), em um texto da década de 1960, apontou os impactos da cultura, vista a partir da ideia de que ela está ligada à produção de sentido e de significados, no próprio conceito de ser humano (Geertz, 1989a). Lévi-Strauss (2010), por sua vez, preocupou-se com a velha questão, advinda dos séculos XVII e XVIII, da passagem do estado de natureza para o estado de sociedade, alterando-a para a passagem da natureza para a cultura.

Mesmo que muitos autores e correntes teóricas não se ocupem do conceito de cultura, ele é onipresente na história da antropologia e, por hora, interessa observar como essa disciplina evidenciou a necessidade de estudar as culturas em seu próprio contexto e, assim, melhor compreender sua dinâmica e seus sentidos. Disso adveio uma visão – definida como *relativismo* – sobre as diferentes culturas que permitiu à antropologia uma crítica às posturas etnocêntricas.

(2.3)
Relativismo

Entre 1890 e 1930, a ideia de que o estudo das culturas deve levar em conta seu contexto, desvelando os sentidos dos fatos culturais para os próprios agentes que os vivenciam, tornou-se normativa no modo como os antropólogos estudam as sociedades. Desde então, a antropologia se tornou uma disciplina capaz de criticar o etnocentrismo do pensamento moderno e europeu com relação às outras sociedades do mundo.

Essa crítica se liga ao termo *relativismo*, o qual pode ser visto como uma espécie de antítese do etnocentrismo. Este último se define por um julgamento da cultura de outras sociedades a partir dos valores da sociedade do próprio observador, ao passo que o relativismo consiste em compreender a cultura dessas sociedades em seus termos e valores particulares. Nesse ponto de vista, trata-se de observar como uma cultura faz sentido para aqueles que a vivem, e classificá-la como *primitiva*, *bárbara* ou *atrasada* constitui uma postura etnocêntrica. O relativismo antropológico é, portanto, metodológico e uma postura intelectual perante a cultura ou a sociedade que se estuda.

Tome-se como exemplo um dos grandes clássicos da história da antropologia: *Bruxaria, oráculos e magia entre os Azande*, escrito pelo inglês Edward Evans-Pritchard (1902-1973) e publicado originalmente em 1936. Os Azande são um grupo étnico que vive no alto Rio Nilo, na atual fronteira entre o Sudão do Sul, o Congo e a República Centro-Africana.

O antropólogo realizou um trabalho de campo entre os Azande de 1925 a 1930. Na época, o Sudão do Sul era domínio inglês, a República Centro-Africana era território francês e o Congo era parte da Bélgica.[4] Ele visava a um estudo da vida de tal grupo em todos os seus aspectos: político, familiar, religioso, econômico, artístico, entre outros.

---

4 *O Sudão do Sul surgiu em 2011, a partir de uma divisão do Sudão, que se tornou independente em 1956. Tanto o Congo quanto a República Centro-Africana se tornaram independentes em 1960.*

Evans-Pritchard (2005) apresenta um elemento central na vida dos Azande: as crenças e práticas ligadas à bruxaria e à magia, as quais eram importantíssimas na vida desse grupo e estavam relacionadas, sobretudo, à tentativa de explicação dos infortúnios. De modo geral, sempre que uma adversidade ou um acidente ocorria com alguém ou com um grupo de pessoas, a explicação se voltava para atos de bruxaria. Em função deles, tanto alianças quanto inimizades eram estabelecidas entre os indivíduos, e rituais eram feitos para se descobrir o autor do malefício ou buscar proteção contra esses atos.

Crenças[5] desse tipo, muito comuns entre sociedades africanas, eram (e ainda são) vistas pelos europeus como produtos da ignorância, como superstições que revelam o atraso social de tais grupos. Dessa forma, o simples fato de Evans-Pritchard apresentar um estudo sobre a bruxaria azande já significava um investimento intelectual importante.

Tal importância acentuou-se ainda mais pelo fato de o livro de Evans-Pritchard não apresentar a bruxaria como produto da ignorância ou da superstição. Pelo contrário: o autor revela como a bruxaria se constitui em um verdadeiro sistema cognitivo que articula relações sociais e oferece aos Azande um modo de compreensão dos fatos cotidianos, sejam de cunho social, sejam ligados à natureza. Em suma, ele mostra como, naquele contexto, a bruxaria "funciona", faz sentido.

---

5 Tais crenças, que ainda existem, embora transformadas, foram alvo, ao longo do século XX, de intensos processos de repressão, levados a cabo por diversos agentes. À medida que esses países foram se tornando independentes, os próprios Estados, interessados em modernizar suas sociedades, operaram no sentido de superar práticas consideradas arcaicas. Outros agentes importantes foram as religiões: tanto o cristianismo quanto o islamismo, que lutam por hegemonia na África subsaariana, veem as práticas de bruxaria como algo a ser combatido.

Classificar as crenças e as práticas associadas à bruxaria como irracionalidade é uma postura etnocêntrica que não permite sua compreensão mais ampla como uma forma humana de dar sentido aos fatos da vida. E nisso reside um primeiro sentido do relativismo tal como praticado pela antropologia: se uma das características dos seres humanos é procurar dar sentido às coisas e aos fatos da vida e do mundo, isso é feito de formas variadas – magia, bruxaria, feitiçaria, religião, arte, ciência etc. Nenhuma delas é falsa no que se refere à produção do sentido; a questão é a natureza dos sentidos que elas produzem e os efeitos que podem oferecer.

Lévi-Strauss, em *O pensamento selvagem* (1970), mostra como, durante milênios, as crenças na magia permitiram às sociedades que produzissem um vasto conhecimento sobre a natureza, com a classificação de plantas e animais e sua domesticação para efeitos de uso e consumo. Ou seja, a ideia de que a magia não tem efeitos práticos carece de fundamento. O mesmo se pode afirmar com relação ao pensamento religioso, que Émile Durkheim, em seu livro *As formas elementares da vida religiosa*, publicado originalmente em 1912, aponta como a base para o desenvolvimento de domínios como a moral ou, até mesmo, o pensamento conceitual. Ao mencionar como a crença em bruxaria faz sentido para os Azande no contexto de sua cultura, Evans-Pritchard (2005) produz um efeito de relativismo. Julgar a bruxaria a partir do ponto de vista europeu seria etnocentrismo.

Anteriormente, apresentamos um exemplo em que o relativismo tem uma dimensão epistemológica: algo que, no senso comum, é visto como carente de sentido ou, ainda, como irracional se mostra significativo para um grupo de pessoas ou uma sociedade. Evans-Pritchard, com seu livro sobre bruxaria, é apenas um exemplo desse relativismo, que se tornou uma marca da maneira como a antropologia estuda a vida social. Geertz (1989b), ao estudar a briga de galos em Bali, faz o mesmo com relação à cultura dos camponeses locais: mostra como um evento que, para muitos, significa crueldade ou algo sem sentido tem efeitos profundos nas relações sociais desse grupo.

O francês Louis Dumont (1911-1998) estuda, na obra *Homo Hierarchicus*, publicada em 1967, o sistema de castas indiano e cita "funções positivas" de algo que, no Ocidente, evoca somente reprovação e projetos de superação. Quando usa a expressão *funções positivas*, Dumont não está defendendo ou justificando o sistema de castas, mas esclarecendo que ele "funciona" no contexto da sociedade indiana. Compreender esses sentidos, seus fundamentos e seus efeitos é um dos objetivos desse autor.

Da mesma forma, trabalhos antropológicos sobre grupos urbanos também são marcados por uma perspectiva relativista. Toledo (1996) revela, por exemplo, os sentidos das ações de torcidas organizadas de futebol, interessadas em demarcar territórios no meio urbano e relações de cooperação ou de conflito entre si. Portanto, nesse contexto, são importantes o trajeto até o estádio, os cantos, as provocações ao rival, os próprios conflitos e o enfrentamento com a polícia.

Por sua vez, o francês Loïc Wacquant (2002) realizou um trabalho de campo em uma academia de boxe em um bairro pobre de Chicago. Se, para muitos, o boxe é um ritual de violência gratuita, sem sentido algum, Wacquant revela a importância desse esporte para muitos jovens do bairro. Para eles, o boxe é fonte de disciplina moral, corporal e estética, além de oferecer projetos de vida em um contexto marcado por segregação e exclusão sociais.

Esses são dois exemplos de trabalhos realizados no meio urbano em que o relativismo, mesmo não tematizado diretamente nos textos, aparece como postura metodológica. Em antropologia, o relativismo poderia ser definido como postura e ferramenta metodológicas, uma forma de escapar ao etnocentrismo, mas acaba tendo também um efeito político. Ao apresentar descrições e análises de outras culturas, a antropologia produziu uma crítica à forma como a Europa e os Estados Unidos – os centros hegemônicos do mundo durante os séculos XIX e XX – pensavam essas culturas. Mais do que isso: a antropologia refinou uma crítica à ideologia do **progresso**, extremamente presente nesses centros a partir do século XIX e articulador da forma como eles se relacionavam com outras culturas. De acordo com essa ideologia, a Europa Ocidental, em um primeiro momento, e os Estados Unidos seriam exemplos de sociedades mais avançadas, evoluídas. A prova disso era o progresso material atingido por elas ao final do século XIX. A partir daí, passou-se a justificar a ideia de que as duas localidades deveriam levar o progresso para os outros povos. Segundo Hobsbawm (2002), a crença no progresso deu à Europa e aos Estados Unidos uma autoimagem elevada, com efeitos sobre a forma como suas sociedades viam a si mesmas e as demais sociedades humanas.

Ao estudar essas demais sociedades, a antropologia teve um duplo efeito. O primeiro foi revelar que elas não poderiam ser descritas como *primitivas*, *selvagens* ou *simples*, ou seja, à medida que a ideia do estudo de uma cultura em seus próprios termos foi se aprofundando, menos sentido fazia usar essas palavras.

Já em 1901, por exemplo, Marcel Mauss criticava o nome de uma disciplina ofertada em uma instituição francesa de estudos: "História das Religiões dos Povos Não Civilizados" (Lanna, 2015, p. 63). Segundo ele, a expressão *não civilizados* não fazia sentido.

O segundo efeito produzido pela antropologia foi a revelação de como a ideia de progresso é completamente arbitrária, baseada em conceitos (de desenvolvimento tecnológico, por exemplo) que não poderiam ser utilizados como critérios de comparação entre sociedades. Se algumas tinham um profundo desenvolvimento material, outras tinham sistemas de parentesco extremamente complexos ou concepções riquíssimas sobre botânica, por exemplo. Por isso, não faz sentido uma linha evolutiva na qual apareçam, em seu final, a Europa Ocidental e os Estados Unidos, a partir de um ideal de progresso que é arbitrário e produzido nessas sociedades.

Essa relativização do progresso é mencionada em muitos textos escritos por antropólogos no decorrer do século XX. Vale destacar "Raça e história", escrito por Claude Lévi-Strauss, em 1952, para uma publicação multidisciplinar da Organização das Nações Unidas para a Educação, a Ciência e a Cultura (Unesco) dedicada ao combate ao racismo e às violências decorrentes desse ato. Nesse texto, Lévi-Strauss (1993) desmonta os dois princípios que foram utilizados para criar hierarquias entre as sociedades: a **raça** e o **progresso**.

O ideal ocidental de progresso era o código de estabelecimento das sociedades humanas na linha do tempo, ou seja, com base no que é considerado falta de progresso, classifica-se determinada sociedade como atrasada na marcha da história. As sociedades nômades, por exemplo, eram muito observadas, no início do século XX, em lugares como o Polo Norte (esquimós) e a Amazônia. Por não apresentarem uma agricultura desenvolvida, elas eram vistas como atrasadas na história, sendo comuns frases como "Os índios da Amazônia ainda não chegaram ao Neolítico".

Esse tipo de raciocínio caiu por terra graças a textos como o de Lévi-Strauss, extremamente importante em um momento no qual se debatiam as atrocidades da Segunda Guerra Mundial – encerrada sete anos antes –, quando discursos de superioridade racial ou de crença na maior evolução de uma sociedade em relação a outras haviam fundamentado extermínios e violências terríveis.

O relativismo antropológico, portanto, constitui uma postura metodológica com efeitos políticos, que marcou a forma como a antropologia é vista tanto no quadro das ciências humanas quanto no senso comum. No entanto, ele não pode ser tomado como uma espécie de negação da moral, como se a antropologia afirmasse que todas as ações humanas são justificadas.

Esse é um ponto profundo e delicado do exercício da antropologia, porque muitas vezes os antropólogos, estudando outras culturas, se deparam com fatos, práticas, ações e representações que são tabus para a própria cultura. Tome-se, novamente, o exemplo do texto de Evans-Pritchard (2005) sobre a bruxaria azande. Comumente, as acusações de bruxaria entre os Azande (e no interior da África, de modo geral) tomavam a forma de conflitos violentos entre grupos familiares e clãs, não raro, terminados com mortes. O fato de estudar a fundo esse universo da bruxaria não significa que Evans-Pritchard o estivesse justificando ou defendendo as práticas a ele relacionadas.

O caráter relativista do pensamento antropológico não está em justificar ou defender uma cultura, mas revelar suas complexidades e suas dinâmicas e mostrar que, por mais estranha que seja uma prática, ela é produto da humanidade. Dessa forma, o relativismo fundamenta um alargamento da noção de humanidade, e qualquer projeto que pense uma unidade humana terá de levar em conta o maior número de variáveis. Nesse sentido, o efeito político do relativismo antropológico é extremamente profundo, na medida em que coloca diferentes perspectivas humanas em uma posição de diálogo.

(2.4)
Mudança cultural e contatos entre culturas

No decorrer de sua existência, a antropologia não apenas refinou o conceito de cultura, dando-lhe novos significados a partir de seu estudo, mas também analisou os processos de transformação das diferentes culturas, sua dinâmica interna e os efeitos dos contatos entre elas. Ao longo da história da disciplina, a temática da dinâmica cultural teve variadas formulações, mas é importante ressaltar como a antropologia contribuiu para um debate que é, no fundo, político, pois se trata da maneira como coletivos e grupos humanos definem a si próprios e os outros grupos. Porém, antes de descrevermos como a antropologia ofereceu aportes para o estudo da dinâmica cultural, precisamos apresentar uma tendência intelectual anterior.

Como já explicamos, o surgimento do moderno conceito de cultura teve na ideia alemã de *kultur* um elemento central. Essa palavra estava ligada à emergência do pensamento romântico, na passagem do século XVIII para o XIX, e à ideia de que os povos, as sociedades, têm um "espírito", algo que os singulariza perante os outros.

No século XIX, eram muito comuns discussões sobre o *destino dos povos* ou a *vocação de determinado povo*, expressões que, nos dias atuais, ainda ecoam no senso comum.[6] A palavra *kultur*, nesse sentido, incorporou esta ideia: cada povo, cada nação e cada sociedade teria sua cultura, como se fosse um atributo específico, uma marca que o(a) diferencia de outros povos, nações e sociedades. A partir daí, reflexões sobre culturas nacionais ganharam relevo e serviram de fundamento para debates sobre identidades nacionais em um momento no qual o nacionalismo se tornou uma questão extremamente importante (Anderson, 2008).

O englobamento dos debates sobre cultura pelo nacionalismo teve tons diferenciados de acordo com a situação política de cada país.

---

6   *É comum ouvir na imprensa, por exemplo, expressões como* vocação agrícola do Brasil *e* índole pacífica do povo brasileiro, *as quais ecoam representações românticas do século XIX.*

Isso porque, nesses debates, a cultura ou, ainda, essa ideia de espírito nacional era vista como o elemento capaz de criar um vínculo dos indivíduos com a identidade nacional.

Dessa forma, projetos políticos nacionalistas, a partir da segunda metade do século XIX e durante todo o século XX, investiram em elaborações sobre cultura, todos procurando responder à questão "O que define a cultura de nosso país?". O Brasil é um bom exemplo disso: independente desde 1822, o país começou, na década de 1870, a debater internamente quais seriam as características de sua sociedade e sua cultura.[7] Após a proclamação da República, em 1889, esse debate se intensificou, atingindo um momento importante nas décadas de 1920 e 1930, com o movimento modernista, que produziu uma visão poderosa (ainda hoje) do que seria a cultura brasileira. O ponto a ser enfatizado aqui, do qual a ideia de cultura brasileira é um bom exemplo, é o fato de que a captura do conceito de cultura pelos discursos de identidade nacional reificou o conceito, essencializando-o. Pior do que isso: criou-se a ideia de uma cultura pura, primordial, essencial, que corresponderia ao verdadeiro espírito de um povo.

Durante a metade do século XIX, discursos nacionalistas debatiam onde estaria essa essência da cultura, sua expressão mais pura. Uma das primeiras respostas a essa questão foi uma valorização do

---

7   *Apesar de a independência ter ocorrido em 1822, somente após 1870 surgiu um ambiente propício a debates sobre a identidade nacional. Entre 1822 e 1870, a situação política do Brasil era instável: entre 1822 e 1845, houve revoltas e guerras internas, como a Confederação do Equador e a Revolução Farroupilha. Se internamente a situação política se estabilizou no final dos anos 1840, na década seguinte, começaram as Guerras Platinas, envolvendo Brasil, Uruguai, Argentina e Paraguai, as quais só terminaram em 1870.*

mundo rural. Nesse caso, a cultura dos camponeses – suas ideias, visões de mundo, práticas, crenças etc. – foi tomada como a base de uma cultura nacional, visto que eles não haviam tido contato com outras culturas.

Na Inglaterra, em 1856, surgiu uma palavra voltada ao estudo dessa cultura rural: *folklore*. Em toda a Europa, pesquisadores passaram a percorrer os campos coletando lendas, descrevendo técnicas e registrando festas, músicas e práticas religiosas. Eles acreditavam que esse material daria a base para a construção de uma cultura nacional (Travassos, 1997).

No Brasil, tal atitude transpareceu no movimento modernista de 1922, segundo o qual uma verdadeira cultura brasileira surgiria a partir do momento em que artistas e pensadores valorizassem a cultura de indígenas, camponeses, negros etc. *Macunaíma*, um famoso livro de Mário de Andrade, publicado em 1928, é uma narrativa construída a partir de mitos e lendas do interior do Brasil, marcadamente indígenas.

O desenvolvimento do folclore foi uma das consequências dessas buscas de pureza e essência cultural. Ainda hoje, critica-se o fato de os estudos do folclore congelarem a cultura e valorizarem apenas aquilo que parece puro. Outras consequências foram mais trágicas e resultaram em discursos xenófobos e racistas. Na Alemanha, a partir do final do século XIX, a ideia de pureza passou a ser central nas concepções sobre a cultura desse país, resultando em discursos contra as influências estrangeiras na vida alemã e na demonização de certos grupos considerados estrangeiros, como os judeus.

A emergência de uma ideologia de extrema-direita, como o nazismo, na década de 1920, potencializou politicamente esses discursos de pureza cultural e racial e levou à catástrofe da Segunda Guerra Mundial: os nazistas pregavam, antes de tudo, a "purificação" do povo alemão. Essa foi a consequência mais terrível de uma concepção sobre cultura que a toma como algo imutável e essencializado. Esse entendimento, conforme explicitamos, desenvolveu-se ao longo do século XIX, contexto em que a antropologia começou a usar o conceito.

A concepção de cultura de Edward Tylor, apresentada em 1870, era evolucionista[8]. Para ele, *cultura* era um atributo que as sociedades desenvolviam ao longo de sua evolução; por isso, o uso da palavra no singular. Tylor (2005) considera a cultura um estágio da evolução humana, uma capacidade potencial do ser humano que se desenvolve em sociedade; portanto, todos a têm. No entanto, ele também propõe que algumas sociedades estão no começo da cultura, e outras, mais avançadas. A partir daí, surgem várias perguntas: "Como explicar que diversas sociedades estão em estágios culturais diferentes?", "Como a cultura se espalha de uma sociedade para outra?" ou, ainda, "Como as sociedades vão atingindo esse estágio evolutivo?".

Essas questões e outras correlatas geraram muitos debates entre pensadores sociais da segunda metade do século XIX. Alguns privilegiaram a pergunta sobre as diferenças entre os estágios culturais e responderam a elas evocando argumentos racistas: sociedades desenvolvidas por determinadas raças são atrasadas em relação às de outras raças, que são mais avançadas. Essa foi a questão central para muitos pensadores evolucionistas.

Outros preferiram focar não a tentativa de explicar as diferenças entre os estágios de cultura, mas a difusão de elementos entre eles, ou seja, como a cultura se difunde de uma sociedade a outra.

---

8   *O evolucionismo como linha teórica será mais bem trabalhado no Capítulo 4.*

Essa questão foi primordial para alguns geógrafos e etnólogos das décadas de 1860 e 1870 na Inglaterra e na Alemanha. A partir de 1890, essa linha de investigação passou a ser chamada de *difusionismo*, sendo muito desenvolvida nesses dois países, pelo menos, até os anos 1930.

Difusionistas ingleses, no final do século XIX, estabeleceram o Egito antigo como o berço da civilização. Vale lembrar que, na perspectiva de Tylor (2005), *cultura* e *civilização* são palavras sinônimas, e, a partir dele, a cultura, ou civilização, foi se difundindo por meio de migrações, comércio e invasões.

Na Alemanha, a corrente difusionista não estabeleceu somente um centro civilizador, mas vários, como Egito, Mesopotâmia, China e Índia. A partir daí, difusionistas buscavam provar quando e de que forma o contato entre esses centros culturais ocorreu. Não raro, isso gerava debates sem embasamento historiográfico, e esse tipo de análise começou a cair em desuso. Contudo, vale destacar como o difusionismo chamou a atenção para os contatos culturais. Embora ainda operasse sob o signo de uma ideia evolutiva e estabelecesse histórias inconsistentes de contatos culturais, o difusionismo tinha o papel de apontar a importância das relações entre sociedades, em um momento (final do século XIX) no qual outros discursos, como o nacionalismo, pregavam o isolamento entre grupos humanos.

À medida que a antropologia foi desenvolvendo um estudo mais contextual da cultura, apostando na percepção de sua diversidade, e não na singularidade humana – de tal forma que, em vez de cultura (no singular), os antropólogos começaram a falar em culturas (no plural) –, a dinâmica interna dessas culturas tornou-se relevante. Novamente, o nome de Franz Boas merece destaque. Em um texto de 1896, Boas (2004b) descartava a ênfase na comparação da antropologia evolucionista e propunha uma atenção maior à história de cada cultura. Para ele, a compreensão dos elementos de cada cultura deveria atentar-se ao modo como esses elementos se desenvolveram ao longo do tempo. Dessa forma, processos de transformação internos a cada cultura começaram a ser descritos e, assim como na corrente difusionista, a importância do contato com outras culturas era evidente.

Dessa maneira, tanto o difusionismo quanto a proposta mais historicista de Boas não fundamentavam discursos de pureza e isolamento cultural, que, no final do século XIX, acompanhavam muitos projetos de construção da identidade nacional. Pelo contrário: a ideia de uma cultura pura, intocada, primordial era acusada de falácia por Boas. A história das culturas humanas era uma história de empréstimos, contatos, migrações e invasões.

A antropologia, portanto, desenvolveu-se como crítica a propostas de pureza e isolamento cultural e, desde o começo do século XX, deixou claro que o estudo das culturas revelava processos de contato e de empréstimo entre elas, em maior ou menor grau. Nesse sentido, nenhuma cultura pode ser vista como totalmente isolada. Os antropólogos daquela época revelaram que algumas culturas são mais resistentes aos contatos, e outras, mais abertas.

Por outro lado, estudos antropológicos realizados nas décadas de 1920 e 1930 também se preocuparam em revelar como o contato entre as culturas as transforma. Antropólogos estadunidenses voltaram-se para estudos sobre aculturação (perda da cultura). Para tanto, eles observavam a forma como imigrantes chegados aos Estados Unidos abandonavam práticas e costumes de suas culturas de origem, bem como suas línguas, e adotavam um modo de vida americanizado.

A ideia de aculturação foi muito utilizada por sociólogos e por antropólogos brasileiros entre 1940 e 1970 no estudo das relações das sociedades indígenas brasileiras com a sociedade nacional. Nesse caso, uma visão pessimista sobre as culturas indígenas era apresentada, uma vez que elas eram descritas em processo de desaparecimento.

O futebol é um exemplo de trocas culturais entre diferentes sociedades e do uso da cultura para a construção da identidade nacional. Desenvolvido por jovens ingleses de classe média, na primeira metade do século XIX, o esporte se popularizou no país a partir de 1860, sendo adotado por todos os segmentos da população. Ao mesmo tempo, era exportado para todos os lugares do mundo, seja por funcionários de empresas inglesas, seja por estrangeiros que iam estudar na Inglaterra e levavam o futebol para seus países de origem.

Na década de 1890, ingleses que trabalhavam em São Paulo começaram a praticar o esporte. Por sua vez, o paulista Charles Müller, ao voltar da Inglaterra, passou a organizar partidas em São Paulo. Em 40 anos, o futebol se tornou o esporte mais popular do Brasil e, em consequência, uma marca da cultura brasileira.

Figura 2.2 – Partida de futebol entre Portsmouth e Leicester City, em 1949

Allan de Paula Oliveira

Uma visão menos pessimista sobre contatos e mudanças culturais começou a surgir na década de 1970, quando os antropólogos se voltaram para um fenômeno intrigante: se era verdade que, em alguns casos, o contato entre culturas levava à desarticulação de algumas delas e, em outros, reavivava práticas abandonadas ou reforçava aquela cultura considerada mais propícia ao desaparecimento.

O antropólogo norte-americano Terence Turner, especialista no estudo dos Kayapó (sociedade indígena do Brasil Central), mostrou em vários trabalhos como eles usaram o cinema e o vídeo – meios tecnológicos estrangeiros conhecidos por esses nativos após o contato com o homem branco – para reforçar sua cultura e valorizar práticas que estavam enfraquecidas, como festas e rituais. Nesse sentido, um kayapó com uma câmera de vídeo pode estar enfatizando seu caráter, e não "perdendo sua cultura" (Sahlins, 2007).

Esse é apenas um dos inúmeros exemplos registrados por antropólogos em diversos lugares do mundo. Culturas indígenas tidas como desaparecidas ou em vias de desaparecimento passaram a ser retomadas e evocadas publicamente a partir do contato com o Ocidente. Muitos grupos humanos começaram a exigir direitos mediante uma afirmação pública de sua cultura. Em suma, se os antropólogos dos anos 1930 e 1940 apresentavam certo pessimismo quanto aos contatos culturais, os das décadas de 1970 e 1980 os encaravam de uma forma menos pessimista, demonstrando como tais contatos podiam reforçar e rearticular as culturas envolvidas. Ao mesmo tempo, esta antropologia descreveu como as culturas se transformam a partir de si mesmas, ou seja, como a própria dinâmica provoca transformações. Sahlins (2007) afirma que a cultura se transforma a partir de sua prática e, a todo instante, ela é posta em xeque.

Esse autor entende *cultura* como esquemas de produção de significado, em uma abordagem mais intelectualista do termo. Uma cultura, portanto, lida com os acontecimentos do dia a dia e os percebe a partir de seus esquemas. Contudo, pode acontecer – e acontece a todo instante, com todas as culturas – de um evento não ser completamente compreendido pelos esquemas culturais. Nesse caso, os esquemas colocados em xeque se transformam. Sahlins (2007) evidencia o exemplo da chegada dos europeus ao Havaí, na década de 1770, e como eles foram classificados com base em esquemas da cultura havaiana – havia muitos mitos que narravam a chegada de estrangeiros poderosos. No entanto, à medida que, no dia a dia dos contatos, os europeus não se enquadravam em sua primeira classificação, a cultura havaiana foi se transformando, o que é mostrado por Sahlins (2007).

> Outros antropólogos e sociólogos, por sua vez, passaram a enfatizar o caráter híbrido das culturas. Isso foi particularmente forte entre cientistas sociais que estudam culturas urbanas e nacionais em países da América Latina (Canclini, 2008). Essa ideia de culturas híbridas aparecia como uma tentativa de valorizar as culturas populares e de apontar seu caráter cosmopolita. Se, do ponto de vista da história da antropologia, a expressão não constituía uma novidade – desde a década de 1930, o hibridismo era tomado como pressuposto de toda cultura –, ela tinha um valor importante no contexto político dos países latino-americanos.

Atualmente, *cultura* é vista pelos antropólogos a partir dessa dimensão mais simbólica, ligada à produção de significados e sentidos da experiência humana. Nessa ótica, a cultura é marcada por um aspecto de invenção e criatividade constantes (Wagner, 2010). Assim, mais do que delimitar onde começa e onde termina uma cultura ou descrevê-la em processos de empréstimos de itens materiais e em representações do mundo, é útil atentar para esse caráter inventivo e criativo pelo qual as culturas lidam com o mundo e a experiência do cotidiano. De certa forma, a antropologia, no final do século XX, sem deixar de lado sua atenção à diversidade cultural – expressa no uso da palavra *culturas* (no plural) –, voltou a produzir reflexões sobre cultura como a capacidade humana de produzir diferenças.

(2.5)
MULTICULTURALISMO

Em certa medida, multiculturalismo não é um conceito desenvolvido no interior da antropologia. A ideia subjacente a esse conceito, da diversidade cultural e das relações de poder que ela envolve, é inerente à forma como a antropologia lida com as diferenças humanas desde a década de 1920. Os antropólogos sempre tomaram o multiculturalismo como um dado *a piori*: a única maneira de estudar culturas é adotar como pressuposto a própria pluralidade. Desse modo, a palavra *multiculturalismo* seria uma obviedade para Franz Boas, Margaret Mead, Marcel Mauss, Bronislaw Malinowski, Claude Lévi-Strauss, Clifford Geertz, entre outros nomes importantes da disciplina. Todavia, é um conceito com o qual a antropologia teve de lidar a partir da década de 1980, sobretudo em debates sobre democracia e garantia de direitos coletivos.

> A derrocada dos regimes socialistas nos países do Leste Europeu, em 1989, e o fim da União Soviética, em 1991, significaram para muitos, à época, uma vitória do capitalismo e do liberalismo. Economistas e sociólogos apontaram, naquele momento, o surgimento de uma ordem global capitalista, que realizava o que muitos pensadores do século XIX haviam previsto: o capitalismo, e o modo de vida a ele associado, se espalharia por todo o mundo de modo inevitável. Dessa forma, a popularização da palavra *globalização* foi marcada por um tom triunfalista. Acontecimentos posteriores, como o recrudescimento de discursos nacionalistas – que geraram, por exemplo, guerras nos Bálcãs na década de 1990 e a ascensão de um populismo de direita nos anos 2010 – e, sobretudo, a emergência de uma série de questões ligadas ao mundo islâmico (nacionalismo, fundamentalismo religioso etc.), foram, em virtude desse ar triunfalista do final da década de 1980, recebidos com surpresa por muitos economistas e sociólogos.

Assim como o tema *globalização*, o multiculturalismo tornou-se uma tônica nos debates sobre cultura a partir da segunda metade da década de 1980, especialmente em países anglo-saxões, como Estados Unidos e Inglaterra. Sociólogos, antropólogos, historiadores, políticos, críticos literários e filósofos começaram a debater publicamente o multiculturalismo, que, no caso específico da antropologia, representou novas formas de expressão pública e uma nova relação da disciplina com movimentos políticos e sociais importantes.

O multiculturalismo apareceu, de certa maneira, como um contraponto à globalização. No começo deste livro, mencionamos como o termo *globalização* e expressões correlatas como *mundialização* e *sistema mundial* tornaram-se correntes em textos de economia, sociologia e política a partir da década de 1970 (Giddens; Sutton, 2016).

Por volta da década de 1970, economistas e sociólogos passaram a enfatizar a integração global da economia, já prevendo o ocaso do socialismo, que ocorreria no final dos anos 1980. O termo *globalização*, dessa forma, foi cunhado a partir da pressuposição de um triunfo do capitalismo, a ponto de o teórico norte-americano Francis Fukuyama, em 1989, afirmar o "fim da história", já que chegava ao fim o embate entre o Ocidente, e seus modos de vida, e o resto do mundo.[9] Para esses teóricos, a antropologia, com seus interesses em outras formas de vida social, tornou-se um tipo de conhecimento relegado a segundo plano: Por que estudar modos de vida que desapareceriam?

---

9   A obra O fim da história e o último homem, *publicado por Francis Fukuyama em 1989, foi muito influente na condução das políticas externas nos Estados Unidos durante os governos de George Bush (1988-1992) e Bill Clinton (1992-2000). No entanto, com o retorno de conflitos nacionalistas na década de 1990, como a Guerra dos Bálcãs, e a ascensão de fundamentalismos religiosos no começo do século XXI, as ideias de Fukuyama – basicamente seu tom triunfalista sobre o poder do Ocidente e do capitalismo – passaram a ser extremamente criticadas.*

Allan de Paula Oliveira

Mais do que isso: Diante desse nível de expansão do capitalismo e de uma cultura a ele relacionada, faria sentido falar em outras culturas? As respostas e os desafios a essas questões vieram de inúmeros lugares. No próprio Ocidente, na década de 1960, movimentos sociais e políticos importantíssimos começaram a se expressar na esfera pública com discursos construídos em torno da ideia de diferença: movimentos negros, movimentos feministas, movimentos ligados à sexualidade, entre outros.[10]

Por outro lado, a partir dessa mesma década, as ciências humanas, sobretudo a história e a sociologia, voltaram-se a um estudo mais profundo das chamadas *culturas populares*, vistas como a expressão cultural de grupos sociais considerados marginais: habitantes da periferia, jovens trabalhadores, imigrantes nas grandes cidades, negros, mulheres etc. Na Inglaterra, esse interesse centrou-se na constituição de um campo de estudos chamado *estudos culturais*, que se cristalizaram como uma área acadêmica multidisciplinar englobando sociólogos, historiadores, estudiosos da área de comunicação e críticos literários. A partir da década de 1970, essa área tornou-se extremamente influente nas ciências humanas. Com os estudos culturais, temáticas como *culturas juvenis* (*punk, hippie, hooligan* etc.) começaram a ser estudadas de forma aprofundada.

---

10 *Embora esses movimentos não tenham surgido na década de 1960, sendo possível localizar suas expressões ainda no século XIX, foi naquela época que ocorreu uma expressão pública deles em um nível inédito até então.*

> Tradicionalmente, o surgimento dos estudos culturais é relacionado ao trabalho, no final da década de 1950 e no início da década seguinte, de intelectuais marxistas britânicos, como o sociólogo Richard Hoggart, o crítico literário Raymond Williams e o historiador Edward Palmer Thompson. Em seus trabalhos, esses autores apontaram as dimensões políticas da cultura e sua importância na maneira como diferentes grupos sociais atuam na sociedade. Em 1964, Hoggart fundou o Centro de Estudos Culturais Contemporâneos (Centre for Contemporary Cultural Studies – CCCS), na Universidade de Birminghan, o qual se tornou o espaço acadêmico de referência para tais estudos. Durante toda a década de 1970 e parte da de 1980, sob a direção do jamaicano Stuart Hall, o CCCS produziu uma série de trabalhos muito importantes sobre práticas culturais da classe trabalhadora e de imigrantes.

Concomitantemente a esse processo de cristalização dos estudos culturais, outro fenômeno importante ocorreu no meio acadêmico e na esfera pública a partir da década de 1960: a emergência de uma crítica ao colonialismo e à forma como outras culturas eram representadas no Ocidente. O mais interessante dessa crítica, conhecida pelo nome *estudos pós-coloniais*, era o fato de ela ser produzida por intelectuais originários de lugares considerados exóticos e periféricos. Em suma, intelectuais indianos ou palestinos produziam suas reflexões em universidades norte-americanas ou inglesas.

Esse movimento ocorria ao mesmo tempo que processos de independência política marcavam países da África e da Ásia. Ele representava, no plano intelectual, a expressão desses movimentos políticos, alimentando-os. Intelectuais como a indiana Gayatri Chakravorty Spivak (autora do importantíssimo ensaio *Pode o subalterno falar?*, de 1983), o palestino Edward Said (autor do livro *Orientalismo*, de 1978, sobre as representações que o Ocidente faz do Oriente) e o historiador indiano Dipesh Chakrabarty tornaram-se, a partir da década de 1980, autores muito influentes nas ciências humanas.

Allan de Paula Oliveira

Entre as décadas de 1960 e 1980, portanto, emergiram nas esferas públicas de países europeus e dos Estados Unidos expressões de grupos sociais considerados subalternos: negros, mulheres, homossexuais e imigrantes oriundos da África, da Ásia e da América Latina. Mais do que mera expressão, essa emergência se apresentava como um movimento político voltado à obtenção de direitos civis e a uma maior inclusão social. Foi nesse contexto que sociólogos começaram a empregar o termo *multiculturalismo* para denotar lutas políticas levadas a cabo em uma esfera pública marcada por diferentes atores sociais, muitos deles usando a palavra *cultura* como código de expressão de suas visões de mundo.

As artes tiveram um papel fundamental nesse processo. Na década de 1970, músicos como o nigeriano Fela Kuti e o jamaicano Bob Marley e, na década seguinte, o paquistanês Nusrat Fateh Ali Kahn se destacaram no cenário musical da Inglaterra e dos Estados Unidos, de modo que o rótulo *world music* começou a ser utilizado para denotar uma música *pop* produzida por meio da combinação de músicas tradicionais de países africanos e asiáticos com linguagens musicais consideradas ocidentais, como o *rock* e o *jazz*. Na literatura, o sucesso comercial de escritores como a nigeriana Chimamanda Ngozi Adichie (um nome importante nos debates feministas) e o turco Orhan Pamuk levou a expressão literária de países considerados periféricos para o centro do mundo editorial anglo-saxão. No cinema, a maior visibilidade da produção de países como Irã, Índia e China também expressou essa importância do campo das artes nos debates sobre multiculturalismo.

Figura 2.3 – Cartaz de divulgação do Encontro dos Povos Indígenas, em 2016

Prefeitura de Guarulhos

O multiculturalismo caracteriza-se pela ação na esfera pública de grupos marginalizados com relação à garantia de direitos civis. Dessa forma, um mesmo espaço – a cidade – é palco de debate entre diferentes grupos e culturas. No Brasil, apesar de o conceito não ser de uso tão corrente como em países anglo-saxões, o multiculturalismo teve seus equivalentes na emergência de lutas políticas pela inclusão de negros e de indígenas na sociedade brasileira ou na maior visibilidade de demandas políticas por parte das mulheres e dos grupos LGBT. A adoção de políticas de cotas em universidades ou a criação de leis voltadas ao combate à violência racial e de gênero foram apenas uma parte visível dessas lutas. Aqui fica muito evidente como o multiculturalismo põe em xeque as relações de poder que operam na sociedade e, em torno do conceito de cultura, significa a proposta de um debate mais amplo sobre inclusão e ação do Estado. O que

Allan de Paula Oliveira

ocorreu no Brasil foi observado em toda a América Latina, na Europa e nos Estados Unidos.

O mais importante, contudo, foi o fato de que o multiculturalismo exprimiu um aprofundamento do debate político sobre a relação entre as sociedades consideradas centrais no capitalismo moderno e aquelas tidas como periféricas, bem como sobre as relações de poder no interior das sociedades europeias e estadunidenses, à medida que grupos sociais subalternos passaram a exercer pressão na esfera pública em nome de sua afirmação. Nesse debate, o conceito de multiculturalismo contribuiu para a emergência de novos significados para questões como direitos civis e inclusão social e, no limite, para as concepções de poder e democracia. O peso do multiculturalismo na agenda política contemporânea, desde a década de 1980, ajuda a compreender a reação conservadora que, nos últimos dez anos, tem ocorrido em países europeus e americanos. Essa reação crítica à ideia de multiculturalismo se expressa em apontamentos como "proteger direitos de minorias é garantir privilégios" ou, ainda, no crescimento de discursos xenófobos, que postulam ideias de pureza cultural, típicas do século XIX.

> O multiculturalismo exprimiu um aprofundamento do debate político sobre a relação entre as sociedades consideradas centrais no capitalismo moderno e aquelas tidas como periféricas, bem como sobre as relações de poder no interior das sociedades europeias e estadunidenses.

Indicação cultural

HIPER-MULHERES. Direção: Leonardo Sette, Carlos Fausto e Takumã Kuikuro. Brasil, 2011. 80 min. Documentário.

Nesse documentário, mostra-se a preparação dos Kuikuro – povo indígena que habita o Brasil Central – para o *jamurikumalu*, ritual feminino extremamente importante na região do Alto Xingu. Ressalta-se o papel das mulheres nessa preparação, sobretudo no aprendizado e no ensaio dos cantos e das danças que elas devem realizar. Ao retratar esse processo, revela-se uma série de elementos da vida cotidiana dos Kuikuro – a relação entre os gêneros, a transmissão de conhecimento, a sexualidade, a jocosidade, os interditos rituais etc. O documentário – roteirizado e dirigido a partir do diálogo do cineasta indígena Takumã Kuikuro com o também cineasta Leonardo Sette e o antropólogo Carlos Fausto – é uma ótima fonte de reflexão sobre a dinâmica cultural e as transformações da cultura, bem como sobre etnocentrismo e relativismo.

Síntese

À medida que se consolidou como uma disciplina voltada aos estudos das diferenças humanas, a Antropologia foi marcada por alguns conceitos que se tornaram centrais em sua história. O **etnocentrismo** é uma perspectiva a partir da qual um observador julga outra cultura com base nos valores da própria cultura, o que, muitas vezes, acaba por gerar atitudes de exclusão das diferenças e de negação da diversidade, levando a condutas de intolerância e xenofobia.

O conceito de **cultura**, desenvolvido no decorrer do século XIX, ganhou novos significados em razão de seu uso pela antropologia. Um dos mais importantes foi aquele que atrelou o conceito de cultura ao processo de produção do significado (concepção simbólica), o que propiciou à antropologia uma ferramenta crítica ao etnocentrismo. Conforme a antropologia postulou o fato de que cada cultura segue lógicas internas próprias, a perspectiva antropológica do estudo das culturas passou a exibir uma postura marcada pelo **relativismo**. Ao mesmo tempo, esse estudo das lógicas internas de cada cultura permitiu aos antropólogos um estudo mais acurado das **mudanças culturais**. Por fim, a valorização do conceito de cultura ao longo do século XX se tornou um instrumento político importante, uma vez que fundamentou discursos de identidade cultural que se transformaram em ferramentas de resistência contra forças hegemônicas, engendrando o fenômeno contemporâneo do **multiculturalismo**.

Atividades de autoavaliação

1. No que diz respeito ao etnocentrismo, marque V para as afirmativas verdadeiras e F para as falsas.

   ( ) Por etnocentrismo entende-se o julgamento das práticas e das ideias de outra sociedade a partir da perspectiva da sociedade do próprio observador.

   ( ) O etnocentrismo é uma postura moderna na relação entre as diferenças culturais.

   ( ) Há um duplo aspecto no etnocentrismo: um cognitivo e outro político.

   ( ) O etnocentrismo pode gerar atitudes excludentes com relação às diferenças: em alguns casos, segregação, e, em outros, xenofobia e intolerância.

   Assinale a alternativa que corresponde à sequência correta:
   a) V, F, V, V.
   b) F, V, F, V.
   c) F, F, V, V.
   d) V, F, F, F.

2. Analise as sentenças a seguir.

I) Cultura é um conceito criado pela antropologia.

II) O surgimento do conceito de cultura remete ao pensamento alemão do final do século XVIII e início do XIX. Seu desenvolvimento está vinculado a uma reação ao uso do conceito de civilização.

III) Edward Tylor entendia a cultura como um estágio da evolução do homem e que todas as sociedades estariam de forma igual nesse estágio.

IV) Entre 1890 e 1930, uma concepção de cultura como produção de sentido ganhou espaço na reflexão antropológica.

Está(ão) correta(s) apenas a(s) afirmativa(s):

a) I, II e III.
b) II.
c) II e IV.
d) I e II.

3. Analise as sentenças a seguir.

I) Ao ser relacionado à questão da produção de sentido, o conceito antropológico de cultura também passou a ser associado a questões do inconsciente humano.

II) A questão da atribuição de sentido não foi central na crítica à forma como a antropologia evolucionista, tal como aquela proposta por Edward Tylor, abordava a cultura.

III) A antropologia contribuiu para que a cultura passasse a ser vista como um elemento da natureza do ser humano.

IV) De modo geral, no século XX, a cultura passou a ser estudada pela antropologia como um fenômeno extremamente relacionado à linguagem.

Allan de Paula Oliveira

Está(ão) correta(s) apenas a(s) afirmativa(s):
a) I.
b) II e III.
c) III.
d) I, III e IV.

4. Analise as afirmativas a seguir e marque V para as verdadeiras e F para as falsas.

( ) A ideia de que as culturas devem ser compreendidas em seu contexto manteve a antropologia em um quadro de análise marcado pelo etnocentrismo europeu.

( ) O relativismo presente nas reflexões da antropologia demonstra que os antropólogos são coniventes com qualquer prática e ideia que eles observam nas sociedades que estudam.

( ) Com o tempo, a expressão *sociedades primitivas* foi sendo abandonada, pois não faz sentido, do ponto de vista antropológico, afirmar que uma sociedade é primitiva e que outra é avançada.

( ) O relativismo antropológico tem um potencial político importante, na medida em que impõe a necessidade do diálogo entre o maior número de atores sociais na construção de discursos sobre o homem.

Assinale a alternativa que corresponde à sequência correta:
a) V, F, F, V.
b) F, F, V, V.
c) V, F, V, F.
d) F, F, F, V.

5. Analise as sentenças a seguir.
   I) A melhor maneira de se preservar uma cultura é evitar o contato com culturas diferentes.
   II) Cada cultura tem uma dinâmica própria e é caracterizada por transformações e criatividade constantes.
   III) O termo *multiculturalismo* ganhou evidência nos últimos 30 anos, em um processo de crítica a discursos de purificação e essencialismo cultural.
   IV) Os processos de modernização provocarão o fim de culturas e costumes tradicionais.

   Estão corretas apenas as afirmativas:

   a) II e III.
   b) I e II.
   c) I e IV.
   d) II e IV.

Atividades de aprendizagem

Questões para reflexão

1. A mídia (televisão, cinema, internet etc.), inúmeras vezes, apresenta narrativas em que os indígenas são apontados como "aculturados" apenas porque fazem uso de tecnologia ou exercem alguma prática associada a outras culturas.
   Até que ponto isso não incorre em um etnocentrismo que nega a mudança cultural dessas sociedades? Em que medida exigimos que essas culturas não mudem, pois, caso contrário, não poderão ser reconhecidas?

Allan de Paula Oliveira

2. A cultura está relacionada às maneiras como os seres humanos, em sociedade, dão sentido às coisas, ao mundo e aos fatos da vida. Você consegue perceber como magia, religião, ciência e arte são formas diferentes de dar sentido ao mundo? Reflita sobre as diferenças e as semelhanças entre essas formas de saber e de expressão.

3. Leia a reportagem "O Vaticano diz não às hóstias sem glúten"[11], veiculada pelo *site* do jornal *El País* em 9 de julho de 2017. Em seguida, explique como a mudança cultural e o multiculturalismo, assuntos desenvolvidos neste capítulo, são tratados nessa matéria.

Atividade aplicada: prática

1. Em um jornal impresso ou virtual, selecione trechos que ilustrem os conceitos apresentados neste capítulo, como etnocentrismo, cultura, relativismo, mudanças culturais e multiculturalismo. Faça o mesmo exercício tomando filmes como referência. Justifique suas escolhas e debata-as com seus colegas.

---

11 *Disponível em:* <https://brasil.elpais.com/brasil/2017/07/09/internacional/1499588291_057433.html>. *Acesso em: 29 maio 2018.*

Capítulo 3

Trabalho de campo
e etnografia: os modos
de trabalho da
antropologia

Neste capítulo, apresentamos os modos de trabalho que caracterizam a antropologia: o trabalho de campo (a inserção de longo prazo na cultura estudada) e a etnografia (um tipo de descrição dessa cultura)[1]. Se a antropologia se configura como o estudo das sociedades e dos grupos humanos em uma perspectiva que articula um pressuposto da unidade humana e uma atenção às diferenças, ao longo de sua história, a disciplina desenvolveu um modo de trabalho que, em certa medida, a singularizou perante as outras ciências humanas. Esse modo, condensado na palavra *etnografia*, tornou-se uma marca da antropologia, uma espécie de cartão de visita pela qual a disciplina se apresenta. Entretanto, tornou-se também um motivo de diferentes teorizações e práticas por parte dos antropólogos. O principal aqui é enfatizar sua importância na história da antropologia e a diversidade de abordagens em torno de sua prática.

(3.1)
Precursores da etnografia

Grosso modo, etnografia é a descrição do modo de vida de uma sociedade. A etimologia da palavra, que combina *etno* (povo) com *grafia* (registro), deixa claro esse sentido mais geral, de um texto. No final do século XVIII, o termo começou a ser utilizado para caracterizar as descrições que viajantes e etnólogos europeus faziam de sociedades que eles observavam fora da Europa.

---

1 *Por reconhecermos a amplitude e a profundidade dessa discussão, que escapa aos limites deste texto, optamos por tratar a etnografia como modo de trabalho, e não como método, haja vista o sentido específico dessa palavra na história das ciências. Há um debate intenso entre os antropólogos sobre se a etnografia constituiria um método ou não. Sobre essa questão, como ponto de partida, veja Ingold (1996, p. 1-44).*

Allan de Paula Oliveira

No século XIX, surgiu uma preocupação de sistematizar a prática da etnografia e dotá-la de métodos objetivos de coleta e registro de dados, de maneira que, no final daquele século, ela se tornou uma atividade específica, apontada por alguns como uma ciência[2]. Essa sistematização ocorreu de forma concomitante com o surgimento da antropologia, entre 1890 e 1930, cabendo a essa disciplina a formulação de proposições que deram um caráter moderno à etnografia.

Descrições de outras sociedades e dos modos de vida de outros povos não eram novidade no pensamento europeu. No século V a.C., o grego Heródoto, baseado em suas viagens, produziu descrições dos modos de vida dos persas, que viviam no atual Irã, e dos medos, que habitavam a atual Turquia. O mesmo ocorreu na Idade Média, com relatos como o de Marco Polo sobre sua viagem ao Oriente. Vale frisar que esses textos eram extremamente limitados em termos de público – a imprensa só foi inventada em 1415 e popularizada a partir do século XVI – e escritos sob a ótica preconceituosa de seus autores. De todo modo, é importante apontá-los como precursores da etnografia, na medida em que se preocupavam em descrever – alguns de forma bastante rica – o modo de vida de outras sociedades.

A partir do século XVI, com o advento das Grandes Navegações, relatos desse tipo se tornaram ainda mais comuns e alimentaram a curiosidade dos europeus sobre os povos que viviam nas Américas, na África, na Ásia e na Oceania. Livros como *Duas viagens ao Brasil*, do alemão Hans Staden (1557); *História de uma viagem feita à terra do Brasil*, do francês Jean de Léry (1578); *Itinerário*, do holandês Van Linschoten (1598); e *Viagem em torno do mundo*, do francês Louis-Antoine Bougainville (1771), tornaram-se fontes para a imaginação europeia com relação a outras culturas e sociedades.

---

2   *É dessa forma, como uma ciência à parte, que a etnografia é citada em textos seminais, escritos no início do século XX, de Durkheim (2003) e Mauss e Fauconnet (2001).*

As obras citadas têm caráter de literatura de aventura, pois seus autores as escreveram como relatos de viagens a lugares considerados exóticos. Há, sem dúvida, muitas imprecisões narrativas e exageros, talvez provocados pelo afã de causar impacto no público. No entanto, elas apresentam descrições dos modos de vida das populações desses lugares e, a despeito da opinião de seus autores, constituem fontes valiosas para o estudo dessas sociedades.

> Hans Staden (1525-1576) foi um mercenário alemão que caiu prisioneiro dos Tupinambá no litoral de São Paulo em 1552. Cativo por quase um ano, vivenciou o dia a dia desse povo e pôde observar, em primeira mão, muitos de seus costumes, inclusive o canibalismo. Negociado pelos índios com os franceses, Staden conseguiu retornar à Europa no ano seguinte e, em 1557, publicou um livro narrando sua experiência no Brasil, o qual foi sucesso na Europa e teve várias edições em diversas línguas. A partir de 1590, a obra passou a contar com gravuras do holandês Theodore de Bry, as quais aumentam o impacto sobre o público – a Figura 1.1 deste livro é um exemplo disso.

A partir do século XVIII, os relatos de viajantes perderam esse caráter de livros de aventura e passaram a ser apresentados de forma mais científica. Contribuíram para essa mudança o desenvolvimento da taxonomia como forma de classificação dos organismos (animais e plantas) e elementos naturais (rochas) e seu agrupamento em famílias e grupos organizados de acordo com características semelhantes. Essa classificação passou a ser aplicada mais intensamente em áreas como botânica, zoologia e mineralogia.

Assim, ao lado de descrições de costumes, citam-se nos relatos os tipos humanos e a natureza de outros lugares – suas plantas, seus animais, sua geografia etc. (Pratt, 1999). O grande nome dessa literatura naturalista do século XVIII é o alemão Alexander von Humboldt (1769-1859), que, durante cinco anos, viajou por toda a América descrevendo, principalmente, sua fauna e sua flora. O Brasil, pela curiosidade que despertava nos europeus, foi visitado por muitos naturalistas no século XIX.[3] Dois naturalistas alemães foram muito importantes nesse processo: Johann von Spix e Carl Philipp von Martius, que viajaram juntos pelo Brasil entre 1817 e 1820.[4] Ambos publicaram trabalhos com gravuras e descrições da fauna, da flora e da geografia brasileiras, bem como de grupos humanos, com a classificação física de índios e de negros.

Tanto a literatura de aventura, típica dos séculos XVI e XVII, quanto os trabalhos de naturalistas, desenvolvidos nos séculos XVIII e XIX e com intenções mais científicas, foram precursores na descrição de outras culturas e sociedades. Embora muitas dessas narrativas tenham sido produzidas a partir de visões etnocêntricas – o que as distancia da forma como os antropólogos, a partir do final do século XIX, adotaram esse gênero –, elas prenunciaram o trabalho antropológico na descrição e no estudo das diferentes culturas humanas. Portanto, quando a antropologia surgiu como disciplina, na segunda metade do século XIX, já havia uma tradição de textos descritivos de outras sociedades e culturas; o que ela promoveu foi uma profunda mudança nos critérios de produção desses textos.

(3.2)
Etnografia e antropologia

A grande colaboração da antropologia para a prática etnográfica foi o estabelecimento do trabalho de campo de longa duração como fundamento para a descrição e o estudo das culturas e da alteridade

---

3   Enquanto o Brasil foi sua colônia, Portugal dificultava a vinda de estudiosos ao país. Humboldt, por exemplo, foi expressamente proibido de entrar no Brasil em 1800.
4   O acesso de Spix e Martius ao Brasil foi facilitado pelo fato de eles fazerem parte da comitiva que acompanhou a Imperatriz Leopoldina, austríaca que casou com o futuro D. Pedro I, em 1817.

humana. Essa contribuição foi gestada por uma geração de antropólogos que, entre 1890 e 1930, trabalharam de forma independente[5] nos Estados Unidos e na Inglaterra. À medida que o conceito de cultura foi sendo refinado e a noção de significado foi sendo atrelada a seu estudo, a questão da extensão do contato do pesquisador com a cultura pesquisada tornou-se importante. Aos poucos, os antropólogos foram percebendo que não bastava "ir lá por uns dias", isto é, o estudo das culturas exigia um tempo de imersão mais longo.

Figura 3.1 – *Uma cafusa da província de São Paulo*, de Philip Schmid

SCHMID, P. **Uma cafusa da província de São Paulo.** Munique [Alemanha]: impresso por M. Lindauer, 1823-1831. Gravura, litografia, 46 × 59 cm.

---

5 Por "trabalhar de forma independente" entenda-se o fato de que os intercâmbios entre esses antropólogos, apesar de existirem, não eram muito intensos. Sobre isso, confira Stocking Jr. (1983).

Apesar de registrarem muitos aspectos da natureza brasileira, Spix and Martius também estavam atentos aos tipos humanos da sociedade.

Essa ênfase que a antropologia passou a dar ao trabalho de campo entre 1890 e 1930 significou uma mudança de orientação da própria disciplina. Apesar de a ideia de viagem e exploração ser importante nos estudos sobre a vida social de outros povos, a antropologia do século XIX era conhecida pela alcunha de *antropologia de gabinete*. Isso porque a coleta dos dados em campo não era feita pessoalmente pelos antropólogos, muitos dos quais trabalhavam em gabinetes de museus ou em instituições de pesquisa.

Tylor (2005), ao formular o conceito antropológico de cultura, em 1871, tomava-a como um conjunto de elementos (crenças, costumes, técnicas) que podiam ser descritos e sistematizados de forma comparativa, cuja coleta não precisava, necessariamente, ser feita pelo próprio pesquisador. Essa questão estava relacionada também ao fato de que muitas das sociedades estudadas por antropólogos no século XIX faziam parte de impérios coloniais. Assim, a obtenção direta dos dados poderia ser feita pela própria burocracia colonial ou por missionários na forma de questionários e entrevistas. Esses dados eram enviados para a metrópole, onde os antropólogos os analisavam e os classificavam. Sinteticamente, a antropologia do século XIX se desenvolveu a par da ideia de trabalho de campo; este era importante no estudo da cultura, mas não tinha de ser feito, obrigatoriamente, pelo próprio antropólogo.

A prática dessa antropologia de gabinete, particularmente intensa na Inglaterra da segunda metade do século XIX, era limitada pela extensão de seu interesse pelas culturas estudadas. Os itens culturais eram vistos como análogos aos animais, às plantas e às rochas descritos pelos naturalistas. Assim, o trabalho de estudar a cultura consistia na classificação e na comparação (taxonomia) de itens tomados de maneira isolada: tipo de casamento, de transmissão de propriedade, de alimentação, de crença religiosa (monoteísmo ou politeísmo), entre outros.

Nesse sentido, não havia a necessidade de um trabalho de campo de longa duração. A viagem se fazia importante, pois era preciso "ir lá" para buscar dados, mas ela se limitava à sua obtenção. O naturalista Alexander von Humboldt, por exemplo, viajou durante cinco anos pelas três Américas coletando dados. A antropologia de gabinete via seu trabalho como muitas culturas em pouco tempo, com o adendo de que a viagem não precisava ser realizada pelo próprio antropólogo.

Um exemplo dessa antropologia de gabinete, e que se tornou um clássico da disciplina, é a monumental obra *O ramo de ouro: um estudo em magia e religião*, escrita pelo inglês James Frazer (1854-1941) e publicada inicialmente em 1890, com edições aumentadas até 1915. Trata-se de um estudo sobre magia e religião, no qual o autor apresenta e compara costumes e crenças religiosas de diversas sociedades no mundo. A obra se tornou importante na história dos estudos sobre o tema, sendo uma das fontes que Freud usou para escrever seu famoso texto *Totem e tabu*, em 1912.

No entanto, *O ramo de ouro* foi escrito a partir dos dados que Frazer compilou tanto de literatura de viagem quanto de relatórios do sistema colonial inglês. Apesar de sua riqueza factual e do fato de ter estabelecido as bases dos estudos sobre mitologia e religião – dois campos fundamentais para a história da antropologia –, o autor não teve nenhum contato direto com as sociedades e as culturas que ele cita em seu livro.

Allan de Paula Oliveira

(3.3)
A OBSERVAÇÃO PARTICIPANTE E UMA NOVA FORMA DE ETNOGRAFIA

Quando Frazer publicou a primeira edição de seu livro, uma mudança de orientação na forma como os antropólogos trabalhavam estava começando a tomar forma. Desde a década de 1850, alguns pesquisadores valorizavam o trabalho de campo, ou seja, o contato direto com as culturas estudadas. Os norte-americanos Henry Schoolcraft (1793-1864) e Lewis Morgan (1818-1881) publicaram trabalhos sobre os Ojibwe, os Seneca, os Winnebago, os Omaha e vários outros grupos indígenas situados nos Estados Unidos e no Canadá a partir do contato direto com eles. Porém, os dois ainda não realizavam trabalho de campo como este passou a ser valorizado posteriormente pela disciplina. No entanto, com relação à antropologia de gabinete, esses pesquisadores já apontavam a importância de contatos diretos mais profundos entre o antropólogo e as sociedades que ele estuda.

Um grande avanço nesse sentido foi dado pelo norte-americano Frank Cushing (1857-1900). Com a intenção de estudar a cultura e o modo de vida dos Zuni – povo indígena da região do Novo México, no sudoeste dos Estados Unidos –, Cushing viveu entre eles durante cinco anos (1879-1884). Essa experiência, por sua extensão, permitiu-lhe um grande aprofundamento na cultura zuni: ele aprendeu a língua, participou das atividades cotidianas, passou a usar vestimentas características e chegou a ser iniciado em algumas práticas xamânicas.

Cushing foi pioneiro na inserção de longo prazo em uma cultura para fins de estudo, indicando um marco na forma como a antropologia passou a realizar trabalhos de campo. Em 1890, essa prática começou a se tornar a mais corrente na antropologia norte-americana.

Nesse sentido, Franz Boas – o grande nome da antropologia nos Estados Unidos entre 1890 e 1940 – estabeleceu esse tipo de trabalho como base para o exercício da antropologia.

Figura 3.2 – Frank Cushing com uma vestimenta zuni

Essa inserção de longo prazo oferecia vantagens que foram percebidas de imediato. A maior delas era a possibilidade do aprendizado das línguas nativas. Isso era de fundamental importância, na medida em que, conforme mencionamos no capítulo anterior, as culturas passaram a ser estudadas tendo como foco o significado de suas práticas para seus agentes. Um ritual, por exemplo, deveria ser apresentado de acordo com a forma como seus participantes entendiam seus significados. Para isso, o conhecimento da língua nativa era imprescindível, o que não era propiciado por trabalhos de campo de curta duração, como aqueles realizados por naturalistas e antropólogos de gabinete.

Em 1890, portanto, os antropólogos norte-americanos começaram a investir em trabalhos de campo com maior duração. Na mesma década, a antropologia britânica, até então marcada por um caráter de gabinete, passou a valorizar a mesma prática. A expedição ao Estreito de Torres, localizado entre a Austrália e a Nova Guiné, foi um marco nesse sentido. Ela foi organizada em 1898 por uma série de pesquisadores ligados à Universidade de Cambridge, como William Rivers e Charles Seligman. Na região do estreito há inúmeras ilhas, habitadas por diferentes povos, cujos modos de vida eram motivo de debates entre os ingleses, já que toda a região, em 1898, fazia parte do Império Britânico. A expedição, que durou seis meses (de abril a outubro de 1898), foi fundamental para a história da antropologia britânica, pois apontou a necessidade de realização de trabalhos de campo e de superação dos modos de pesquisa da chamada *antropologia de gabinete*.

A partir daí, várias expedições com fins de pesquisa foram realizadas por pesquisadores ingleses, o que deu um novo ânimo à antropologia produzida na Inglaterra. O polonês Bronislaw Malinowski (1884-1942) tornou-se o nome mais importante da história da antropologia no quesito etnografia e trabalho de campo. Esse pesquisador realizou, entre 1914 e 1918, um trabalho de campo nas Ilhas Trobriand, arquipélago situado no litoral leste da Nova Guiné. Nesses quatro anos de pesquisa, Malinowski teve a oportunidade de se aprofundar no modo de vida trobriandês de forma similar ao que Cushing conseguira entre os Zuni nos Estados Unidos: aprendeu sua língua, participou de vários rituais, vivenciou o dia a dia nas ilhas, presenciou suas atividades econômicas, registrou mitos e concepções sobre magia, observou diversas técnicas nativas (de pesca, caça, construção de embarcações, arquitetura etc.), sistematizou relações de parentesco e ouviu explicações nativas para fenômenos naturais (concepções sobre o corpo humano e sua fisiologia, por exemplo), sua moral e suas sanções. Tudo isso gerou uma série de publicações ao longo da década de 1920, entre elas seu livro mais importante, *Os argonautas do Pacífico Ocidental*, publicado em 1922 (Malinowski, 1984).

Nessa obra, Malinowski apresenta uma descrição da sociedade trobriandesa a partir da centralidade de um fenômeno denominado *kula*, o qual consistia em um complexo sistema de troca de presentes, cuja realização envolvia toda aquela sociedade. Do ponto de vista de uma economia utilitarista, o *kula* parecia um desperdício de tempo e energia, já que os presentes trocados não tinham valor de uso – sua troca tinha a ver com o estabelecimento de alianças entre clãs. No entanto, esse fenômeno acionava todos os aspectos da vida social: família, política, economia, magia, arte etc. O autor usa o sistema como uma espécie de chave para descrever e compreender, de modo mais totalizante, a sociedade em Trobriand e seu funcionamento. Ele não somente supera a mera descrição de um povo exótico, mas também mostra que uma série de práticas e ideias estranhas aos europeus fazia sentido para os trobriandeses. Em suma, esclarece como uma sociedade considerada primitiva funcionava.

Logo na introdução da obra, Malinowski apresenta as teorizações sobre etnografia e trabalho de campo – aspecto que nos interessa aqui. O autor estabelece o trabalho de campo de longa duração, com uma inserção profunda do pesquisador no cotidiano da sociedade analisada, como condição fundamental para o valor da etnografia. Ele condensa essa ideia em uma expressão que fez história na antropologia e tornou-se referência para o trabalho etnográfico: **observação participante**. Por esse termo, Malinowski aponta a necessidade de uma dupla ação do pesquisador. Em outras palavras, a observação de um modo de vida em outra sociedade ou cultura está condicionada à participação do pesquisador, no maior grau possível, nesse modo de vida.

A extensão dessa fórmula (até onde participar) tornou-se matéria de inúmeros debates na história da antropologia (Zaluar, 2009). No entanto, ela deu uma nova feição às etnografias produzidas pelos antropólogos e se estabeleceu como o princípio metodológico central na disciplina. A partir de Malinowski, a antropologia passou a ser vista como uma atividade relacionada diretamente ao trabalho de campo.

Figura 3.3 – Malinowski em campo nas Ilhas Trobriand

É importante frisar que Malinowski não inventou a observação participante ou a etnografia baseada em um trabalho de campo intensivo de longo prazo. Como apontamos anteriormente, essa forma de trabalho passou a ser enfatizada por toda uma geração de antropólogos a partir de 1890, tanto nos Estados Unidos quanto na Inglaterra. Malinowski e seu livro representaram a consagração dessa nova maneira de fazer etnografia e sua importância na prática antropológica.

(3.4)
ETNOGRAFIA: CLÁSSICOS, INFLUÊNCIAS E QUESTIONAMENTOS

Muitas obras importantes da antropologia produzida no século XX surgiram de etnografias realizadas nos moldes do trabalho de campo proposto por Malinowski: *Sexo e temperamento* (1935), de Margaret Mead; *Nós, os Tikopia* (1936), de Raymond Firth; *Os Nuer* (1940), de Edward Evans-Pritchard; *Do Kamo: pessoa e mito no mundo melanésio* (1947), de Maurice Leenhardt; *Sistemas políticos da Alta Birmânia* (1954), de Edmund Leach; *Floresta de símbolos: aspectos do ritual ndembu* (1967), de Victor Turner; *Crônica dos índios Guayaki* (1974), de Pierre Clastres; *O gênero da dádiva* (1988), de Marilyn Strathern; entre outras. Todos esses materiais, a despeito de suas diferenças temporais, estilísticas, temáticas e, sobretudo, teóricas, têm em comum sua fundamentação em trabalhos de campo de longa duração.

Alguns desses trabalhos buscam apresentar retratos totalizantes das sociedades estudadas, em que todos os aspectos da vida social tendem a ser comentados. É o caso do livro de Malinowski sobre as Ilhas Trobriand ou de *Nós, os Tikopia*[6], de Raymond Firth. Nessas obras, cada elemento da vida social (família, casamento, religião, economia, arte etc.) é descrito mediante a presença direta do antropólogo. O trabalho de campo consiste em uma observação diária e atenta e, também, em uma série de procedimentos de pesquisa, como entrevistas diretas e questionários. Porém, mais importante do que isso é a observação participante em si, capaz de oferecer ao antropólogo aspectos não verbalizados, negados, da vida social. Ocorre, nesse método de trabalho, um jogo entre o que é dito e o que é feito, no qual

---

6 *Tikopia é uma ilha na Melanésia, área ao norte da Austrália e a leste da Papua-Nova Guiné.*

as coerências e as incoerências – inerentes à vida em sociedade – se tornam perceptíveis.

Lévi-Strauss, em um texto de 1949, chama a atenção para o fato de a antropologia se dedicar aos aspectos inconscientes da vida social, em contraponto à história, que, por se basear em fontes nas quais a escrita tem um privilégio heurístico, se atém aos aspectos conscientes (Lévi-Strauss, 1996c)[7]. Em que pese o contexto dessa afirmação, é importante observar como a ideia de que a cultura opera também em um nível inconsciente está relacionada ao estabelecimento do método da observação participante. Conforme explicitamos, trata-se não apenas daquilo que membros de uma sociedade dizem sobre si mesmos (aspectos conscientes), mas também do que não é dito e percebido por esses agentes (aspectos inconscientes).

> O trabalho de campo consiste em uma observação diária e atenta e, também, em uma série de procedimentos de pesquisa, como entrevistas diretas e questionários.

A partir da década de 1910, os estudos sobre sociologia urbana tiveram um grande desenvolvimento na Universidade de Chicago, nos Estados Unidos. Por isso, a expressão *Escola de Chicago* tornou-se comum para denotar essa produção acadêmica, extremamente influente até os anos 1960. A Escola de Chicago tinha como preocupação central o estudo das cidades a partir de seus usos e suas interações por diferentes grupos urbanos. Temas como delinquência de determinados grupos sociais, inserção de grupos imigrantes e modernização, no meio urbano, de modos de vida de migrantes rurais foram objeto de muitos estudos. Historicamente, esses estudos desenvolvidos pela Escola de Chicago tornaram-se as bases fundadoras de ramos como sociologia e antropologia urbanas.

---

7   O texto História e etnologia *é uma reflexão sobre as diferenças entre história e antropologia e foi escrito em um momento em que as duas disciplinas disputavam poder na universidade francesa. A história a que o autor se refere, presa a fontes escritas, se refere a um tipo de historiografia do século XIX. Lévi-Strauss (1996c) reconhece que desenvolvimentos posteriores da historiografia, como a Escola dos Annales, significaram uma abertura para aspectos inconscientes. Esse ponto será mais bem explorado no Capítulo 6.*

A etnografia pensada dessa forma, como uma imersão profunda na alteridade, tornou-se a marca metodológica da antropologia e transcendeu as fronteiras da disciplina. Um exemplo importante é a adoção da observação participante como método de trabalho por sociólogos interessados no estudo de grupos urbanos e suas interações. Uma obra clássica nesse sentido é *Sociedade de esquina: a estrutura social de uma área urbana pobre e degradada*, publicada pelo norte-americano William Foote Whyte em 1943. Para estudar as formas de sociabilidade entre jovens imigrantes italianos em um bairro pobre de Boston, o sociólogo viveu nessa área durante três anos, realizando uma pesquisa de campo intensiva.

Na mesma época – décadas de 1930 e 1940 –, etnografias ao estilo antropológico também se tornaram um modo de trabalho comum em estudos levados a cabo tanto por antropólogos quanto por sociólogos em comunidades rurais de países em desenvolvimento. Por meio de tais pesquisas, buscava-se observar os impactos de processos de modernização sobre os modos de vida tradicionais dessas comunidades. Estudos desse tipo se tornaram extremamente comuns nos Estados Unidos, sendo chamados de *estudos de comunidade*, com grande impacto sobre as ciências sociais de toda a América Latina. No Brasil, por exemplo, uma pesquisa nesse formato se tornou famosa em um trabalho de Antônio Cândido, *Os parceiros do Rio Bonito*, lançado em 1964. Cândido estuda as transformações do modo de vida caipira no interior de São Paulo, à medida que a região sofria processos de modernização. O trabalho de campo, centrado na ideia de observação participante, foi realizado no munícipio paulista de Bofete entre 1943 e 1946[8].

---

8 *Sobre a Escola de Chicago, veja Becker (1996) e Magnani (2000). Os estudos de comunidades e suas influências no Brasil serão retomados no Capítulo 6.*

A forma como os antropólogos passaram a realizar suas etnografias, com atenção aos mínimos detalhes da vida social e a questões consideradas menos importantes, influenciou outras ciências humanas, como a sociologia e a história. O interesse de historiadores como Marc Bloch e Lucien Febvre nos então considerados aspectos menores da vida social (a historiografia tinha um grande interesse apenas em processos políticos) refletia uma influência da etnologia produzida por Marcel Mauss. Da mesma maneira, uma das influências do desenvolvimento da chamada *história cultural* é a forma como os antropólogos realizam suas etnografias. Darnton (1988), na introdução de seu livro *O grande massacre de gatos: e outros episódios da história cultural francesa*, comenta que sua principal influência foram as inferências escritas por Clifford Geertz sobre o fazer etnográfico.

Apesar de ser uma das principais marcas da antropologia e orientar a forma como outros saberes se relacionam com a disciplina, nem todos os antropólogos se tornaram etnógrafos, ou seja, pesquisadores voltados ao trabalho de campo. Entre 1890 e 1930, a geração de antropólogos ingleses e norte-americanos estabeleceu a identificação entre o antropólogo e o etnógrafo, o que foi consagrado por Malinowski. Em resumo, para essa geração, o antropólogo deveria fazer etnografia.

No entanto, em outras tradições teóricas da disciplina, essa identificação não foi tão operante. Foi o caso, durante muito tempo, da antropologia na França, onde, apesar de se reconhecer a importância da etnografia, manteve-se certa separação entre dois momentos da pesquisa: o de obtenção dos dados e o de sua análise ou teorização.

Dessa forma, os dois principais nomes da antropologia na França no século XX, Marcel Mauss e Claude Lévi-Strauss, não foram etnógrafos no sentido estrito do termo, ou seja, nenhum deles realizou pesquisa de campo intensiva como fez Malinowski. Mesmo assim, produziram obras profundamente influentes na história da antropologia, fundamentadas em uma gigantesca erudição etnográfica, já que ambos eram leitores ávidos de etnografias. Por isso, em vários momentos, Mauss e Lévi-Strauss destacavam que a antropologia só era possível a partir da etnografia proposta por Malinowski. Mauss escreveu o livro *Manual de etnografia*, publicado logo após sua morte, em 1950, além de ter incentivado vários de seus alunos a realizar trabalhos de campo (Grossi, 2006). Lévi-Strauss, que sempre sofreu críticas no interior da disciplina por não ter realizado trabalhos de campo, também enfatizava a importância da etnografia para a produção antropológica. Para ele, a etnografia é o ponto de partida para a antropologia, mas esta não se resume àquela (Levi-Strauss, 1996b).[9]

Esse enaltecimento da etnografia começou a ser debatido somente na década de 1980. A gênese desse debate está ligada a uma série de processos políticos e sociais que, desde os anos 1960, suscitaram questões importantes nas ciências humanas e na antropologia. Entre esses processos podem-se citar a independência política de países da África, da Ásia e da Oceania, a emergência pública de movimentos sociais como o feminismo e o movimento negro e o desenvolvimento de uma produção antropológica em países considerados periféricos, como México, Brasil e Índia, além de debates nas ciências humanas sobre a representação do homem e suas formas de ação.

Cada um desses processos ajudou a cristalizar uma crítica efetiva à prática etnográfica dos antropólogos, o que, a partir da década de 1980, levou a debates intensos no interior da disciplina.

---

9   A centralidade dos nomes de Mauss e de Lévi-Strauss na história da antropologia francesa não significa a inexistência de nomes importantes ligados à etnografia naquela tradição da disciplina. Entre as décadas de 1930 e 1950, por exemplo, os trabalhos de campo de Maurice Leenhardt, Marcel Griaule e Michel Leiris se tornaram muito relevantes. No entanto, esses antropólogos não tiveram o mesmo poder e a mesma influência atingidos por Lévi-Strauss no seio da universidade francesa. Sobre isso, veja Rogers (2001).

A independência das antigas colônias europeias na África, na Ásia e na Oceania, por exemplo, exigiu dos antropólogos uma reflexão sobre como a etnografia, na forma consagrada por Malinowski, estava envolta em relações de poder. Por mais empatia que tivessem com as sociedades estudadas, tratava-se sempre de pesquisadores ancorados em redes de proteção do sistema colonial. Malinowski não trabalhava para o Estado britânico, mas, quando da realização de sua pesquisa, foi auxiliado por ele pelo fato de Trobriand ser um domínio britânico. Dessa forma, podemos nos perguntar: "Até que ponto o retrato que o pesquisador construía da sociedade estudada não era influenciado por relações de poder?".

A independência política das colônias europeias colocava o antropólogo em uma nova posição perante as sociedades estudadas, o que, automaticamente, teria reflexos na etnografia. Nos anos 1960, questionamentos sobre a questão de gênero (movimento feminista) passaram a ser levantados nessa prática, seja pelo fato de a maioria da produção antropológica ser realizada por homens, seja pelo modo como as etnografias tratavam a referida questão nas sociedades pesquisadas.

> Houve casos de antropólogos que trabalhavam diretamente para os governos coloniais e obtinham informações que ajudavam na administração das colônias. O mais comum, todavia, era uma relação indireta, em que o Estado ficava atento aos trabalhos produzidos pelos antropólogos. Mesmo assim, a partir da década de 1970, essa relação passou a ser muito debatida quanto a seus efeitos sobre a etnografia e seus aspectos éticos. Além disso, tornou-se corrente uma crítica à história da antropologia.

De modo geral, a crítica à etnografia fundamentava-se em um debate sobre a relação sujeito-objeto durante a pesquisa de campo. Malinowski havia consagrado um formato de etnografia centrado no "carisma" do antropólogo, em que este aparecia como um herói que vai a uma terra desconhecida e retorna – uma forma de trabalho de campo que, de certa maneira, mitifica o exercício da antropologia (Stocking Jr., 1983). Um dado importante é o fato de não somente Malinowski ser intelectualmente oriundo de áreas das ciências naturais, mas também boa parte da citada geração de antropólogos que fundamenta a etnografia intensiva como forma de trabalho. A primeira formação intelectual de Malinowski foi em Física. Já Franz Boas tinha formação em Geografia, e William Rivers, em Medicina. Essas formações teóricas em ciências da natureza provocavam um efeito na forma como muitos pesquisadores idealizavam o trabalho de campo. A sociedade pesquisada, suas pessoas, seus rituais, seus costumes etc. eram objetos a serem descritos, tal como um físico realiza estudos em laboratório ou um médico disseca um corpo.

Na famosa introdução de *Os argonautas do Pacífico Ocidental*, Malinowski apresenta sua ideia de como conduzir uma pesquisa de campo, deixando claro que se trata de oferecer aos pesquisadores um guia de procedimentos metodológicos, os quais, se seguidos à risca, darão caráter científico aos dados obtidos. Nesse sentido, o autor tenta anular a subjetividade do pesquisador durante o trabalho de campo.

A ideia – abraçada pela antropologia a partir da década de 1980 – de que o trabalho de campo da etnografia envolve uma experiência entre sujeitos (o pesquisador e o pesquisado) e de que isso é fundamental para a compreensão tanto da sociedade pesquisada quanto da análise produzida não era considerada na forma canônica de etnografia consagrada por Malinowski.

Esse tipo de etnografia em que o antropólogo tenta se colocar como alguém sem subjetividade e sem impacto sobre a sociedade estudada se ancora em uma ideia de autoridade muito específica: o antropólogo afirma que esteve em tal sociedade, seguiu procedimentos de pesquisa e apresentou a vida de outra sociedade em um texto (Clifford, 2002b). Os efeitos de sua subjetividade sobre a pesquisa e o texto não são considerados, operando-se uma redução de sujeitos concretos (pessoas em outra sociedade) à condição de objetos. Estabelece-se, portanto, uma crítica à forma canônica da etnografia pelo fato de ela produzir uma dupla redução da subjetividade: do pesquisador e do pesquisado. Por essa razão, tal crítica acaba por produzir um duplo movimento.

Em primeiro lugar, a crítica retoma a questão da subjetividade do pesquisador e foca a produção do texto etnográfico, examinando as estratégias narrativas pelas quais o antropólogo constrói a imagem de outra sociedade. Nesse sentido, ganham relevo os momentos em que o pesquisador interfere diretamente no campo estudado, as formas como sua presença altera o que é observado e as condições de realização do trabalho de campo. Por exemplo: o gênero de quem realiza uma pesquisa em uma aldeia amazônica influi profundamente na forma como essa sociedade se apresenta ao ato da pesquisa. Uma antropóloga pode ter dificuldades de acesso a certos rituais e eventos porque, em certa sociedade, eles são vetados às mulheres, assim como pode haver empecilhos para um antropólogo estudar atividades consideradas femininas. Essa crítica perguntaria a Malinowski, por exemplo, como seria o *kula* do ponto de vista feminino – feminino tanto em relação ao pesquisador (se o trabalho fosse feito por uma antropóloga) quanto ao pesquisado (o lugar das mulheres no ritual ou em outro evento). Esse tipo de questão passa a ser de fundamental importância na elaboração do texto etnográfico, não havendo mais lugar para uma epistemologia do tipo sujeito-objeto.

As críticas e as novas propostas de escrita etnográfica que emergiram na década de 1980 figuram na história da antropologia como uma influência do pós-modernismo sobre a disciplina. Daí o surgimento da expressão *antropologia pós-moderna*, que causou muito barulho em todo o mundo, sobretudo nos Estados Unidos, e foi marcada também por uma tentativa da antropologia de dar conta da emergência de movimentos sociais como o feminismo. A partir do momento em que a posição social das mulheres passou a ser motivo de intenso questionamento, não fazia mais sentido a imagem do antropólogo (homem) como um "herói solitário" explorando um lugar desconhecido. Essa antropologia pós-moderna será mais bem explicada no próximo capítulo.

Em segundo lugar, essa crítica relativiza a ideia de autoria na etnografia. Nesse contexto, trata-se do reconhecimento de que no trabalho de campo há o encontro, por vezes conflituoso, entre diferentes vozes: membros de uma sociedade, em posições diversas, além da própria visão do antropólogo. Assim, o texto etnográfico deve refletir essa polifonia, que é algo inerente à vida social. Etnografias canônicas, ao estilo Malinowski, tendiam a construir um retrato das sociedades a partir da seleção de informantes privilegiados, ofuscando o fato de que a vida social é marcada por vozes distintas.

A partir dos anos 1980, surgiram experimentos com o texto etnográfico em que se enfatizava o registro dessas diferentes vozes, a tal ponto que algumas etnografias passaram a ser escritas por várias pessoas: o pesquisador e muitos de seus "informantes". O texto era visto como um produto coletivo elaborado no encontro entre o antropólogo e os membros da sociedade estudada. Assim, a própria ideia de autor foi posta em xeque.

Neste ponto do texto, é possível traçar uma analogia com o que ocorreu com a historiografia. A crítica promovida à etnografia na década de 1980 e, por extensão, à antropologia exerceu sobre a disciplina um efeito similar àquele promovido na historiografia a partir da obra de Hayden White (1991) e sua ênfase no aspecto narrativo da história. A produção textual da etnografia passou a ser problematizada, sobretudo, em torno de questões políticas: Até que ponto o antropólogo pode falar por aqueles que estuda? Como o texto representa a alteridade de outra sociedade? Como a identidade social (se é homem ou mulher, se é branco ou negro, seu lugar de origem etc.) do antropólogo afeta a produção do texto e, automaticamente, a representação da alteridade? Todas essas questões tinham sido negligenciadas pela forma como Malinowski consagrara o trabalho de campo. Nessa renovação crítica da etnografia, no final do século XX, emergiram "antropólogos nativos". Esses pesquisadores, oriundos das sociedades que os antropólogos estudavam e com formação em Antropologia ou Ciências Humanas em geral, escrevem trabalhos sobre as próprias sociedades. Esse processo (em andamento, porque exige a abertura dos sistemas universitários a grupos sociais marginalizados durante séculos) tem promovido novas e interessantes possibilidades para a escrita etnográfica, pois não se trata de alguém de fora (o antropólogo) descrevendo uma sociedade, mas de um membro dessa sociedade apresentando seu modo de vida, em uma forma – o livro e o texto – compreensível ao Ocidente.

Tome-se como exemplo a obra *A queda do céu*, de 2010, escrita pelo líder ianomâmi David Kopenawa, com a cooperação do antropólogo Bruce Albert. Sem a intenção de descrever o modo de vida ianomâmi, os autores apresentam uma visão sobre os destinos dessa sociedade e a relação complexa desse grupo indígena com o mundo branco. O leitor é automaticamente levado a perceber a maneira como outra cultura ou sociedade pensa um processo histórico como a entrada do Ocidente na Amazônia. À medida que os textos sobre outras sociedades puderem ser escritos pelos próprios membros delas, a etnografia e suas formas de escrita sofrerão profundas mudanças.

(3.5)
A ETNOGRAFIA PARA ALÉM DO TRABALHO DE CAMPO E NOVAS POSSIBILIDADES

A despeito das críticas pós-modernas da década de 1980, o trabalho de campo e a observação participante continuam sendo o método de trabalho central na prática antropológica. Houve, certamente, uma internalização dessas críticas, com o surgimento de experimentos textuais de representação da alteridade, e uma valorização de etnografias produzidas a partir de posições sociais que, no Ocidente, são diminuídas: o feminino e o não ocidental, por exemplo.

De modo geral, atualmente, a prática etnográfica tenta manter a centralidade da observação participante ao mesmo tempo que procura incorporar as críticas pós-modernas. Além disso, uma expansão da ideia de ir a campo abriu inúmeras possibilidades no que tange a essa prática. Um exemplo dessa expansão são as chamadas *etnografias multissituadas*, desenvolvidas em atenção a práticas que não podem ser enquadradas em um território específico (Marcus, 1995). Quando Malinowski se propôs a estudar a sociedade trobriandesa e suas práticas, havia um limite espacial para sua pesquisa, visto que essa sociedade estava determinada por um território. A história da antropologia foi marcada pelo estudo de sociedades em seus territórios: o território tikopia, o território azande, o território nuer, entre outros. Todavia, ao se abordar certas práticas, a noção de território como um espaço geograficamente delimitado foi diluída.

Ao estudar as práticas de um grupo de pessoas ligadas a uma paróquia católica em um bairro de Curitiba, o pesquisador pode limitar-se ao bairro, mas talvez precise deslocar-se pela cidade, caso alguns dos paroquianos frequentem a igreja matriz, localizada no centro, ou até mesmo ir a Aparecida do Norte, no estado de São Paulo, ou a Roma.

Allan de Paula Oliveira

O mesmo se aplica a estudos sobre música popular: um antropólogo que se dedica a estudar a cultura do *heavy metal* deve ter em mente que as práticas de seus fãs se estendem por todo o mundo, mesmo que sua análise esteja voltada a uma cidade em particular.[10] Diversas questões do mundo contemporâneo, como o turismo, as migrações e o trabalho sazonal, podem ser estudadas de forma mais aprofundada com base nessa ideia de uma etnografia que se desdobra em vários lugares (Clifford, 1997).

Outro exemplo da expansão da ideia de etnografia são as pesquisas da chamada *antropologia do ciberspaço*, desenvolvidas nos últimos 20 anos, em que o trabalho de campo se volta a práticas e sociabilidades ligadas à internet e às comunidades virtuais. Nesse sentido, o ir a campo e a observação participante do antropólogo consistem em uma interação de longo prazo e aprofundada nas comunidades virtuais. Em trabalhos como o de Hine (2015) e o de Boellstorff (2012), procura-se sistematizar teoricamente as metodologias de trabalho de campo voltadas para o estudo de comunidades virtuais. Os dois exemplos citados anteriormente – religião e música popular – também podem ser usados aqui: as práticas religiosas estão cada vez mais midiáticas, e muito do atual consumo e da produção de música popular ocorre virtualmente. Os estudos de antropologia do ciberespaço[11] têm se desenvolvido a ponto de a etnografia começar a ser chamada de *netnografia*.

---

10 Sobre a etnografia do universo do heavy metal, *que revela o caráter multissituado da antropologia contemporânea, leia Campoy (2010). Veja também Seeger (2008) para o entendimento dos princípios epistemológicos de uma etnografia da música.*

11 *A revista* Horizontes Antropológicos, *do Programa de Pós-Graduação em Antropologia Social da Universidade Federal do Rio Grande do Sul (PPGAS/UFRGS), publicou em 2004 um número especial dedicado à antropologia do ciberspaço, com o título* Antropologi@ Web. Porto Alegre, ano 10, n. 21, jan./jun. 2004. Disponível em: <https://www.ufrgs.br/ppgas/ha/>. Acesso em: 6 jun. 2018.

Por fim, reflexões sobre a etnografia também expandiram a ideia do que significa ir a campo. Se Malinowski havia consagrado o modelo do antropólogo-etnógrafo e muitos estudos clássicos da antropologia se fundamentavam em etnografias feitas a partir de trabalhos de campo intensivos (observação participante), outras produções, durante todo o século XX, não estavam associadas a deslocamentos espaciais a sociedades distantes. O campo dessas produções estava, por exemplo, em textos. É o caso de um dos campos mais profícuos da história da antropologia: os estudos sobre mitologia. Nos trabalhos de Leach (1983) e Douglas (1999) sobre alguns livros da Bíblia, bem como na tetralogia de Claude Lévi-Strauss (*Mitológicas*, publicadas na França entre 1964 e 1971) sobre os mitos das sociedades indígenas de toda a América, o ir a campo se constitui em uma empresa literária. Os dois primeiros trabalharam com versões antigas e escritas da Bíblia, ao passo que Lévi-Strauss usou mitos transcritos por outros antropólogos.

Esses exemplos revelam que, embora a observação participante tenha se tornado canônica na antropologia, ela não resume toda a produção da disciplina. Contudo, os três autores enfatizam sua importância para a produção antropológica. Se, nessas pesquisas, a antropologia não se fundamenta em um trabalho de campo, pode-se afirmar que a leitura dos textos míticos é feita com uma sensibilidade etnográfica. Mais recentemente, teorizações sobre etnografias feitas em arquivos começaram a ser desenvolvidas: Giumbelli (2002) e Cunha (2005) apontam a possibilidade de um olhar e uma sensibilidade etnográficos voltados para materiais de arquivos. Trata-se, em certa medida, de um exercício que combina a prática antropológica com o trabalho do historiador. Todos esses desenvolvimentos alargaram o exercício da antropologia e sua ideia fundamental de trabalho de campo e etnografia.

Indicação cultural

OS MESTRES loucos. Direção: Jean Rouch. França, 1995. 36 min. Documentário.

O antropólogo francês Jean Rouch (1917-2004) foi um dos grandes nomes do cinema no século XX. Rouch produziu vários filmes na África retratando as transformações dessa sociedade e os conflitos entre a modernização e os modos de vida tradicionais. Seus filmes, todavia, iam além, na medida em que os roteiros eram construídos em diálogo direto com os membros das sociedades retratadas, em uma espécie de etnografia fílmica. Rouch é um nome importantíssimo da chamada *antropologia visual*, marcada pelo uso do cinema e da fotografia como forma de construção de um diálogo entre culturas. *Os mestres loucos* oferece um bom exemplo dessas contribuições de Jean Rouch. O filme, centrado em Acra (capital de Gana), apresenta a realização de um ritual chamado *haouka*, que envolve transe e sacrifício de animais, convidando o espectador a observar uma série de importantes questões: a urbanização intensa das sociedades africanas na década de 1950; o colonialismo, já que Gana, à época, era domínio inglês (o país se tornou independente em 1957); o conflito entre modernização e práticas tradicionais; entre outras.

Síntese

A antropologia se caracterizou, diante de outras ciências humanas, por um modo de trabalho que combina dois elementos: o estudo a longo prazo (trabalho de campo) e a etnografia (descrição pormenorizada de outra cultura e de seu modo de vida).

No final do século XIX, a antropologia começou a questionar o modo como o estudo de outras culturas era conduzido. Entre

1890 e 1930, antropólogos que trabalhavam nos Estados Unidos ou na Inglaterra começaram a fundamentar seus estudos em pesquisas de campo em que a inserção do pesquisador na cultura estudada se dava de maneira mais intensa e a longo prazo. Essa nova forma de pesquisa, com trabalho de campo de longa duração, modificou também a produção das etnografias.

A partir da década de 1930, o trabalho antropológico ficou marcado por uma expressão consagrada por Malinowski: *observação participante*. Essa etnografia, produzida a partir de um trabalho de campo de longa duração e com a participação do pesquisador em todos os aspectos da vida social que ele desejava estudar, tornou-se uma das marcas da antropologia no século XX e fundamentou a criação de várias obras clássicas da disciplina.

Nos anos 1980, a produção das etnografias começou a ser repensada em função de novas conjunturas culturais e políticas. Nesse contexto, surgiram críticas, novas propostas para a escrita etnográfica e novas formas de trabalho de campo, como a etnografia multissituada e a antropologia do ciberespaço.

Atividades de autoavaliação

1. Marque V para as afirmativas verdadeiras e F para as falsas.
   ( ) Etnografia é um gênero literário criado no século XX.
   ( ) Descrições do modo de vida de outros povos são comuns desde a Antiguidade.
   ( ) Até o século XVII não havia um caráter científico na produção das etnografias. Esse tipo de narrativa tinha um caráter mais de aventura.
   ( ) O naturalismo do século XVIII deu um tom de cientificidade às etnografias.

Allan de Paula Oliveira

Assinale a alternativa que corresponde à sequência correta:

a) V, F, V, F.
b) F, V, V, V.
c) V, V, F, F.
d) F, F, F, V.

2. Analise as proposições a seguir.

I) Os naturalistas do século XVIII já realizavam trabalhos de campo nos moldes propostos pela antropologia moderna.

II) A literatura de viagem produzida entre os séculos XVI e XVIII, apesar de apresentar ricas descrições dos modos de vida de sociedades consideradas primitivas, era pautada por visões etnocêntricas de seus autores.

III) A antropologia, a partir do final do século XIX, alterou os critérios de produção das etnografias.

IV) A ideia de uma descrição de outros modos de vida não sofreu influências do desenvolvimento do conceito de cultura.

Está(ão) correta(s) apenas a(s) afirmativa(s):

a) I e II.
b) I e IV.
c) II e III.
d) IV.

3. Analise as sentenças a seguir.

I) Antropólogos como Frank Cushing, Franz Boas e Bronislaw Malinowski foram fundamentais na modificação dos critérios de produção das etnografias.

II) A ideia de que a etnografia deve basear-se em um trabalho de campo de longa duração não pode ser creditada a um antropólogo somente, mas ao trabalho de toda uma geração de antropólogos que atuam de forma independente nos Estados Unidos e na Inglaterra.

III) A expressão *observação participante*, consagrada por Malinowski em 1922, tornou-se uma marca da antropologia.

IV) A antropologia evolucionista do século XIX, representada por nomes como Edward Tylor e James Frazer, ficou conhecida pelo trabalho de campo de longa duração.

Está(ão) correta(s) apenas a(s) afirmativa(s):

a) I, II e III.
b) II e III.
c) I.
d) II e IV.

4. Marque V para as afirmativas verdadeiras e F para as falsas.

( ) A observação participante se impôs como modo de trabalho dos antropólogos à medida que a ideia de estudar outros modos de vida foi vinculada à ideia de produção de sentido.

( ) Somente etnografias baseadas em trabalho de campo tornaram-se clássicas na antropologia.

( ) Uma das características da observação participante é a tentativa de um registro total da vida social observada, seja de seus aspectos mais importantes, seja dos mais prosaicos.

( ) Em alguns contextos nacionais, como na Inglaterra,
a antropologia tornou-se sinônimo de trabalho de campo
e etnografia; em outros, como na França, a antropologia
e a etnografia, embora relacionadas, eram concebidas como
atividades diferentes.

Assinale a alternativa que corresponde à sequência correta:

a) V, F, F, V.
b) F, V, V, V.
c) V, F, V, V.
d) V, V, V, F.

5. Marque V para as afirmativas verdadeiras e F para as falsas.

( ) A etnografia tal como concebida pela antropologia –
a partir de trabalho de campo de longa duração –
não influenciou outras disciplinas, como a Sociologia.

( ) Os estudos de sociologia urbana preconizados no
Departamento de Sociologia da Universidade de Chicago
não foram influenciados pela forma como os antropólogos se
dedicavam ao estudo das sociedades consideradas primitivas.

( ) À medida que os antropólogos se voltaram ao estudo
de práticas culturais marcadas por movimentos espaciais
intensos, como migrações ou até mesmo a indústria
cultural, tornou-se possível a realização de etnografias não
delimitadas espacialmente, ou seja, cujo trabalho de campo
ocorre em diversos espaços.

( ) A ideia de comunidade ou mundo virtual continua
inacessível aos estudos antropológicos.

Assinale a alternativa que corresponde à sequência correta:

a) F, F, V, F.
b) F, V, V, V.
c) V, F, V, F.
d) V, F, F, V.

Atividades de aprendizagem

Questões para reflexão

1. Imagine uma cozinha onde trabalham várias pessoas. Primeiramente, pense em um repórter que, com o intuito de descrever o dia a dia dessa cozinha, realiza uma entrevista, previamente marcada, com cada uma das pessoas separadamente. Depois, pense em um repórter que realiza uma entrevista em grupo, com todas as pessoas reunidas. Por fim, pense em um repórter que, por alguns meses, trabalha nessa cozinha. Ele pode fazer perguntas a todas as pessoas diariamente, sem agendamento; são "entrevistas" informais. Por estar ali, pode perceber até mesmo coisas que não são ditas, nem coletiva nem individualmente, como certos tabus, conflitos e alianças. Reflita sobre as diferentes informações que esses três repórteres podem obter por meio de seus levantamentos de dados.

Allan de Paula Oliveira

2. Leia o excerto a seguir.

> No gym, você aprende a disciplina, o controle de si mesmo. Você aprende que esperam que você esteja de pé cedo, que deve acordar cedo, fazer seu roadwork [corrida de resistência], cuidar de si mesmo, comer a comida que tem para comer. Aí, teu corpo é uma máquina, é preciso que ela esteja em ordem. Você aprende a se controlar quanto às saídas, a treinar, a não ficar dando bobeira, fazendo bobagem na rua. Isso dá pra você exatamente a mentalidade de um soldado, como no Exército, e isso é bom pra você. (Wacquant, 2002, p. 76)

Esse é um trecho de uma etnografia realizada junto a lutadores de boxe em Chicago, nos Estados Unidos. É a transcrição da fala de um dos boxeadores, em que ele expressa sua ideia de que o boxe, mais do que um mero esporte violento, é uma forma de educação moral para seus praticantes. Para essa etnografia, o sociólogo francês Loïc Wacquant treinou boxe durante três anos, com três a seis sessões de treino por semana, o que lhe permitiu participar das fases de iniciação dos boxeadores e, mais importante, presenciar o modo como eles davam sentido ao que estavam vivendo. Ao mesmo tempo, teve acesso às dúvidas, às dificuldades, às frustrações e às mudanças de planos dos atletas.

Reflita sobre o valor dessa metodologia de trabalho, que se estende por alguns anos, e evidencie suas vantagens e suas desvantagens (se houver).

Atividade aplicada: prática

1. Escolha algum espaço em sua cidade (um culto religioso, um salão de bailes, um bar, uma praça etc.) e observe, por um tempo, as atividades ali desenvolvidas. Represente-as em um caderno por meio de imagens e, depois, converse com pessoas que frequentam regularmente esse local. Compartilhe com elas suas impressões, sem receio de emitir opiniões equivocadas, e apresente suas dúvidas. Escute essas pessoas e registre as explicações delas a respeito daquilo que você observou. Em que aspectos elas concordam com você? E em quais discordam? Confronte seu ponto de vista com os das pessoas com quem você conversou.

Allan de Paula Oliveira

Capítulo 4
Correntes e tendências teóricas na história da antropologia

Neste capítulo, discorremos sobre a história da antropologia a partir da descrição de suas principais matrizes teóricas, relacionadas a três tradições nacionais diferentes: a antropologia norte-americana, a antropologia britânica e a antropologia francesa. Apresentamos as mais importantes temáticas e questões epistemológicas relacionadas a cada uma dessas tradições, ao mesmo tempo que apontamos suas limitações. Além disso, abordamos o desenvolvimento da antropologia contemporânea.

É preciso enfatizar que a narrativa apresentada aqui é apenas introdutória e que cada uma das tradições descritas gerou um corpo analítico vasto. O enfoque às três grandes tradições nacionais da antropologia nos ajuda a contar a história da disciplina desde seu surgimento até a década de 1960. A partir desse momento, essas tradições não servem mais de referência para a descrição, tanto que a última parte do capítulo, dedicada à produção da disciplina após os anos 1960, é denotada como *antropologia contemporânea*.

(4.1)
A ANTROPOLOGIA NO SÉCULO XIX

A antropologia no século XIX era marcada por duas orientações teóricas: o **evolucionismo** e o **difusionismo**. Ambas, sobretudo a primeira, marcaram os esquemas analíticos de explicação das diferenças entre as sociedades ou culturas.

Nenhuma dessas orientações foi exclusividade da antropologia. O evolucionismo talvez tenha sido a principal marca das ciências humanas e, principalmente, das ciências naturais durante a segunda metade do século XIX. Por sua vez, o difusionismo foi uma orientação importante tanto na antropologia quanto em áreas como história, arqueologia, economia e geografia. Pelo fato de ambas as orientações terem sofrido inúmeras críticas no começo do século XX, sobretudo o evolucionismo, muitas vezes incorre-se em uma desqualificação das análises produzidas sob sua influência. É importante, todavia, ter em mente as questões levantadas por evolucionistas e por difusionistas e algumas das respostas apresentadas. Certamente, muitas das premissas analíticas dessas orientações foram abandonadas, mas algumas questões foram, mais tarde, retomadas na história da antropologia sob a forma de novos parâmetros.

Ressaltamos, em capítulos anteriores, que a antropologia surgiu em virtude de uma tentativa de compreensão das diferenças entre as sociedades quando observadas e estudadas sob uma concepção iluminista da unidade humana. De forma simples: Se a humanidade é única e todos os seres humanos são dotados de razão, o que explica as diferenças entre as sociedades ou culturas humanas? Por que algumas têm religiões monoteístas, com um corpo social hierarquizado em torno do culto (Igreja), e outras apresentam religiões politeístas, sem esse corpo de pessoas hierarquizadas? Por que, em algumas sociedades, o casamento é restrito (um sujeito pode ter apenas um cônjuge) e, em outras, há um campo de possibilidades extremamente vasto (pode-se escolher entre muitas pessoas, com exceção de algumas)? Por que algumas apresentam um avanço tecnológico extremo e outras dispõem apenas de ferramentas e instrumentos considerados rústicos? Em suma, por que algumas sociedades parecem evoluídas e outras parecem simples? Foram questões como essas que orientaram, no século XIX, a constituição de um campo como a antropologia.

Essas caracterizações de sociedades simples e sociedades evoluídas são úteis para a compreensão do pensamento evolucionista do século XIX. Quando se fala em evolucionismo, há de imediato a evocação do nome de Charles Darwin (1809-1892), biólogo inglês que, ao publicar seu livro *A origem das espécies*, em 1859, estabeleceu sob novas bases as reflexões sobre a evolução das espécies naturais.

No entanto, seria errôneo afirmar que o evolucionismo social é fruto do pensamento de Darwin, visto que a própria ideia de que as sociedades evoluem é anterior à obra do biólogo inglês. Pensadores do século XVIII, como Adam Smith e Montesquieu, já apontavam essa ideia. Porém, no século XIX, o evolucionismo social ganhou um estatuto científico (no século XVIII, ele aparecia muito mais em debates de cunho filosófico), sobretudo ao propor que as leis que regem a evolução das sociedades fossem descritas. Foi nesse processo de estabelecimento do evolucionismo social como um conhecimento que se pretendia científico que alguns elementos da teoria darwinista (a seleção do organismo mais apto, por exemplo) se tornaram influentes nas reflexões sobre a evolução das sociedades[1].

Dois pensadores, cujas obras foram produzidas na interseção de áreas como a filosofia, a história, a psicologia e a política, foram fundamentais nessa ideia de um estudo científico da evolução das sociedades humanas: o francês Auguste Comte (1798-1857) e o escocês Herbert Spencer (1820-1903).

Comte foi o fundador de uma corrente do pensamento filosófico chamada *positivismo*. Extremamente influente na segunda metade do século XIX, essa corrente teve grande importância na forma como o Estado passou a influir na vida social. O positivismo, por exemplo, foi fundamental nas políticas de educação pública implementadas na Europa e nas Américas. O referido pensador foi importante no estabelecimento da ideia de que o funcionamento da sociedade

---

1   Para um balanço do evolucionismo em diversas áreas do conhecimento, consulte a coletânea organizada por Fabian (2003). Para a ideia de evolução da sociedade, veja Ingold (2003).

segue leis, as quais podem ser apontadas e compreendidas. Um exemplo dessa influência de Comte é sua proposta de uma lei dos três estágios, segundo a qual o conhecimento humano avança por três fases: teológica, metafísica e positivista. Esta última seria marcada pela supremacia da ciência como forma de compreensão do mundo. Spencer, por sua vez, aprofundou essa analogia da sociedade como um organismo natural, ao mesmo tempo que tentou aplicar princípios darwinianos ao estudo das sociedades. Mais do que isso: ele combinou a crença em uma evolução da sociedade com o ideal de progresso, extremamente influente no século XIX (Hobsbawm, 2002).

> A ideia de um processo evolutivo marcado por uma sucessão de estágios foi extremamente profunda no pensamento do século XIX. Mesmo abordagens analíticas que não estavam incluídas no evolucionismo trabalharam sob essa perspectiva. É o caso, por exemplo, da teoria da história desenvolvida por Karl Marx, que analisava a história das sociedades humanas por meio de uma sucessão de modos de produção econômica. Data do mesmo século a ideia, muito influente na arqueologia, de uma sucessão de fases marcadas pelo desenvolvimento tecnológico: Idade da Pedra e Idade do Ferro ou, ainda, Paleolítico e Neolítico. Por um lado, essas fases foram usadas para narrar a própria história da sociedade europeia e, por outro, para localizar as demais sociedades na história, criando discursos (hoje desacreditados) sobre como determinadas sociedades ainda não chegaram ao Neolítico.

Quando a antropologia começou a se constituir como uma disciplina autônoma, tendo como foco de estudo as chamadas *sociedades primitivas*, ela automaticamente se inseriu nesse quadro evolucionista da época como forma de conhecimento daquilo que se pensava ser os primeiros estágios da vida social do ser humano. Essas sociedades ofereceriam, portanto, a possibilidade de uma observação do passado da própria sociedade ocidental – o que explica, em certa medida, o grande interesse dos europeus no século XIX pela temática das sociedades "primitivas". Como explicamos no Capítulo 1, uma expressão desse interesse foram os *zoos* humanos, onde primitivos eram expostos como exemplares do passado do homem.

Três autores são comumente citados como os expoentes dessa **antropologia evolucionista** do século XIX: o norte-americano Lewis Morgan (1818-1881) e os ingleses Edward Tylor (1832-1917) e James Frazer (1854-1941). Apesar de serem classificados como autores evolucionistas e, de fato, dialogarem com essa corrente do pensamento social, o evolucionismo aparece na obra de cada um deles com matizes que merecem ser observadas. Além disso, é preciso ter em mente que esses autores entraram para a história da antropologia como fundadores de importantes campos da disciplina. Tylor produziu um conceito de cultura que se tornou extremamente influente. Morgan é considerado o fundador dos estudos de parentesco na antropologia – um campo importantíssimo –, e Frazer, um dos fundadores dos estudos de mitologia e religião.

Na década de 1840, Morgan começou a realizar pesquisas junto aos iroqueses. Esse nome indicava uma confederação de seis povos indígenas que habitam a região dos Grandes Lagos, no nordeste dos Estados Unidos e sudeste do Canadá: Mohawk, Onondaga, Oneida, Cayuga, Seneca e Tuscarora. Suas pesquisas não foram feitas por meio de observação participante, mas envolveram um contato intenso de mais de uma década com os iroqueses.

Graduado em Direito, Morgan se interessou por temas como a transmissão da propriedade e sua relação com a família. A partir daí, ele deu atenção às variadas formas como a ideia de família e parentesco é conceitualizada por diferentes sociedades. Esses estudos resultaram em seu livro *Systems of Consaguinity and Affinity of the Human Family* (Sistemas de consanguinidade e afinidade da família humana), publicado em 1871, no qual apresenta a terminologia de diversos sistemas de parentesco em várias sociedades do mundo, chamando a atenção para o parentesco estabelecido tanto por consanguinidade quanto por afinidade (a criação de vínculos através do casamento ou do compadrio). Essa obra deu origem à tradição dos estudos de parentesco na antropologia.[2]

O caráter mais evolucionista do pensamento de Morgan fica evidente em sua obra *Ancient Society: or Researches in the Lines of Human Progress from Savagery, through barbarism to civilization* (*Sociedade antiga: ou investigações sobre as linhas do progresso humano desde a selvageria, através da barbárie, até a civilização*), publicada em 1877. O autor estabelece três estágios pelos quais as sociedades deveriam passar: selvageria, barbárie e civilização. Cada um deles era caracterizado por diferentes níveis de progresso tecnológico e desenvolvimento de ideias como religião, propriedade, linguagem e família.

Dessa forma, por exemplo, no estágio da selvageria as sociedades eram caracterizadas por uma subsistência ligada à coleta, à caça e à pesca, sem o recurso da agricultura, só desenvolvida no estágio da bárbarie. Neste, todavia, não havia ainda a escrita, desenvolvida apenas no estágio da civilização. Assim, Morgan criou uma série de estágios nos quais as sociedades humanas são classificadas. Algumas podiam ser localizadas na passagem da selvageria para a barbárie, ao passo que outras estavam em passagem para a civilização (Morgan, 2005). Diante de sociedades indígenas, por exemplo, a questão crucial era estabelecer em que estágio esta ou aquela sociedade se encontrava. É importante observar que os critérios de classificação – tecnologia, subsistência, família, propriedade, governo, entre

---

2 *Exatamente por isso, o principal clássico dessa área de estudos* – Estruturas elementares do parentesco, *de Lévi-Strauss, publicado em 1949 – foi dedicado a Lewis Morgan. Não há traduções completas para o português das obras deste autor. Porém, há a tradução de determinadas passagens de outro livro de Morgan:* Ancient Society. *É o que aparece na coletânea organizada por Castro (2005).*

outros – eram arbitrários, tomados daquilo que Morgan considerava central na vida de sua sociedade.

> Os três estágios evolutivos propostos por Morgan dialogavam com outras teorias da época, que se tornaram muito populares nas ciências humanas. É o caso da divisão entre Idade da Pedra, Idade do Bronze e Idade do Ferro, proposta por arqueólogos na década de 1830. Pouco depois, em 1865, o inglês John Lubbock propôs os termos *Paleolítico* e *Neolítico* como subdivisões da Idade da Pedra e estabeleceu uma sucessão de estágios que se tornou fundamental em áreas como história, arqueologia e museologia. O Museu Britânico (fundado em Londres, em 1753) e o Museu Americano de História Natural (fundado em Nova Iorque, em 1869), por exemplo, ainda hoje têm muito de seu acervo organizado segundo esses modelos evolutivos do século XIX.

O modelo evolutivo proposto por Morgan deve ser observado na forma como ele articula um pressuposto de unidade humana e a diversidade das sociedades estudadas, seja ao longo da história, seja no presente do pesquisador (Morgan tinha em vista as sociedades indígenas nos Estados Unidos e no Canadá). Selvageria, barbárie e civilização eram estágios da humanidade, aos quais todas as sociedades humanas estavam sujeitas.

Esse é um ponto importante do pensamento social evolucionista e também a fonte de suas dificuldades conceituais, visto que, por uma atitude etnocêntrica, as sociedades dos próprios pesquisadores, tanto nos Estados Unidos quanto na Inglaterra, eram localizadas no estágio mais avançado, criando uma espécie de ilusão, segundo a qual as demais sociedades humanas podiam ser comparadas com os períodos históricos da sociedade ocidental. Assim, sociedades indígenas passaram a ser vistas como estando no Neolítico ou no Paleolítico. A ideia de que outras sociedades tinham outras histórias, e não uma história similar à do Ocidente, estava fora dos horizontes evolucionistas – ideia concebida somente após a Segunda Guerra Mundial.

Allan de Paula Oliveira

Tylor (2005), citado anteriormente como o autor do conceito de cultura – que se tornou canônico na história da antropologia –, entende que o termo deve ser grafado com inicial maiúscula: *Cultura*. Trata-se de um estágio da evolução da humanidade e, apesar de ser uma capacidade do homem quando em sociedade, Tylor assevera a existência de diferentes graus de cultura. Isso equivale a afirmar que algumas sociedades estão mais avançadas nesse estágio, e outras, mais atrasadas. O título de seu principal livro, *Primitive Culture* (Cultura primitiva), evidencia que há um grau da cultura que é primitivo – justamente o grau das sociedades que os antropólogos do século XIX têm interesse em estudar. Dessa forma, ao mesmo tempo que contribuiu para o estabelecimento dos parâmetros de estudo da cultura, Tylor o fez mantendo-se inserido na tradição evolucionista. Esse autor explicita a forma como a cultura deveria ser estudada em diferentes sociedades:

Um primeiro passo no estudo da civilização é dissecá-la em detalhes e, em seguida, classificá-los em seus grupos apropriados. Assim, ao examinar as armas, elas devem ser classificadas como lança, maça, funda, arco e flecha, e assim por diante; entre as artes têxteis, devem constar tapeçaria, confecção de redes e diversos graus de complexidade no fazer e tecer fios; os mitos estão divididos em tópicos como mitos do nascer do sol e do poente, do eclipse, do terremoto, mitos locais que usam algum conto fantástico para explicar os nomes de lugares, mitos eponímicos que explicam a ascendência de uma tribo transformando seu nome no de um ancestral imaginário; no grupo de ritos e cerimônias, ocorrem práticas como os vários tipos de sacrifícios para os fantasmas dos mortos e para outros seres espirituais, o voltar-se para o leste para orar, a purificação de impureza cerimonial ou moral usando água ou fogo. Tais são uns poucos exemplos variados de uma lista de centenas, e o trabalho do etnógrafo é classificar esses detalhes com vista a estabelecer sua distribuição na geografia e na história e as relações existentes entre eles. Em que consiste esta tarefa é um ponto que pode ser quase perfeitamente ilustrado comparando esses detalhes de culturas com as espécies de plantas e animais tal como estudadas pelos naturalistas. Para o etnógrafo, o arco e flecha é uma espécie, o hábito de achatar os crânios das crianças é uma espécie, a prática de contar os números por dezenas é uma espécie. A distribuição geográfica delas e sua transmissão de região a região têm de ser estudadas como o naturalista estuda a geografia de suas espécies botânicas e zoológicas. Assim como certas plantas e animais são peculiares a determinados distritos, isso também ocorre com instrumentos como o bumerangue australiano, a vareta polinésia para fazer fogo, a minúscula flecha usada como uma lanceta por tribos na região do Panamá [...] (Tylor, 2005, p. 76-77)

Nesse trecho, evidenciam-se algumas das premissas mais importantes da antropologia evolucionista do século XIX. A primeira é o fato de a cultura (no excerto substituída pela palavra *civilização*) ser dividida em traços estabelecidos pelo pesquisador: tecnologia (a construção de armas e as artes têxteis), mitologia, rituais, família, parentesco, casamento, chefia política etc. Tais aspectos eram arbitrários e ressaltavam o etnocentrismo do pensamento da época: eram apontados os traços em que a sociedade ocidental aparecia como mais evoluída. Em segundo lugar, Tylor (2005) esclarece que, após a observação desses traços, eles deveriam ser comparados entre si e classificados em tipos, de forma a se estabelecerem grupos de sociedades. Essa tarefa constituía o **método comparativo**, central no trabalho dos antropólogos até o advento da etnografia baseada em **observação participante** (1890-1930). Esse método é explicado por Tylor tomando-se como referência as ciências naturais: o antropólogo deve trabalhar como o naturalista, coletando espécies, estabelecendo relações entre elas e tentando explicá-las. Assim, destaca-se uma analogia muito importante para a ciência social do século XIX: a sociedade e suas expressões formam um organismo.

Tylor (2005) define outro conceito marcante para a antropologia de sua época: o de *sobrevivência*. Esse termo abrange "processos, costumes, opiniões, e assim por diante, que, por força do hábito, continuaram a existir em um novo estado de sociedade diferente daquele no qual tiveram sua origem e então permanecem como provas e exemplos de uma condição mais antiga de cultura que evoluiu em uma mais recente" (Tylor, 2005, p. 87). Por meio desse conceito, o autor procurava explicar costumes que, apesar da evolução da sociedade, continuavam a ser praticados e seguidos.

No Brasil, por exemplo, eram classificados como *sobrevivência* aqueles costumes religiosos relacionados às populações rurais, como "colocar o santo de castigo" quando uma promessa não era atendida. Tylor (2005) apresenta exemplos de sobrevivências entre costumes de camponeses ingleses e franceses, as quais eram vistas pela antropologia evolucionista como provas no presente de estágios passados. Convém ressaltar que Tylor as explica "por força do hábito", ou seja, trata-se de fatos sem sentido no presente.

> Ao mesmo tempo que a antropologia do século XIX se constituiu a partir do estudo das sociedades consideradas primitivas, outro universo social começou a gerar reflexões sobre sua dinâmica: o universo camponês. Desde o século XVIII, havia um interesse no estudo dos costumes e das crenças de camponeses em toda a Europa e, à medida que a urbanização e a modernização foram se aprofundando, no decorrer do século XIX, esse interesse foi se institucionalizando em torno da palavra *folclore*. Por volta de 1880, foram fundadas sociedades de estudos de folclore na Inglaterra e nos Estados Unidos. Assim como a antropologia, esses estudos foram influenciados pelo pensamento evolucionista, sendo que o conceito de sobrevivência se tornou central para os folcloristas.

O terceiro grande nome da antropologia evolucionista é o escocês James Frazer (1854-1941), talvez o autor que melhor tenha simbolizado o pensamento evolucionista na antropologia. Ao contrário de Morgan e Tylor, Frazer não era um homem com experiências de viagens[3]. No entanto, produziu uma obra ambiciosa: *O ramo de ouro*, publicada originalmente em dois volumes em 1890. O autor estendeu a obra e, em 1937, publicou uma edição definitiva, com 13 volumes[4].

O ramo de ouro é um estudo comparativo de mitologia e religião, no qual Frazer (1982) analisa mitos e crenças religiosas de inúmeras sociedades, distantes no espaço (primitivas) e no tempo (antigas, como a grega e a romana). A partir de um método comparativo, isola elementos de mitos e os agrupa, sugerindo relações entre diferentes sociedades e apontando processos evolutivos, por exemplo, uma sucessão entre magia e religião.

Apesar dessa ideia evolutiva, o público inglês da época ficou escandalizado com a sugestão de que certos elementos do cristianismo estavam relacionados a mitos pagãos. A referida obra foi importante para o estabelecimento de um dos terrenos mais fecundos da história da antropologia: mitologia e religião. Além disso, foi extremamente popular em seu tempo, sendo lida por um público muito além daquele interessado em antropologia. Malinowski, logo após formar-se em Física e Matemática, em 1909, resolveu dedicar-se à antropologia a partir da leitura de *O ramo de ouro*. Freud (2013), por

---

3 Morgan viveu a experiência do contato direto com os iroqueses. Por sua vez, Tylor, aos 23 anos (em 1855), fez uma viagem por Cuba, pelos Estados Unidos e pelo México, a qual foi central em sua escolha intelectual. Para verificar os dados biográficos de Tylor, Morgan e Frazer, leia Castro (2005, p. 8-24).

4 Uma edição em português (condensada em um volume) foi publicada em 1982 pela editora carioca Jorge Zahar, mas, atualmente, está fora de catálogo.

exemplo, cita a obra como referência central na elaboração de seu texto seminal "Totem e tabu", de 1913.[5]

Morgan, Tylor e Frazer se tornaram os nomes mais representativos da antropologia evolucionista. As obras desses três autores sintetizam elementos importantes dessa antropologia: o estudo da cultura a partir da ideia de traços que podem ser isolados, o método comparativo e a classificação em tipos culturais, estabelecendo-se relações de evolução entre esses tipos. Tais elementos fundamentaram a produção antropológica do último quartel do século XIX, e é inegável que essa produção teve sua importância histórica.

A seu modo, a antropologia evolucionista estimulou o estudo científico de sociedades ou culturas até então vistas como inúteis e promoveu reflexões sobre a relação entre elas e o mundo moderno. Além disso, conforme explicitamos, essa antropologia estabeleceu temáticas importantes na história da antropologia, bem como uma base institucional para a disciplina em universidades britânicas e norte-americanas.

No entanto, para elucidar o fato de algumas culturas estarem atrasadas, e outras, adiantadas, essa antropologia optou pela resposta que, naquele momento, aparecia como a mais poderosa explicação dos fatos humanos: a biologia. As diferenças culturais seriam, então, expressões de diferenças biológicas, externadas na ideia de raça. Nesse sentido, o que determinava o caráter de uma cultura era a raça do povo a ela relacionado. Esse tipo de explicação, chamado

---

5 Uma das edições do livro O ramo de ouro *aparece em uma cena de* Apocalipse Now, *filme de Francis Ford Coppola, de 1979. Apesar de o filme ser sobre a Guerra do Vietnã, ele traz um debate sobre a relação entre civilizado e primitivo.*

de *determinismo biológico*, foi muito popular no final do século XIX e no início do século XX.[6]

Outro tipo de determinismo na explicação das diferenças culturais era atribuí-las ao fato de que os povos habitavam espaços diferentes. Assim, por exemplo, o clima frio favoreceria o progresso, e o clima quente o retardaria. Dessa forma, o motivo de algumas culturas serem mais evoluídas residiria no espaço geográfico, ou seja, tratava-se de um **determinismo geográfico**.

Tanto o determinismo biológico quanto o geográfico aparecem, em maior ou menor grau, na antropologia evolucionista e constituem uma tentativa de resposta – hoje bastante relativizada – às diferenças culturais. No caso do determinismo biológico, sua popularidade teve efeitos desastrosos. Incorporada ao discurso político, sobretudo aos nacionalismos florescentes no final do século XIX, a ideia de determinação da cultura por um elemento biológico como raça gerou propostas de purificação racial e cultural. Estas culminaram em políticas eugenistas e racistas, tendo como ápice as políticas de purificação racial, levadas a cabo pelo nazismo na Alemanha, a partir da década de 1930. Esse mau uso político da ciência, que não devia ser creditado à antropologia ou ao pensamento social daquele século, alertava para uma importante questão ética: as consequências políticas e sociais do pensamento científico.

A antropologia evolucionista visava estabelecer cadeias evolutivas entre as sociedades. Porém, outra corrente do pensamento social do século XIX deslocou um pouco esse objetivo: o **difusionismo**. Muito ligado ao desenvolvimento da arqueologia, o pensamento difusionista estava mais preocupado em descrever como os traços culturais

---

6   *Apesar de tratarem do Brasil, confira Schwarcz (2003) e Skidmore (2012) para uma análise do pensamento racialista do século XIX.*

se espalhavam de uma cultura a outra. Esse propósito, automaticamente, diminuiu o peso da raça na explicação das diferenças culturais e incentivou o estudo da história de cada cultura, aprofundando sua compreensão. Todavia, o pensamento difusionista se deparou com outro problema: a conexão histórica entre as diversas culturas, nem sempre possível de ser descrita com exatidão.

Tylor (2005, p. 76-77) apresenta, de certa forma, o projeto difusionista quando afirma que a distribuição geográfica dos itens culturais e sua transmissão de uma região a outra precisam "ser estudadas como o naturalista estuda a geografia de suas espécies botânicas e zoológicas". Um conceito central nesse pensamento foi o de **círculo cultural** (*kultukreis*, no original alemão), o qual estabelecia a ideia de que as culturas humanas podiam ser agrupadas em áreas organizadas em torno de um centro difusor de cultura.

Uma corrente alemã do pensamento difusionista representada por nomes como Leo Frobenius (1873-1938) e Fritz Gräbner (1877-1934) trabalhava com a ideia da existência de alguns centros difusores de cultura ao longo da história, como Egito, Mesopotâmia, China e Índia. Por sua vez, pensadores britânicos como William Perry (1868-1949) e Elliot Smith (1871-1937) ocupavam-se do **hiperdifusionismo**, segundo o qual as culturas humanas se desenvolveram a partir de um único centro irradiador, que foi localizado no Egito.

O difusionismo não negava a ideia de evolução das sociedades, mas era mais limitado no sentido de descrever linhas evolutivas. Sua preocupação maior era estabelecer redes de contato e difusão cultural entre as diferentes culturas. Essa temática nunca deixou de ser importante na antropologia e, ainda hoje, está na agenda de subáreas da disciplina, como os estudos sobre a história das sociedades na Amazônia. No entanto, atualmente, há um cuidado bem maior no estabelecimento de hipóteses sobre a história dos contatos.

Figura 4.1 – Mapa de difusão cultural a partir do Egito

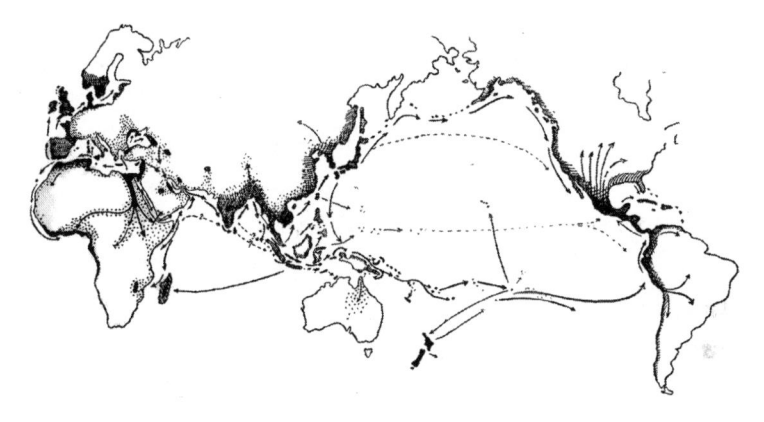

Fonte: Smith, 1915, p. 14.

Esse tipo de mapa era uma constante em obras difusionistas do final do século XIX e início do século XX. Muitas dessas setas, que indicam o trânsito de itens culturais, eram hipotéticas e os antropólogos e os arqueólogos difusionistas tinham dificuldade de comprová-las.

(4.2) Antropologia norte-americana

Durante todo o século XIX foi se desenvolvendo nos Estados Unidos um ambiente de pesquisa voltado para sociedades consideradas primitivas e selvagens. O foco desse estudo eram as sociedades indígenas presentes nos territórios norte-americano e canadense. Tal ambiente se organizou a partir de um impulso dado às ciências nos Estados Unidos, na primeira metade do século XIX. Por exemplo: entre 1838 e 1842, o governo norte-americano financiou uma expedição que deu a volta ao mundo coletando espécies animais e vegetais e materiais geológicos e, em menor medida, registrando outras culturas. Essa expedição levou o governo a financiar o *Smithsonian Institute*, fundado em 1846 com o objetivo de desenvolver pesquisas científicas em diversas áreas, entre elas etnologia e etnografia. Muitas pesquisas foram realizadas por essa instituição e também por museus, como o já citado Museu de História Natural de Nova Iorque, fundado em 1869.

Em 1879, foi dado um passo muito importante na consolidação da antropologia nos Estados Unidos, com a fundação do Bureau of American Ethnology – BAE (Bureau de Etnologia Americana), voltado exclusivamente para pesquisas antropológicas e etnográficas. As pesquisas de Frank Cushing, precursoras da etnografia de longa duração, conforme citado no Capítulo 3, foram realizadas com o apoio do BAE.

O nome central da antropologia nos Estados Unidos foi o alemão Franz Boas (1858-1942). Formado em Física na Alemanha, Boas empreendeu uma viagem ao Canadá em 1883, onde teve contato com os Inuit – grupo de sociedades que vivem no norte desse país e no Alasca. Essa viagem funcionou como uma conversão de Boas ao estudo da antropologia e, em 1887, ele se estabeleceu definitivamente nos Estados Unidos. Nesse período, começou a realizar pesquisas junto aos Kwakiutl, grupo indígena que, à época, habitava o noroeste dos Estados Unidos (atuais estados de Oregon e Washington) e o sudoeste do Canadá (atual província da Columbia Britânica).

Na década de 1890, Boas passou a atuar conjuntamente no Museu de História Natural de Nova Iorque e na Universidade de Columbia, tendo sido extremamente influente no cenário da disciplina antropológica até sua morte, em 1942. Ele formou a primeira geração de antropólogos profissionais nos Estados Unidos e consolidou a disciplina como saber acadêmico.[7]

---

7   Para conhecer a trajetória de Boas, confira Castro (2004) e Moura (2004).

Figura 4.2 – Franz Boas mostrando um movimento de um ritual indígena em 1895

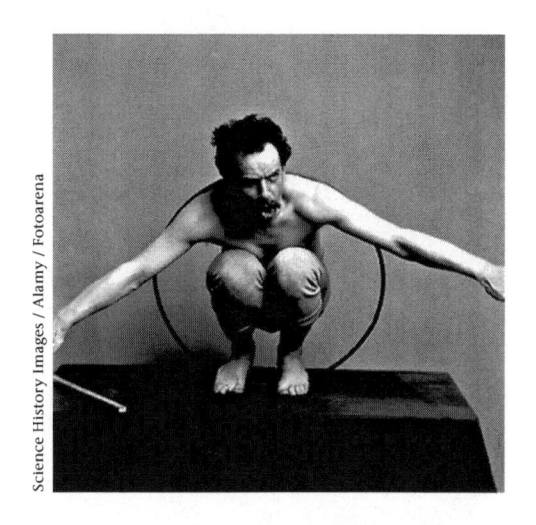

Science History Images / Alamy / Fotoarena

As contribuições de Boas para a antropologia foram inúmeras. Em 1896, em um texto intitulado *As limitações do método comparativo da antropologia*, ele critica o método utilizado pela antropologia evolucionista no estudo da cultura. Segundo o autor, as comparações produzidas por essa vertente da disciplina eram apressadas e, não raro, levavam ao estabelecimento de relações completamente arbitrárias entre as culturas e sem fundamentação factual. Assim, Boas (2004b) sugere que, antes de qualquer comparação, o pesquisador deve estudar cada cultura de maneira aprofundada, atentando-se para os processos históricos e psicológicos que orientaram o desenvolvimento de determinada cultura.

[um] estudo detalhado de costumes em sua relação com a cultura total da tribo que os pratica, em conexão com uma investigação de sua distribuição geográfica entre tribos vizinhas, propicia-nos quase sempre um meio de determinar com considerável precisão as causas históricas que levaram à

formação dos costumes em questão e os processos psicológicos que atuaram em seu desenvolvimento. (Boas, 2004b, p. 33-34)

Portanto, a crítica de Boas à antropologia evolucionista passa pela valorização da etnografia e da história de cada cultura. Nesse sentido, ele coordenou diversas pesquisas de campo e orientou seus alunos na realização de etnografias em diversas partes dos Estados Unidos e do mundo. O estudo detalhado de cada cultura significou também uma mudança na forma como a cultura era entendida. Para esse antropólogo, cada traço da cultura só poderia ser compreendido em relação com o todo. Ou seja, não fazia sentido comparar traços culturais isolados do contexto, pois eles adquiriam sentido em um contexto específico. Por isso, o estudo da cultura deveria ser o mais detalhado possível, abarcando todas as esferas da vida: linguagem, religião, arte, política, família, rituais, mitologia, tecnologia, entre outras. A etnografia e a história eram suas ferramentas mais importantes. Para Boas, compreender a história de uma cultura, seu desenvolvimento no tempo e suas manifestações no presente eram as principais tarefas do antropólogo.

Essa ênfase no detalhamento da cultura e na ideia de que, para entendê-la, era preciso reconstruir sua história deu a Boas o mote para uma crítica intensa do determinismo biológico e de suas consequências racistas. Ele descartou o peso determinante da ideia de raça na conformação de uma cultura, estabelecendo que as diferenças entre culturas não eram expressões de diferenças raciais, mas produtos de desenvolvimentos históricos distintos. Em um país como os Estados Unidos, onde a questão racial sempre foi um problema, essas afirmações de Boas foram, no começo do século XX, politicamente impactantes. A antropologia que produziu foi muito importante para a crítica e o combate ao racismo na sociedade norte-americana e em todo o mundo. No Brasil, suas ideias foram centrais na elaboração da obra *Casa-grande & senzala*, publicada em 1933 por Gilberto Freyre, que foi aluno de Boas na Universidade de Columbia.

Boas foi além de uma crítica ao determinismo biológico ou ao peso da ideia de raça na explicação das diferenças culturais humanas. Ao asseverar que o sentido dos elementos de uma cultura é dado pelo próprio contexto dela, Boas afirmou o princípio do **relativismo cultural**, central para a forma como a antropologia passou a estudar as diferentes culturas – tema já debatido no Capítulo 2. Por esse princípio, os fatos de uma cultura só podem ser compreendidos em relação a essa cultura. O relativismo tornou-se um recurso epistemológico que se contrapõe às perspectivas etnocêntricas pelas quais as culturas, até então, eram estudadas.

Assim como a crítica ao racismo, o relativismo proposto por Boas teve um papel importante nos debates sociais nos Estados Unidos do início do século XX, na medida em que esse país recebia levas de imigrantes de diferentes procedências e estava às voltas com políticas direcionadas à administração da questão indígena. Ele também buscou apontar como a antropologia, a partir de seu estudo das culturas humanas, poderia oferecer elementos para a compreensão da vida moderna.[8]

O peso do conceito de cultura na obra de Boas foi de tal ordem que a antropologia nos Estados Unidos, historicamente, passou a ser

---

8 *O livro* Anthropology and Modern Life *(1928), de Franz Boas, foi escrito com esse objetivo. Durante muito tempo não houve traduções brasileiras das obras desse autor, quadro que só começou a se alterar nos últimos 15 anos. Castro (2004) organizou a tradução de alguns textos importantes. No mesmo ano, foi publicada no Brasil outra coletânea de textos organizados pelo historiador da antropologia George Stocking – veja Boas (2004a). Em 2014, surgiram traduções de seus livros* A mente do homem primitivo, *de 1911, e* Arte primitiva, *de 1927.*

denotada como *antropologia cultural* ou, ainda, como *culturalismo*[9]. No entanto, esses termos não refletem a orientação que Boas deu a seu projeto de antropologia. O estudo da cultura, para ele, envolvia quatro campos (*four fields*), que deveriam trabalhar em articulação: a antropologia cultural, a linguística, a arqueologia e a antropologia física (o estudo das variações anatômicas do ser humano). Nos cursos de antropologia que Boas organizou e que, depois, foram propagados por seus alunos, enfatizava-se que a formação dos antropólogos deveria envolver essas quatro áreas. Ainda hoje, muitos cursos de antropologia nos Estados Unidos e na América Latina (na Argentina e no México, por exemplo) seguem esse modelo de formação.[10]

A maioria dos mais relevantes nomes da antropologia nos Estados Unidos até a década de 1940 esteve direta ou indiretamente relacionada a Franz Boas. Os "boasianos" produziram notáveis trabalhos sobre as mais diferentes culturas, com abordagens diversas (alguns de cunho psicológico, outros de cunho linguístico, outros arqueológicos), mas todos em torno do conceito de cultura e da forma como Boas preconizava seu estudo. Eles foram importantes também no estabelecimento de cursos de Antropologia (hoje bastante tradicionais) em diversas universidades norte-americanas, como a Universidade da Califórnia e a Universidade de Chicago.

---

9   É muito comum a referência à antropologia cultural norte-americana *ou ao* culturalismo norte-americano. *Esses termos denotam a antropologia desenvolvida em torno de Franz Boas, a qual foi hegemônica nos Estados Unidos até a década de 1940.*

10 *No Brasil, como mostraremos adiante, o ensino de antropologia se orientou por modelos ingleses e franceses.*

4.2.1 Estudos de cultura e personalidade

No final dos anos 1920, uma nova linha de estudos começou a ser desenvolvida na antropologia norte-americana e se tornou extremamente influente nas duas décadas seguintes: os chamados *estudos de cultura e personalidade*. Por meio deles, procurava-se analisar como a cultura oferecia um campo de configuração da personalidade de seus indivíduos, valorizando certos tipos e estigmatizando outros. Criavam-se, assim, zonas de "normalidade" e de "anormalidade" em termos de comportamento.

Essa linha de estudos gerou um grande debate com áreas como a psicologia e a psicanálise, ao mesmo tempo que respondia a demandas da sociedade norte-americana da época. O tema tornou-se hegemônico na produção antropológica estadunidense dos anos 1930 e 1940. Como referências dos estudos sobre cultura e personalidade, geralmente são citados os nomes de Ruth Benedict e Margaret Mead – duas alunas de Boas.[11]

Ruth Benedict (1887-1948), além de aluna de Boas, foi sua colega como professora no Departamento de Antropologia da Universidade de Columbia. Ela publicou, em 1934, a obra *Padrões de cultura*, na qual compara traços de personalidade valorizados em algumas culturas diferentes, como os Kwakiutl (a partir de dados de campo obtidos por Boas), os Dobu (sociedade da Nova Guiné estudada por Margaret Mead) e os Pueblo (grupo indígena da região do Novo México, junto ao qual realizou um trabalho de campo). Em seu livro, que se tornou um clássico da antropologia, Benedict mostra como as culturas escolhem e valorizam certos tipos de comportamentos e temperamentos em detrimento de outros.

---

11 Sobre esses estudos, leia a coletânea organizada por Stocking Jr. (1986). Veja também o texto da apresentação de Castro (2015) para uma coletânea de Franz Boas.

Allan de Paula Oliveira

Outra obra importante escrita por Benedict nessa mesma linha é *O crisântemo e a espada*, publicada em 1946. Esse livro, que aborda a cultura japonesa e seus valores, foi produzido em razão de um convite feito pelo governo norte-americano durante a Segunda Guerra Mundial para se compreender a cultura do país com o qual os Estados Unidos estavam em guerra. Benedict não fez trabalho de campo, mas entrevistou prisioneiros de guerra japoneses e elaborou um texto descrevendo suas formas de pensar e seus valores – expressões de sua cultura. A partir da década de 1980, esse trabalho em específico seria usado como mote de debate de questões éticas envolvidas no exercício da antropologia; no entanto, tornou-se um exemplo das abordagens analíticas na linha de cultura e personalidade.

Margaret Mead (1901-1978) talvez tenha sido a antropóloga mais popular da história dos Estados Unidos. Sua fama se estabeleceu já no início de sua carreira, quando publicou trabalhos sobre adolescência em sociedades "primitivas". Seu primeiro livro, *Coming of Age in Samoa* (Adolescência em Samoa), foi publicado em 1928 a partir de uma etnografia feita em Samoa na qual a autora desnaturalizava a ideia de que a adolescência constituía uma fase de questões psicológicas universais. Mead revela como as adolescentes samoanas apresentavam comportamentos – valorizados socialmente – completamente diferentes dos de suas equivalentes norte-americanas.

Na década de 1970, os dados da pesquisa de Mead foram muito contestados por outros etnógrafos, sobretudo sua descrição da cultura samoana. Porém, o mais importante é o fato de Mead apontar como a cultura interfere na formação psíquica do indivíduo. *Coming of Age in Samoa* foi, durante muito tempo, a obra de antropologia mais conhecida do grande público nos Estados Unidos.

Figura 4.3 – Margaret Mead na Ilha de Manus, em 1953, durante uma visita às Ilhas do Almirantado, em Papua-Nova Guiné

A mesma ideia de ação da cultura sobre a personalidade aparece em outra obra de Mead que se tornou célebre: *Sexo e temperamento*, de 1935. Também fundamentada em trabalho de campo feito na Nova Guiné, Mead apresenta como três diferentes povos – os Arapesh, os Mundugumor e os Tchambuli – conceitualizam e praticam diversas formas de relação entre homens e mulheres e como o temperamento considerado "normal" de cada um deles varia de sociedade para sociedade.

Entre os Arapesh, valoriza-se um temperamento pacífico tanto entre os homens quanto entre as mulheres, ao passo que, entre os Mundugumor, considera-se a agressividade um temperamento "normal" de ambos os sexos. Ao mesmo tempo – e para a grande surpresa da sociedade estadunidense da época –, Mead descreve que não havia uma dominância masculina entre os Tchambuli. Os homens exerciam atividades que os norte-americanos consideravam femininas, e as mulheres se envolviam em trabalhos vistos por eles como masculinos. Assim como o trabalho sobre Samoa, as descrições das culturas na Nova Guiné foram, mais tarde, criticadas em diversos pontos, especialmente na questão da acuidade das descrições e dos significados de vários costumes locais. No entanto, a obra se tornou uma referência nos estudos sobre o peso da cultura em questões como gênero e personalidade. Mead ainda publicou, em 1949, o livro *Male and Female* (Masculino e feminino), comparando essas questões de formação da personalidade dos gêneros entre as sociedades "primitivas" e a norte-americana. Esses trabalhos foram referências importantes para os debates acerca do feminismo, movimento do qual Mead foi uma interlocutora ativa a partir da década de 1960.

4.2.2 Estudos de comunidade e aculturação

Concomitantemente aos estudos de cultura e personalidade, outra tendência analítica se tornou marcante na antropologia norte-americana entre as décadas de 1930 e 1960: os já citados **estudos de comunidade**, que dialogavam muito com áreas como sociologia e economia e focavam as transformações de modos de vida tradicionais diante de processos como modernização e urbanização. Tais modos de vida eram observados tanto em sociedades indígenas quanto em comunidades camponesas de países em desenvolvimento. Neste último caso, os estudos de comunidade tiveram uma especial relevância em países da América Latina e da África.

Um conceito importante nesse campo de estudos foi o de **aculturação**, desenvolvido na tentativa de compreender os processos de transformação cultural relacionados a imigrações ou ao contato entre diferentes culturas. Um exemplo é a cultura dos grupos de imigrantes que transformaram as grandes cidades norte-americanas na virada do século XIX para o XX. Muitos deles tinham seus modos de vida, seus valores e suas culturas transformados em decorrência do contato com a cultura estadunidense. Desse modo, muitos teóricos observavam que esses grupos sofriam processos de aculturação (perda ou transformação de sua cultura), podendo negar sua cultura de origem e assimilar a norte-americana (assimilação) ou adaptar sua cultura de origem a seu novo modo de vida (integração). A questão a ser estudada era o grau e os meios dessa aculturação ou dessa integração. Nos Estados Unidos, tais conceitos foram aplicados ao estudo de culturas migrantes, de transformações de culturas indígenas ou, ainda, da história dos negros naquela sociedade.

Assim como os estudos de cultura e personalidade, os estudos de comunidade foram uma tendência analítica que gerou inúmeros trabalhos de diferentes autores durante aproximadamente três décadas. Robert Redfield e Melville Herskovitz se tornaram referência nesse campo de estudos.

Redfield (1897-1958) realizou pesquisas de campo no México para estudar comunidades camponesas. Em seus trabalhos, ele apresenta o que chamava de *culturas de folk*, enfatizando o fato de essas comunidades serem universos sociais autossuficientes, ou seja, elas poderiam ser estudadas como sociedades integradas internamente, do mesmo modo como os antropólogos examinavam as sociedades "primitivas". Ao mesmo tempo, chama a atenção para as transformações dessas comunidades a partir de sua inserção em processos de modernização e urbanização. Essas ideias foram sintetizadas em diversas publicações, com destaque para *The Little Community and the Peasant Society and Culture* (A pequena comunidade e a sociedade e a cultura camponesas), publicada em 1956.

Melville Herskovitz (1895-1963), conhecido como o precursor e o principal nome da antropologia estadunidense no estudo das relações entre a cultura negra norte-americana e as culturas africanas, publicou trabalhos como *American Negro* (Negro americano), de 1928, e *The Mith of the Negro Past* (O mito do passado negro), de 1941. Neste último, o autor combate discursos que afirmavam que os negros norte-americanos não tinham nenhuma relação cultural com a África. Nesse sentido, tornou-se um dos maiores africanistas (especialistas no continente africano) estadunidenses, realizando pesquisas sobre cultura e transformação cultural em países como Benim, Gana e Nigéria. Ele pesquisou também a cultura negra em países como Suriname, Haiti e Brasil[12].

Em seus trabalhos, Herskovitz combinava o interesse pela questão racial com o estudo das transformações de comunidades. Além disso, é um dos autores, com Ralph Linton e Robert Redfield, do *Memorandum for the Study of Acculturation* (Memorando para o estudo da aculturação), publicado em 1936 na principal revista de antropologia dos Estados Unidos, a *American Anthropology*. Esse texto curtíssimo (de apenas quatro páginas), em que os autores apresentam um programa para estudos sobre aculturação, tornou-se importante na delimitação desse campo de estudos na antropologia.

---

12   Herskovitz esteve em Salvador em 1941 realizando pesquisas sobre o candomblé. Sobre esse assunto, leia Sansone (2012).

> Os estudos sobre aculturação constituíam um importante campo de contato entre a antropologia e a sociologia nos Estados Unidos. O tema também foi muito relevante para os estudos de sociologia urbana desenvolvidos desde a década de 1910, sobretudo na Universidade de Chicago, e que focavam a inserção de grupos imigrantes nas metrópoles estadunidenses. O próprio Robert Redfield – um dos poucos grandes nomes da antropologia norte-americana na primeira metade do século XX que não foi aluno de Boas – era professor no Departamento de Sociologia da referida universidade.

4.2.3 O NEO-EVOLUCIONISMO E O DECLÍNIO DA INFLUÊNCIA DE FRANZ BOAS

A ênfase na ideia de que cada cultura deve ser estudada em sua particularidade e de que a história (e não a biologia) é o elemento determinante de sua configuração fez com que a orientação de Boas criasse um distanciamento entre a antropologia e qualquer tentativa de se estabelecer um fundamento biológico e evolucionista no estudo das culturas humanas. Além disso, mesmo apontando a importância da arqueologia no estudo das sociedades antigas, Boas e seus alunos se revelaram muito cuidadosos com tentativas de estudos de difusão cultural, evitando os esquemas analíticos difusionistas, que eles consideravam muito hipotéticos. Em suma, a antropologia proposta por Franz Boas evitava esquemas universais e, à medida que enfatizava o peso da história particular de cada cultura, ia se tornando cada vez mais crítica de qualquer proposta de história das sociedades humanas que se baseasse em premissas universalistas.

A partir do fim da Segunda Guerra Mundial, todavia, a influência de Boas na antropologia norte-americana começou a declinar, em virtude do surgimento de novas propostas de análise, entre elas o desenvolvimento de uma antropologia ligada ao pensamento marxista e que criticava a orientação excessivamente particularista (não comparativa e preocupada com a singularidade de cada cultura) da antropologia relacionada a Boas. Tal linha recuperava esquemas evolutivos do século XIX sob novas premissas e, por isso, foi chamada de *neoevolucionismo*. É o caso dos trabalhos desenvolvidos ou orientados por Leslie White (1900-1975) e Julian Steward (1902-1972) durante a década de 1950.

Esses autores propunham um esquema que estivesse atento às formas adaptativas da cultura ao meio ambiente, dedicando-se a questões como tecnologia, subsistência e consumo de energia, isto é, enfatizando a relação entre cultura e ecologia. Por meio desses critérios, era possível pensar a evolução cultural. Para eles, o excessivo cuidado particularista de Boas no estudo das culturas o tinha encerrado em uma antropologia que havia abandonado sua pretensão de ciência, capaz de articular os aspectos sociológicos, psicológicos e naturais do ser humano. Essa abordagem teve um forte impacto nas universidades norte-americanas da década de 1950 (e muita influência também nos estudos sobre sociedades indígenas na Amazônia) e foi importante na formação de antropólogos que, nos anos 1970 e 1980, se tornariam relevantes no cenário da disciplina, como Eric Wolf, Sidney Mintz e Marshall Shalins (alunos de White ou Steward)[13].

(4.3)
Antropologia britânica

Assim como ocorreu nos Estados Unidos, o desenvolvimento da antropologia na Grã-Bretanha está relacionado à atuação de museus e de sociedades de pesquisa que surgiram no século XIX, interessadas

---

13 Sobre a concepção de cultura e seu estudo segundo Leslie White, veja White e Dillingham (2009).

em pesquisas etnológicas e arqueológicas. É o caso da Sociedade Etnológica de Londres, fundada em 1846, e do Instituto Antropológico da Grã-Bretanha e Irlanda (RAI), fundado em 1871 e existente até hoje. Essas instituições promoviam e financiavam pesquisas, as quais foram configurando o desenvolvimento da antropologia no país – na época, a metrópole de um sistema colonial mundial.

A partir da década de 1890, assim como nos Estados Unidos, a disciplina começou a ser integrada ao ensino universitário, dando origem às primeiras cadeiras de Antropologia e aos primeiros cursos de formação. Edward Tylor, por exemplo, foi o primeiro professor de Antropologia da Universidade de Oxford.

Possivelmente por ter se desenvolvido em um país que, no século XIX, era a metrópole de um império colonial de dimensões mundiais, a antropologia produzida na Inglaterra gerou, desde cedo, propostas analíticas que se tornaram influentes nas ciências interessadas no estudo do homem como ser social. Naquele período, o evolucionismo social, a arqueologia, a história e os estudos sobre religião e mitologia tiveram um grande desenvolvimento na Grã-Bretanha. No caso da antropologia, o evolucionismo e o difusionismo – as duas principais tendências teóricas daquele século – tiveram na Grã-Bretanha um de seus centros de produção mais ativos.

No entanto, na história da antropologia, a ideia de uma antropologia britânica ganhou contornos somente a partir do desenvolvimento de estudos sobre sociedades "primitivas", levados a cabo pela geração de pesquisadores que trabalharam entre 1890 e 1930. Um tipo de antropologia profundamente empírica, baseada na ideia de uma etnografia a longo prazo, sintetizada na expressão *observação participante*, tornou-se a marca dessa antropologia e, em certa medida, criou um sentido de unidade que durou até, pelo menos, a década de 1970 (Kuper, 1978).

Allan de Paula Oliveira

Conforme apontamos no capítulo anterior, Malinowski foi apenas a face mais visível de uma geração de pesquisadores marcada pela experiência de campo. Vale lembrar, nesse sentido, a expedição ao Estreito de Torres, em 1898, um evento muito importante na história da antropologia britânica. Além dessa expedição, convém destacar os trabalhos de campo feitos por William Rivers na Índia, em 1901 e 1902; por Charles Seligman na Melanésia, em 1904, no Sri Lanka, em 1907 e 1908, e no Sudão, em 1909 e 1912; e por Alfred Radcliffe-Brown (1881-1955) nas ilhas Andaman, na baía de Bengala (entre a Índia e a Birmânia), de 1906 a 1908. A partir dessas experiências de campo, valorizadas por essa geração de pesquisadores, certos conceitos e temáticas foram desenvolvidos pelos antropólogos britânicos e tornaram-se marcas dessa antropologia.

Uma dessas marcas está em uma ênfase maior na análise do conceito de sociedade que na do conceito de cultura. As análises desenvolvidas pela antropologia britânica desde a década de 1920 procuravam descrever a vida social sob a perspectiva de um sistema integrado, em que todas as atividades e todos os domínios do cotidiano estavam correlacionados: subsistência, atividades econômicas, crenças religiosas, mitos, rituais, concepções e práticas ligadas aos ciclos da vida (infância, vida adulta e velhice), parentesco, política etc. A ideia era que as etnografias apresentassem um retrato da sociedade em funcionamento, atentando para todos os seus aspectos.

Em suma, havia uma pretensão de que a etnografia descrevesse a totalidade da vida social. O melhor exemplo disso são os títulos dos trabalhos, muitas vezes indicados apenas pelos etnônimos: *Nós, os Tikopia*, publicado por Raymond Firth em 1936, e *Os Nuer*, publicado por Edward Evans-Pritchard em 1940. Nesses trabalhos, era apresentada a totalidade dos domínios da vida na sociedade tikopia ou nuer. A palavra *cultura* aparece nessas etnografias, mas sem o peso heurístico que ela tem na produção antropológica norte-americana. Por isso, a antropologia britânica produzida entre 1920 e 1970 é historicamente denotada pela expressão *antropologia social britânica*.

Em *Os Nuer*, monografia clássica produzida pela antropologia social britânica, as análises da vida social são apresentadas a partir de trabalhos de campo intensivos. Essa ênfase no conceito de sociedade refletia duas tradições intelectuais marcantes na história da antropologia britânica.

A primeira era o **reformismo social**, cujo debate na Inglaterra, ao longo do século XIX, foi particularmente profundo. Essa tradição estava ligada a preocupações com a vida social que emergiu em resposta às transformações advindas da Revolução Industrial. Dessa forma, questões dos tipos "Como a sociedade funciona?", "Como manter a vida social diante das tendências de sua desarticulação?" e "O que mantém a sociedade unida?" geraram um campo de pensamento sobre a ideia de reforma social. Herbert Spencer, por exemplo, citado como o principal nome do pensamento social inglês no século XIX, era, antes de tudo, um reformador social. Embora os antropólogos não estivessem diretamente ligados a esse campo, o reformismo social era muito influente em todo esse ambiente no final daquele século.

A segunda tradição intelectual que influenciou os antropólogos britânicos em sua ênfase na palavra *sociedade* foi a recém-desenvolvida **sociologia francesa**. Na década de 1910, por intermédio de Radcliffe-Brown, o pensamento de Durkheim foi cuidadosamente estudado pelos antropólogos ingleses. Emergiu daí uma visão da sociedade por seus mecanismos de ordem e integração. Para Durkheim, a grande questão da vida social era a manutenção dos laços que a mantinham. O tema de seu primeiro grande livro, *Da divisão do trabalho social*, publicado em 1893, é a questão da solidariedade e da manutenção dos laços entre os indivíduos, a qual foi tomada com cuidado na leitura de Radcliffe-Brown e extremamente influente nos trabalhos da antropologia social britânica (Kuper, 1978).

4.3.1 TOTALIDADE SOCIAL, FUNÇÃO E ESTRUTURA

Enfatizando uma descrição da vida social em sua totalidade, da sociedade como sistema integrado de domínios (política, religião, parentesco, economia, arte etc.), a antropologia social britânica produziu, entre 1920 e 1970, um corpo de trabalhos etnográficos que se tornaram clássicos da literatura antropológica, ou melhor, paradigmáticos na ideia que os antropólogos fazem de etnografia. O escopo espacial desses trabalhos era imenso, abrangendo inúmeras sociedades em todo o mundo. No entanto, em virtude da relação entre a produção antropológica e o colonialismo, a maioria dos trabalhos elaborados por antropólogos britânicos abordavam sociedades na Oceania (Melanésia e Polinésia) e na África.

Por influência da expedição ao Estreito de Torres, a Oceania foi o primeiro "laboratório de pesquisa" da antropologia britânica, privilegiado entre 1890 e 1930. Em um primeiro momento, os nomes de Bronislaw Malinowski e Raymond Firth se tornaram referência. Ao longo da década de 1930, pesquisas realizadas em sociedades africanas – que traziam outros tipos de questões – passaram a ganhar espaço, de tal forma que as grandes contribuições teóricas inglesas entre 1940 e 1970, com algumas poucas exceções notáveis, foram feitas a partir de pesquisas na África.

Os argonautas do Pacífico Ocidental (1922), de Bronislaw Malinowski; *Nós, os Tikopia* (1936), de Raymond Firth; *Magia e bruxaria entre os Azande* (1936) e *Os Nuer* (1940), de Edward Evans-Pritchard; *Sistemas políticos da Alta Birmânia* (1954), de Edmund Leach; *Rituals of Rebellion in Southeast Africa* (1954), de Max Gluckman; e *Floresta de símbolos* (1967), de Victor Turner, são alguns dos trabalhos que se tornaram referência na antropologia, seja como exemplos de etnografia como modo de trabalho, seja como contribuições a seus temas de estudo, haja vista que têm objetivos diferentes. Em comum, eles têm a preocupação de apresentar uma análise baseada em trabalho de campo e que tome como pressuposto a ideia de um sistema social cujos domínios estão relacionados.

Dois conceitos estariam relacionados aos trabalhos desenvolvidos pelos antropólogos britânicos: **função** e **estrutura**. Tanto Malinowski quanto Firth se fundamentavam na ideia de que os fatos a serem estudados na sociedade se expressam na forma de instituições, as quais preexistem aos indivíduos (Mauss; Fauconnet, 2001). Rituais de passagem etária, por exemplo, muito comuns em inúmeras sociedades, nos quais crianças ou jovens são submetidos a procedimentos que promovem sua passagem à adolescência ou à fase adulta, respectivamente, são instituições. Nesse ponto de vista, o estudo de uma sociedade é uma descrição e uma análise de suas instituições. O *kula*, estudado por Malinowski, era uma instituição na sociedade trobriandesa que envolvia todo o conjunto da sociedade.

O estudo dessas instituições levava em conta o fato de que elas formavam um sistema integrado, em que o sentido e o significado de uma instituição só podia ser compreendido em relação ao sistema total ou, ainda, às outras instituições da sociedade. Mais do que isso: cada instituição tinha uma função nesse sistema. Assim, o estudo das instituições sociais pelos antropólogos ingleses apontava as funções delas no conjunto da sociedade.

Em um texto de 1935, Radcliffe-Brown esclarece que o uso do conceito de função em ciências sociais partia de uma analogia entre sociedade e organismo. Assim como cada órgão tem uma função dentro de um organismo, uma instituição tem um papel dentro de uma sociedade (Radcliffe-Brown, 2013b). O conjunto das relações estabelecidas entre essas instituições passou a ser denominada *estrutura social*: "A estrutura deve, pois, ser definida como uma série de relações entre entidades" (Radcliffe-Brown, 2013a, p. 171).

Essa centralidade dos conceitos de função e estrutura na antropologia social britânica entre 1920 e 1970 fez com que essa matriz teórica também fosse denotada por termos como *funcionalismo* e *estrutural-funcionalismo*. Essas palavras não são sinônimas: a primeira indica a orientação dada por Malinowski, hegemônica na década de 1920, e a segunda demonstra a hegemonia das propostas teóricas de Radcliffe-Brown a partir da segunda metade dos anos 1930.

Em se tratando, ainda, de função e estrutura, Radcliffe-Brown (2013a, p. 170) afirma que:

se examinarmos uma comunidade como a tribo africana ou australiana, podemos reconhecer a existência de uma estrutura social. Os seres humanos individuais, unidades essenciais neste caso, estão relacionados por uma série definida de relações sociais num todo integrado. A continuidade da estrutura social, como a da estrutura orgânica, não é destruída pelas mudanças nas unidades. Os indivíduos podem deixar a sociedade, por morte ou de outro modo, outros podem entrar nela. A continuidade da estrutura é mantida pelo processo da vida social que consiste de atividades e interações dos seres humanos como indivíduos, e dos grupos organizados nos quais estão unidos. A vida social da comunidade é definida aqui como o funcionamento da estrutura social. A função de qualquer atividade periódica, tal como a punição de um crime, ou uma cerimônia fúnebre, é a parte que ela desempenha na vida social como um todo e, portanto, a contribuição que faz para a manutenção da continuidade estrutural.

Esse trecho evidencia uma preocupação central na antropologia social britânica: as formas como uma estrutura social se reproduz e mantém sua existência ao longo do tempo. Desse modo, as descrições e as análises produzidas pelos antropólogos ingleses apresentavam o funcionamento da sociedade, as maneiras como era construída a continuidade da estrutura e como esta fazia uso de instituições no sentido de se manter e reproduzir.

Uma temática central nos estudos produzidos por essa antropologia era o parentesco, tomado como um sistema de relações a partir do qual a sociedade se mantinha integrada. Radcliffe-Brown produziu vários textos clássicos sobre esse tema, como *O irmão da mãe na África do Sul*, de 1924, e *Os parentescos por brincadeira*, de 1940, além de organizar a coletânea intitulada *African Systems of Kinship and Marriage* (Sistemas africanos de parentesco e casamento), de 1950.[14] O direito tradicional e seus sistemas de sanções também apareceu como uma instituição estudada pelos antropólogos britânicos: Malinowski publicou, em 1926, a obra *Crime e costume na sociedade selvagem*, a partir de seus dados de campo obtidos na Melanésia, e Radcliffe-Brown publicou, em 1933, textos sobre sanções e direitos em sociedades "primitivas"[15].

---

14 *O "irmão da mãe" a que o primeiro artigo se refere diz respeito ao fato de várias sociedades africanas apresentarem um costume em que o tio materno tem uma relação especial com o sobrinho, a qual, em muitos casos, se opõe à relação com o pai.*

15 *Esses textos estão reunidos em sua importante coletânea* Estrutura e função na sociedade primitiva, *publicada no Brasil em 2013.*

Allan de Paula Oliveira

> Não se deve confundir o *estrutural-funcionalismo* relacionado à antropologia britânica com o *estruturalismo*, termo que, a partir da década de 1960, passou a denotar uma importante vertente da antropologia, sobretudo na França, tendo Claude Lévi-Strauss (1908-2009) como nome principal. Apesar de citar Radcliffe-Brown como uma importante influência, Lévi-Strauss (1996b) desenvolveu uma noção própria de estrutura. Para os antropólogos ingleses, a palavra *estrutura* estava ligada ao ordenamento da sociedade, expressa na forma de costumes institucionalizados que mantinham as pessoas relacionadas; no entanto, para Lévi-Strauss, ela tinha mais a ver com os modelos desenvolvidos pelos antropólogos. Ou seja, para os antropólogos ingleses, o termo *estrutura* denotava algo real e capaz de ser descrito, ao passo que Lévi-Strauss a pensava como uma questão de método a ser aplicado a determinados fatos.

Essa ênfase na integração social levou os antropólogos britânicos a uma série de impasses teóricos. Em primeiro lugar, entre 1920 e 1940, privilegiava-se o estudo do parentesco em detrimento, por exemplo, das relações políticas, haja vista que o domínio da política constituía um universo que apontava para os conflitos, ou seja, para as forças que agiam contra a integração social.

A partir da década de 1930, quando muitos antropólogos britânicos começaram a estudar na África, a questão da política saltou para o primeiro plano nas análises, pois as sociedades africanas eram marcadas por intensos e constantes processos de cisão e divisão de grupos (Kuper, 1978). Dessa forma, a questão das divisões políticas em uma estrutura social tornou-se um tema marcante nos estudos da antropologia britânica nas décadas de 1940 e 1950. Em *Os Nuer*, publicado originalmente em 1940, Evans-Pritchard dedica-se exatamente a essa questão, usando a ideia de sistemas segmentares para compreender processos de cisão política, ao mesmo tempo que mostra a ação do parentesco.

Nas sociedades africanas, a questão política está diretamente ligada às relações de parentesco, na medida em que relações de consaguinidade e afinidade (casamento) são centrais no estabelecimento de grupos que lutam pelo poder político. Isso transparece na coletânea *African Political Systems* (*Sistemas políticos africanos*), organizada também em 1940 por Evans-Pritchard e Meyer Fortes, na qual constam textos de vários pesquisadores em que a relação entre política e parentesco fica evidente nas sociedades africanas. Todavia, ainda imperava uma visão da sociedade como uma entidade que tendia à harmonia e a uma integração que a tornava reconhecível como um todo coerente.

4.3.2 Estruturas sociais entre conflitos e rituais

Uma grande mudança de orientação ocorreu em virtude da publicação de *Sistemas políticos da Alta Birmânia*, por Edmund Leach, em 1954. A partir de trabalho de campo no norte da Birmânia, na região da província de Kachin (fronteira com a China), Leach produziu uma análise na qual a ideia de uma estrutura estável, regulada por relações de parentesco, não dava conta dos fatos observados pelo pesquisador. Entre os Kachin havia uma alternância de regimes políticos, denotados pelos termos nativos *gumsa* e *gumlao*, e um deslocamento da estrutura social. Em outras palavras, tratava-se de uma estrutura em constante transformação e que impossibilitava qualquer pretensão de um retrato de seu funcionamento. Qualquer tentativa de fixar uma descrição dessa sociedade em termos de uma estrutura estável significaria perder muito da vida kachin. A alternância entre os regimes *gumsa* e *gumlao* era marcada por conflitos em que as regras sociais – base da estrutura tal como preconizada por Radcliffe-Brown – eram constantemente colocadas em questão e abertas a improvisos individuais. Assim, a análise de Leach reequilibrava a relação entre sociedade e indivíduo, uma vez que, na acepção de Durkheim, a ênfase recai na pressão da sociedade sobre os indivíduos, dando pouca margem à ação social de nível individual.

> Com toda uma geração de antropólogos nas décadas de 1950 e 1960, Leach significou uma mudança de orientação na própria ideia de etnografia. Radcliffe-Brown, nos anos 1930, havia estabelecido que o método da antropologia era, por princípio, sincrônico. Ou seja, não cabia ao antropólogo uma história da sociedade estudada, e as instituições eram descritas em sua relação no presente, sem recurso ao passado. A geração de Leach apontou as limitações desse ponto e, em seus trabalhos, passou a usar também fontes e materiais históricos, abrindo a perspectiva antropológica para a diacronia. Esse assunto será aprofundado no Capítulo 6.

Leach também deu um novo estatuto ao estudo dos rituais, visto que, entre os Kachin, muitos dos conflitos eram ritualizados. Assim, o ritual, diferentemente do proposto por Durkheim, é não apenas uma expressão da integração social ou um meio de reforço da sociedade, mas também um meio pelo qual a estrutura social se põe em risco de transformação. Em suma, Leach abriu a possibilidade para um estudo que abordasse a questão dos conflitos de forma mais profunda, tema que, à medida que a antropologia britânica deslocava seus interesses para a África, se fazia cada vez mais necessário, haja vista o caráter altamente conflitivo dos contextos sociais africanos.[16]

Esse caráter altamente conflitivo em sociedades africanas revela-se também no trabalho de Max Gluckman (1911-1975), antropólogo sul-africano que, na mesma época (década de 1950), centralizou os estudos antropológicos britânicos sobre a África. Trabalhando na Universidade de Manchester, Gluckman enfatizou o peso dos conflitos na dinâmica das sociedades africanas e, assim como Leach, deu margem à análise da observação de como os rituais expressavam essas

---

16 Para uma análise das ideias e dos trabalhos de Leach, veja Sigaud (2014), Peirano (2015) e DaMatta (1983).

situações. Em seu influente artigo *Rituals of Rebellion in South-East Africa* (*Rituais de rebelião no sudeste da África*), publicado em 1954, Gluckman mostra, a partir de um trabalho de campo na Zululândia (área que atualmente se situa na região leste da África do Sul, na província de KwaZulu), como tensões sociais são expressas de forma ritual. Daí a noção de "rituais de rebelião" – uma das influências nos trabalhos desenvolvidos por Edward Palmer Thompson na década de 1960 sobre os motins de trabalhadores ingleses no século XVIII (Desan, 1992). Embora os rituais fossem momentos específicos da vida cotidiana, o fato de eles exprimirem as tensões os faziam potencialmente perigosos e simbolicamente importantes.

> Os estudos de Max Gluckman e a Escola de Manchester – grupo de pesquisadores sob sua orientação na Universidade de Manchester – representaram um diálogo da antropologia social britânica com a emergência, na década de 1950, do pensamento marxista nas universidades britânicas. A Escola de Manchester, nesse sentido, é contemporânea do desenvolvimento dos chamados *estudos culturais* e da historiografia ligada à Nova Esquerda (Hobsbawn, Thompson etc.).

Os conflitos a que Gluckman se referia envolviam não apenas questões internas ao povo zulu, mas também suas relações com outros povos da região, como os Suazi e os Basoto, e com os europeus. Essa era uma lacuna nos estudos sobre sociedades africanas desenvolvidos até então. A grande maioria dos artigos da coletânea *African Political Systems* simplesmente desconsiderava, por exemplo, a questão racial e as tensões criadas pela presença europeia na África (Kuper, 1978).

Gluckman desenvolveu o conceito de situação social para descrever esse contexto de conflitos, que eram expressos em diversos momentos, sobretudo em rituais. A partir daí, esse antropólogo realizou uma série de análises situacionais em que eventos específicos eram examinados no sentido de descrição das forças em conflito.

No célebre texto *Análise de uma situação social na Zululândia moderna*, publicado originalmente em 1958[17], Gluckman descreve a inauguração de uma ponte e toma esse evento como mote para o estudo dos conflitos entre diversos grupos sociais envolvidos.

Os trabalhos orientados por Gluckman abriram a possibilidade de estudo dos processos de modernização pelos quais as sociedades africanas estavam passando após a Segunda Guerra Mundial. Processos como urbanização, imigração rural, emergência de discursos nacionalistas e secularização da política adicionavam questões que as análises dos sistemas sociais não podiam desprezar.

Um aluno de Gluckman chamado Victor Turner (1920-1983) estendeu ainda mais o estudo dos rituais, atentando não somente para a forma como eles expressavam os conflitos inerentes aos sistemas sociais, mas também para os aspectos simbólicos dos rituais e sua eficácia mais ampla na sociedade.

No começo da década de 1950, Turner realizou pesquisas de campo entre os Ndembu, povo que ocupa o atual território da Zâmbia, na África. Em diálogo com o marxismo, interessou-se, inicialmente, pelas mudanças sociais na vida ndembu em função dos processos de modernização na África. Tratava-se, em suma, de um estudo sobre os impactos da modernização em modos de vida tradicionais. No final da década, todavia, ele alterou seu enfoque e passou a analisar os efeitos e a dinâmica dos rituais ndembu – tema de várias publicações nos anos 1960 –, o que culminou no livro *Floresta de símbolos*: *aspectos do ritual ndembu*, de 1967.

Nessas publicações da década de 1960, Turner enfatiza o modo como a sociedade lida com os processos de transformação e mudança, sobretudo aqueles internos à estrutura social, e recupera os estudos

---

17 *Para uma edição brasileira, veja Gluckman (1987).*

desenvolvidos por Arnold Van Gennep (1873-1957), um folclorista holandês que, em 1909, propôs o estudo dos chamados *ritos de passagem* – rituais que uma sociedade realiza para marcar a passagem de seus membros de um estrato a outro. Assim, várias sociedades realizam ritos de passagem etária, em que a transição da infância para a juventude ou da juventude para a maturidade, por exemplo, são marcadas por rituais. Turner usou o estudo de Van Gennep como uma das influências na forma como observou e analisou os rituais ndembu.

No final da década de 1960, Turner alargou sua perspectiva, enfocando a dinâmica ritual de modo mais geral e propondo um modelo de análise dos rituais que não se prendesse a uma sociedade em particular. Esse alargamento de enfoque aparece em sua obra *O processo ritual*, publicada em 1969, na qual o autor retoma o efeito dos rituais sobre a estrutura social e aponta a dinâmica social posta em movimento pela ação ritual (Turner, 1974). Dessa maneira, os rituais partem de uma estrutura social cristalizada (com posições definidas); anulam essa estrutura por um tempo, criando o que Turner denominou *communitas* – um estado social em que o indivíduo está momentaneamente livre das marcas da estrutura; e, ao final, retornam a uma configuração estruturada. Durante os rituais, portanto, há o estabelecimento de uma antiestrutura, na qual reside o perigo transformador. Turner sugeria, então, uma análise de diferentes fenômenos sociais, como procissões religiosas ou o movimento *hippie*, por meio dessa relação entre estrutura e antiestrutura (*communitas*). Nos anos 1970, ele passou a usar o conceito de drama social para salientar o caráter potencialmente transformador e, por isso, passível de ser analisado como ritual de diversos fenômenos sociais.[18]

---

18   Sobre Victor Turner e suas contribuições, veja Soares (2015) e Cavalcanti (2012).

Allan de Paula Oliveira

4.3.3 Estudos sobre formas de pensamento e simbolismos

Em virtude da influência durkheimiana que a antropologia britânica sofreu entre as décadas de 1910 e 1920, o estudo das representações coletivas foi atrelado a seus efeitos sociais ou, ainda, a seu caráter de instituição social. Mesmo assim, Malinowski apresenta, em diversas passagens de *Os argonautas do Pacífico Ocidental* (1922), descrições sobre práticas mágicas e mitos entre os trobriandeses. Em seu livro *Coral Gardens and their Magic* (*Jardins de coral e sua magia*), de 1935, traz um estudo mais aprofundado das funções da magia na sociedade trobriandesa.

Essa tendência de estudar as representações coletivas em função de seus efeitos na sociedade também aparece na obra *Bruxaria, oráculos e magia entre os Azande*, escrita por Evans-Pritchard em 1936. Contudo, uma linha de investigação sobre questões simbólicas não era a tônica da antropologia social britânica nas décadas de 1940 e 1950, quando o estudo das estruturas sociais – centradas em relações de parentesco – tornou-se hegemônico. Uma exceção é o texto *O cabelo mágico*, publicado por Edmund Leach em 1958, voltado à análise de como várias mitologias religiosas atribuem significados diversos ao cabelo (o mito judaico de Sansão e sua força, por exemplo) e de como isso se traduzia em práticas concretas, como a ausência ou a presença de corte ou a tonsura[19] (Leach, 1983).

---

19 *Tonsura é a prática de raspar parte do cabelo para sinalizar o pertencimento a determinados grupos. Na Idade Média, por exemplo, muitas ordens de religiosos exigiam a tonsura de seus membros, que raspavam o "teto" da cabeça e mantinham as laterais. Essa prática foi e ainda é registrada em grupos ligados a religiões como o cristianismo, o budismo e o judaísmo.*

Um clássico sobre simbolismo e suas dinâmicas foi publicado somente em 1966: *Pureza e perigo*, de Mary Douglas, uma aluna de Evans-Pritchard que havia realizado pesquisas no Congo entre o povo Lele. Esse estudo, sobre o lugar da ideia de "sujeira" no pensamento, tem como foco os rituais de purificação, comuns a diversas religiões. Em um quadro, a autora demonstra como, em diversas sociedades, o par sujeira/limpeza está diretamente relacionado à oposição profano × sagrado (Douglas, 2005). Religiões como o hinduísmo e o judaísmo têm diversos rituais de purificação nos quais o plano sagrado é evocado por remoção da sujeira. A ideia de sujeira, portanto, não está relacionada somente a questões físicas ou de saúde; ela tem um componente simbólico ligado a representações sociais importantes. Com base nisso, Douglas oferece uma análise de questões importantes para vários sistemas religiosos, como as ideias de poluição e de purificação e tabus. Essa autora se tornou, junto com Victor Turner, uma referência na forma como a antropologia social britânica trata questões de simbolismo e ritual.[20]

> Em 1979, Mary Douglas publicou, em coautoria com o economista Baron Isherwood, outra obra que se tornou referência na história da antropologia: *O mundo dos bens: para uma antropologia do consumo*. Nesse trabalho, invertia-se a perspectiva pela qual o consumo sempre fora abordado, tanto nas ciências sociais quanto na economia: como dispêndio ou como futilidade. Os autores revelam as diversas representações subjacentes à forma como o consumo era estudado e apontam a necessidade de percebê-lo como uma atividade marcada por motivações de ordem cultural.

Os estudos sobre simbolismo e formas de pensamento ganharam enorme destaque a partir da década de 1960, com o surgimento, na França, da antropologia estrutural, ligada a Lévi-Strauss (esse assunto

---

20 Sobre as análises do simbolismo na antropologia britânica, leia Kuper (1978). A respeito dos trabalhos de Mary Douglas, veja Rocha e Frid (2015).

Allan de Paula Oliveira

será abordado adiante). Os antropólogos britânicos acusavam o caráter demasiadamente formalista das análises de Lévi-Strauss, o qual não aprofundaria os efeitos do simbolismo sobre a dinâmica social. A preocupação de autores como Victor Turner e Mary Douglas era perceber a ação dos símbolos ou das representações sobre a dinâmica da vida social. Daí sua ênfase no estudo dos rituais e do comportamento ritualizado. Se a preocupação de Lévi-Strauss com as formas de pensamento o levou ao estudo das lógicas internas aos mitos, os antropólogos britânicos preferiram observar a ligação dessas formas com o comportamento social e as relações sociais do contexto em estudo.

(4.4)
ANTROPOLOGIA FRANCESA

O surgimento e o desenvolvimento da antropologia na França seguiram um percurso um pouco diferente do de suas congêneres inglesa e norte-americana. Durante o século XIX, houve a ação de museus e sociedades de pesquisa (como a Sociedade de Observadores do Homem, que atuou entre 1799 e 1804, e a Sociedade Etnológica de Paris, entre 1839 e 1862), os quais contribuíram para as primeiras reflexões antropológicas no país. Porém, a disciplina só se desenvolveu, de fato, como um braço da sociologia a partir do surgimento desta ciência, nas décadas de 1880 e 1890; inclusive, o termo *antropologia* passou a ser de uso corrente na França apenas por volta de 1960. Até então, a disciplina era denotada pelo termo *etnologia*, ainda muito utilizado. Ou seja, foi como etnologia – um braço da sociologia voltado ao estudo das sociedades "primitivas" – que a antropologia surgiu no cenário intelectual francês.

Além disso, o peso da filosofia na formação intelectual dos primeiros nomes das ciências sociais naquele país marcou a antropologia francesa com um traço teórico característico. Ao contrário da antropologia nos Estados Unidos e na Inglaterra, não houve na França um movimento no sentido de estabelecer o trabalho de campo como o fundamento do trabalho antropológico. Assim, até a década de 1960, a antropologia francesa não era reconhecida por seus trabalhos etnográficos, e os principais nomes da disciplina na França não foram reconhecidos como etnógrafos. Lévi-Strauss, em 1952, esclareceu que, embora a correlação entre a etnografia e a antropologia fosse indispensável – uma não existia sem a outra –, elas não consistiam em atividades equivalentes (Lévi-Strauss, 1996b). Em outras palavras, fazer etnografia era um passo para a antropologia, mas não a encerrava, o que equivale a afirmar que ambas não precisam ser realizadas pelo mesmo pesquisador. Esse tipo de entendimento do exercício da antropologia foi motivo de críticas, sobretudo na Inglaterra, mas gerou um tipo de discurso antropológico bastante característico e capaz de dialogar profundamente com a filosofia.

4.4.1 A Escola Sociológica Francesa e a etnologia de Marcel Mauss

O surgimento da antropologia na França tem no trabalho de Marcel Mauss (1872-1950) um marco histórico significativo. Sobrinho de Émile Durkheim, Mauss colaborou profundamente com o tio na consolidação da sociologia como ciência na França e em sua institucionalização, expressa na criação da revista *L'Année Sociologique*, em 1896, e dos primeiros cursos acadêmicos de Sociologia, na Universidade de Bourdeaux.

Tanto Durkheim quanto Mauss tinham formação em Filosofia e se esforçaram para criar um espaço epistemológico para a sociologia, separada da filosofia e da psicologia (outra ciência que, na época, estava se consolidando). Em torno deles, foram agrupados vários colaboradores, que, a partir de 1890, se tornaram fundamentais para a consolidação da sociologia na França e entraram para a história da disciplina representados pela expressão *Escola Sociológica Francesa*.

A orientação que Durkheim deu à sociologia na França se caracterizou por vários elementos. Um deles foi o estabelecimento da necessidade de pesquisas empíricas sobre os fenômenos sociais, exemplificada pelo próprio Dukheim em seu estudo acerca do fenômeno do suicídio, em 1897. Esse empirismo possibilitou-lhe a declaração de uma autonomia da sociologia perante a filosofia.

Outro elemento foi a definição e a delimitação dos fenômenos a serem estudados pela sociologia, que Durkheim condensou na expressão *fato social*, a qual aparece em sua obra *As regras do método sociológico*, publicada em 1895. Uma das características dos fatos sociais seria seu caráter coercitivo, ou seja, independente da vontade dos indivíduos. Um exemplo seria a moral: ela preexiste aos indivíduos de determinada sociedade, os quais, ao nascer, se deparam com regras que lhes são anteriores. Outros fatos sociais seriam as regras do direito, a religião, a língua etc. Em 1901, Mauss e Fauconnet (2001) estabeleceram que esses fatos sociais interessam ao sociólogo na forma como aparecem socialmente, isto é, como instituições.

Entre as instituições sociais estudadas pela Escola Sociológica Francesa, as representações coletivas ocupam um lugar central. Elas constituem um conjunto de ideias, crenças e valores compartilhados coletivamente, ou seja, preexistentes aos indivíduos, e são centrais na percepção que esses sujeitos – ligados a determinada sociedade – têm do mundo.

Essa atenção às ideias e aos valores – em suma, às formas de pensamento, ou *mentalidades*, termo utilizado pela historiografia a partir da década de 1960 – também estava ligada ao peso da filosofia na formação de Durkheim e de seus colaboradores. Entretanto, ao estudar as representações como produto da vida social, a Escola Sociológica Francesa se afastava da filosofia e da ideia de uma autonomia do pensamento com relação ao mundo (a ideia de um sujeito transcendental). Ao mesmo tempo, ao enfatizar o caráter coletivo das representações, a sociologia durkheimiana estabelecia uma separação da psicologia e de suas preocupações individualizantes.

Figura 4.4 – Tinglets desembarcando para participar do *potlatch* em Kok-wol-too, perto do Rio Chilkat, no Alasca (1895)

A Figura 4.4 mostra um ritual importantíssimo entre os indígenas da costa oeste da América do Norte. O *potlach*, uma disputa entre chefes de destruição ou distribuição de riquezas, foi proibido pelos governos norte-americano e canadense por parecer economicamente irracional. Esse ritual foi central na elaboração da obra *Ensaio sobre a dádiva*, de Marcel Mauss.

Allan de Paula Oliveira

Desde o início de sua colaboração com Durkheim, Mauss orientou seus interesses para o estudo de sociedades "primitivas" e "arcaicas". De certa maneira, a publicação de *Formas elementares da vida religiosa* por Durkheim, em 1912, refletia a influência de Mauss, visto que nesse livro se objetiva um estudo do totemismo australiano. Entre as décadas de 1890 e 1930, Mauss publicou uma série de trabalhos baseados em fatos de sociedades do passado sobre ritos funerários na China, práticas hindus, rituais de sociedades indígenas norte-americanas ou dos aborígenes australianos etc. Muitos desses trabalhos, como *Algumas formas primitivas de classificação* (em parceria com Durkheim), de 1903, *Esboço de uma teoria da magia* (em parceria com Henri Hubert), de 1904, e *Uma categoria do espírito humano: a noção de pessoa* (um de seus últimos textos), de 1938, desenvolvem a proposta da Escola Sociológica Francesa para o estudo das representações coletivas. Neles são analisadas categorias e modos de conceitualização do mundo: formas de classificação e divisão do espaço e do tempo, de explicação de causalidade, de conceitualização da própria pessoa, entre outras.

Outros trabalhos, como *Ensaio sobre a natureza e a função do sacrifício* (em parceria com Henri Hubert), de 1899, e *A prece*, de 1909, combinam esse estudo sobre as representações e suas expressões em termos de comportamento ritual. Mauss também se preocupou com temáticas comuns à psicologia da época, como o efeito da coerção social sobre os estados psíquicos, o qual é objeto de textos como *O efeito físico no indivíduo da ideia de morte sugerida pela coletividade* (1926) e *A expressão obrigatória dos sentimentos* (1921). Por fim, o francês produziu propostas extremamente inovadoras para a sociologia de sua época, como As técnicas corporais, de 1935.[21] A maioria desses textos tornou-se leitura obrigatória na formação dos antropólogos. No entanto, foi com um texto de 1924 que Mauss se tornou uma referência na história da antropologia: *Ensaio sobre a dádiva*, no qual analisa a forma como a troca se apresenta como um fenômeno geral nas sociedades humanas. Nesse texto, estão sintetizados todos os elementos característicos do modo como Mauss orientou sua reflexão antropológica. Na medida em que seu ponto de partida é a observação da maneira como diversas sociedades, afastadas no tempo e no espaço, apresentam instituições em que a troca é central, o sociólogo revela dados da Polinésia, da Melanésia, da América do Norte, da África, da China e da Índia, bem como costumes romanos, gregos e medievais. Ele demonstra que esses diversos fenômenos de troca (de presentes, objetos etc.) seguem uma tripla obrigatoriedade, que se impõe aos indivíduos: de dar, de receber e de retribuir. Assim, Mauss consegue condensar uma infinidade de instituições jurídicas e morais em diferentes sociedades, em um princípio (dar-receber-retribuir) que convida o leitor a compreender, de modo mais geral, a vida em sociedade. Ele parte, portanto, da diversidade e aponta princípios gerais da vida social. No final de seu texto, destaca como o princípio da dádiva ainda fundamenta práticas na sociedade moderna e como ele foi transformado pela inserção de elementos como moeda e dinheiro nas trocas humanas. *Ensaio sobre a dádiva*, por sua amplitude e pretensão, tornou-se, além de um texto seminal, um exemplo do tipo de antropologia produzida a partir da

---

21 *Os textos mais significativos de Mauss estão publicados em duas coletâneas (Mauss, 2001, 2003).*

Allan de Paula Oliveira

Escola Sociológica Francesa: preocupada com a diversidade humana, mas muito atenta aos princípios comuns da vida social e psíquica do ser humano.[22]

4.4.2 ANOS 1930 E EXPEDIÇÕES ETNOGRÁFICAS

Mauss não realizou trabalhos de campo. Todavia, seguindo a orientação empírica das propostas de Durkheim, fundamentou o exercício da etnologia em trabalhos de campo que oferecessem quadros detalhados das sociedades e das culturas estudadas. A partir de 1925, na direção do Instituto de Etnologia de Paris, fundado nesse mesmo ano, influenciou seus alunos a realizar pesquisas de campo, o que gerou etnografias realizadas na África e na China (Parkin, 2012).[23]

O período entre as décadas de 1910 e 1940, ao mesmo tempo, foi um momento especial no ambiente das artes na França, com um grande interesse pelas artes de sociedades "primitivas", o que levou à constituição de uma série de exposições organizadas em museus, como o Trocadero e o Museu do Homem (criado em 1938 em torno da ideia de organização de exposições etnológicas). Por isso, durante toda a década de 1930, várias expedições etnográficas foram realizadas por pesquisadores franceses, sobretudo na África.

A mais importante expedição para a história da antropologia ocorreu entre 1931 e 1933, sob a liderança de Marcel Griaule (1898-1956) e a participação de Michel Leiris (1901-1990). Essa expedição atravessou a África, praticamente de costa a costa, e originou inúmeros trabalhos etnográficos relevantes, como um estudo sobre o uso de

---

22 Para um estudo da recepção de Ensaio sobre a dádiva, veja Sigaud (1999).
23 Veja também o trabalho de Grossi (2006) sobre a forma como Mauss incentivava a pesquisa etnográfica.

máscaras pelos Dogon (um povo do Mali, na costa oeste africana), publicado por Griaule em 1938.

Porém, mais importante do que isso foi o fato de ambos terem desenvolvido novas formas de trabalho e escrita etnográfica. Em 1948, Griaule publicou *Dieu d'eau: entretiens avec Ogotemmeli* (*Deuses da água: entrevistas com Ogotemmeli*), um estudo sobre a religião dogon baseado em uma forma de trabalho diferente da proposta de observação participante de Malinowski. Segundo Brumana (2006), o livro foi construído a partir de um diálogo entre Griaule e Ogotemmeli, um caçador dogon. Leiris, por sua vez, usou a experiência do trabalho de campo para redigir um livro ainda mais radical do ponto de vista da escrita etnográfica: África fantasma, publicado em 1934. Nessa obra, o autor explora o contato com outras culturas como experiência pessoal, criando uma narrativa extremamente rica – e avançada para a época – sobre o encontro entre um europeu e culturas africanas (Motta, 2006). Tanto *Dieu d'eau* quanto África fantasma foram retomados, a partir da década de 1980, como exemplos críticos de trabalho de campo e de escrita etnográfica consagrada por Malinowski e pela antropologia britânica (Clifford, 2002b).

4.4.3 A ANTROPOLOGIA ESTRUTURAL

Em 1949, Lévi-Strauss publicou o livro *As estruturas elementares do parentesco*, no qual estabelece princípios comuns adjacentes a inúmeros sistemas de parentesco de diferentes sociedades: Melanésia, Polinésia, China, sociedades indígenas de toda a América e, em menor medida, alguns povos africanos.

Esse trabalho está dividido em duas partes. Na primeira, o autor desenvolve uma reflexão sobre uma questão filosófica que sempre rondou a antropologia: a relação entre natureza e cultura. E uma sugestão de Lévi-Strauss marcou a época: a proibição do incesto – o estabelecimento de uma regra arbitrária – como um dos índices da passagem humana do estado de natureza para o estado de cultura. Isso permitiu ao autor a constatação de que, com a interdição à união de parentes, era preciso buscar pessoas em outros grupos humanos. Dessa forma, o casamento e o parentesco se fundamentam em grandes trocas de pessoas. Essa ideia da troca revela a leitura que Lévi-Strauss fez do clássico de Mauss: *O ensaio sobre a dádiva*.

Na segunda parte do livro, de uma riqueza etnográfica impressionante, Lévi-Strauss analisa diferentes sistemas de parentesco por meio de um método com o qual entrara em contato durante a década de 1940, quando viveu nos Estados Unidos – país onde morou durante a Segunda Guerra Mundial, tendo retornado à França somente em 1948. Esse método, usado por linguistas como Roman Jakobson, procurava estabelecer regras lógicas que orientassem as relações entre fonemas, por exemplo. Em vez de buscarem a história de uma língua – procedimento padrão até então, mas que dava margem a histórias completamente hipotéticas –, os linguistas analisavam as relações internas a determinada língua, estabelecendo sistemas de relações que poderiam ser comparados entre si. Ou seja, na visão de Lévi-Strauss, os linguistas resolviam um velho problema da antropologia: reduzir a diversidade a um número finito de possibilidades.

Esse método desenvolvido pela linguística era chamado de *método estrutural*, o qual permitiu a Lévi-Strauss produzir reflexões com vistas a aplicá-lo ao estudo dos sistemas de parentesco. Desde o século XIX, tais sistemas eram motivo de milhares de descrições em todo o mundo e tentativas de análise que esbarravam justamente em um procedimento pelo qual um elemento de parentesco (a relação entre sobrinho e tio materno, por exemplo) era explicado com recurso à história.

Lévi-Strauss nunca negou a possibilidade de a história auxiliar na compreensão do parentesco, mas chamou a atenção para o fato de que uma abordagem estrutural poderia ajudar a estabelecer uma ordem em um universo que parecia aos pesquisadores completamente caótico. Assim como os linguistas, ele enfatizou o estabelecimento de sistemas de relações internas aos sistemas de parentesco por meio de uma análise sincrônica[24]. Desde então, era viável organizar a diversidade dos sistemas de parentesco em um número finito de possibilidades.

Durante toda a década de 1950, Lévi-Strauss apresentou trabalhos em que aplicava esse método estrutural na análise de sistemas de parentesco e no estudo de algumas questões de organização social. Ao mesmo tempo, ele desenvolveu outra linha de análise, focada no efeito dos símbolos sobre a vida humana. De certa forma, essa linha mantinha a preocupação inicial da relação entre cultura (os símbolos) e natureza. Dois textos de 1949 foram muito comentados nesse sentido: *O feiticeiro e sua magia* e *A eficácia simbólica*, nos quais se analisa a questão da eficácia das palavras proferidas pelo xamã – figura presente em inúmeras sociedades. Ambos os textos, e suas análises dos mecanismos do simbolismo, foram apropriados por Jacques Lacan, a partir de 1954, em suas propostas de renovação da psicanálise na França, o que aumentou a fama de Lévi-Strauss.

Em 1955, esse autor publicou *Tristes trópicos*, obra que o tornou extremamente popular na França. Diferentemente de *As estruturas elementares do parentesco*, não é um livro para iniciados em antropologia. Pelo contrário: a obra em questão foi escrita em um estilo mais literário e descreve a conversão de Lévi-Strauss da filosofia para

---

[24] A relação entre sincronia e diacronia no método estrutural será melhor debatida no Capítulo 6.

Allan de Paula Oliveira

a etnologia, a partir de sua viagem ao Brasil em 1935 – ele fora contratado como professor de Sociologia da recém-criada Universidade de São Paulo (USP) e permaneceu nessa instituição durante pouco mais de três anos. No Brasil, Lévi-Strauss realizou viagens pelo interior do país e entrou em contato com índios de vários grupos, como Nhambiquara, Kadiweu e Bororo. Essa experiência, que, por sua brevidade, não pode ser considerada um trabalho de campo tal como os antropólogos ingleses o praticavam – foi fundamental para a conversão de Lévi-Strauss, que, desde então, se dedicou à etnologia. Em *Tristes trópicos*, o autor relata essa experiência de viagem e vai além, reafirmando a capacidade do Ocidente em perceber a humanidade por trás das sociedades consideradas primitivas. O livro foi um sucesso entre o público francês e tornou Lévi-Strauss bastante conhecido e comentado (Dosse, 1993).

> Lévi-Strauss sempre foi criticado, sobretudo no mundo anglo-saxão, por produzir uma antropologia sem a experiência de um trabalho de campo intensivo. A primeira frase de *Tristes trópicos* – "Odeio as viagens e os exploradores" (Lévi-Strauss, 1996d, p. 15) – tornou-se célebre e é comumente citada nessas críticas ao antropólogo francês. Todavia, em vários textos, o autor deixa clara a importância da etnografia no trabalho antropológico, algo que ele também incentivava em pesquisadores mais jovens. Além disso, seus trabalhos são marcados por uma gigantesca erudição etnográfica, com atenção a culturas e sociedades de todo o mundo.

Em 1958, Lévi-Strauss publicou *Antropologia estrutural*, uma coletânea de seus textos escritos entre 1945 e 1956, nos quais se aprofunda no método estrutural, analisando questões de parentesco e de organização social em sociedades indígenas da América do Sul. Convém ressaltar que esses textos foram muito influentes entre os antropólogos brasileiros na década de 1960. Dois anos depois, ele foi eleito para a cadeira de antropologia da principal instituição intelectual da França, o College de France.

Nesse momento, seu método estrutural de análise de questões da sociedade e da cultura começou a se tornar um paradigma do pensamento sobre o ser humano, a ponto de, na metade da década de 1960, popularizar-se na imprensa o termo *estruturalismo* para denotar uma tendência intelectual centrada nas dimensões simbólicas da vida humana. A imprensa (cadernos de cultura) apontava Lévi-Strauss como o principal nome do estruturalismo e Jacques Lacan (psicanálise), Michel Foucault (filosofia) e Roland Barthes (estudos literários) como os ícones do movimento. Lévi-Strauss (2005) nunca gostou do termo *estruturalismo* e sempre reclamou do fato de não perceber ligações entre ele e esses autores. A despeito disso, foi com o nome *estruturalismo* que a antropologia produzida por Lévi-Strauss entrou para a história.

Em 1962, Lévi-Strauss publicou *O pensamento selvagem*, obra que marcou uma nova direção em seu trabalho e, também, a reafirmação da grande questão antropológica para ele: a relação entre natureza e cultura. O autor evidencia características do que, para ele, seria um modo de pensar que, para efeitos descritivos, ele chama de *selvagem*, em oposição a um modo de pensar "domesticado". Os mitos, com sua estrutura narrativa peculiar, são, para Lévi-Strauss (1970), o domínio por excelência desse pensamento selvagem, capaz de produzir o que ele denomina *ciência do concreto*.

Em várias sociedades, os mitos são mecanismos intelectuais de percepção e compreensão do mundo – novamente, uma forma pela qual a cultura articula e produz sentidos a partir de dados sensíveis. A ciência, do modo como foi concebida no Ocidente a partir do século XVI, seria uma forma diferente – menos subjetiva – de percepção e compreensão do mundo. Ao tentar retirar a subjetividade do conhecimento, traço marcante dessa ciência, que separa sujeito e objeto, ela difere do mito.

Contudo, Lévi-Strauss não estabelece uma relação evolutiva entre os modos de pensamento, como se a humanidade, em um momento de sua história, apresentasse um modo e, depois, "evoluísse" para outro – movimento evolutivo proposto por muitos que veem a ciência como uma evolução. Vale observar que o livro se chama *O pensamento selvagem*, e não o pensamento do selvagem. Dessa maneira, essa obra não apenas recupera o valor de conhecimento apresentado pelos mitos, mas também sugere o quanto desse pensamento está presente na ciência (a história, por exemplo) e em outras formas pelas quais o mundo moderno se relaciona com a realidade (a arte, por exemplo). Em suma, o pensamento selvagem não é um atributo dos povos selvagens, mas uma forma do pensamento de toda a humanidade.

Os mitos, então, tornaram-se o objeto de estudo de Lévi-Strauss. Após a publicação de *O pensamento selvagem*, ele produziu uma série de trabalhos entre 1964 e 1991, nos quais analisou estruturalmente os mitos de centenas de sociedades, sobretudo das sociedades indígenas das Américas – base, por exemplo, dos quatro volumes de *Mitológicas*, publicados entre 1964 e 1971. Em todos esses trabalhos, Lévi-Strauss aprofundou a compreensão dos mitos como forma humana de produção de sentidos a partir da vida concreta e da relação dos homens com a natureza. Em suma, aquilo que aparecia para o Ocidente como prova de uma mentalidade não evoluída ou carente de lógica era descrito e analisado por Lévi-Strauss em sua plenitude como forma de produção de sentido.

Lévi-Strauss tornou-se o nome mais visível da história da antropologia no século XX. Muitas críticas endereçadas à disciplina se constituíram a partir da leitura, muitas vezes equivocada, de seus trabalhos. Na França, sua obra deu à antropologia, durante toda a década de 1960, o estatuto de "a grande ciência humana". Nos Estados Unidos e, principalmente, na Inglaterra, seus trabalhos (traduzidos para o inglês a partir dos anos 1960) foram lidos mais no sentido de um tipo de abordagem preocupada com a dinâmica do pensamento humano, com ênfase nos aspectos simbólicos da vida social. No Brasil, foi feita uma leitura muito profícua de seus trabalhos, sobretudo aqueles dedicados ao pensamento mítico, gerando novas abordagens sobre as sociedades indígenas no país, que serão comentadas no próximo capítulo.

4.4.4 Louis Dumont e os estudos de ideologia

Durante a hegemonia intelectual da antropologia estrutural de Lévi-Strauss na década de 1960, poucos nomes franceses da disciplina conseguiram uma projeção em virtude de seus trabalhos. A exceção foi Louis Dumont (1911-1998), aluno de Mauss que se dedicou ao estudo da sociedade indiana. Em 1967, ele publicou *Homo Hierarchicus: o sistema de castas e suas implicações*, um estudo sobre o sistema de castas indiano.

Para além de uma contribuição mais específica à indologia (estudo da sociedade indiana), Dumont (2005) realiza uma contribuição teórica no estudo das estruturas sociais ao apresentar o conceito de **oposição hierárquica** – um tipo de relação entre as partes de uma estrutura na qual se estabelece, ao mesmo tempo, um caráter de indissociabilidade e hierarquia entre elas. O autor usa o sistema de castas indiano para explicitar o caráter holista dessa estrutura social, em que um elemento não pode existir sem os outros. A base desse holismo estaria no princípio da hierarquia, central na sociedade indiana (Dumont, 2005). Uma ideia oposta ao holismo e a seu princípio hierárquico era a de individualismo e seu princípio igualitário, central na sociedade moderna após a Revolução Francesa.

A partir desse estudo da hierarquia como princípio de organização da sociedade e concepção do mundo, Dumont passou a examinar a fundo a ideologia moderna: o individualismo. Para compreendê-lo, escreveu dois trabalhos nos quais analisa seus fundamentos. O fundamento econômico é apresentado em *Homo Aequalis: gênese e plenitude da ideologia econômica*, publicado originalmente em 1977. Por sua vez, os fundamentos moral e filosófico do individualismo são abordados em *Individualismo: uma perspectiva antropológica da ideologia moderna*, de 1983.

Em ambos os livros, o autor escrutina as bases do individualismo moderno: no primeiro, aponta a importância de um novo lugar dado à economia a partir do século XVIII; no segundo, explora as raízes morais do individualismo, situando a transformação do cristianismo em religião oficial do Império Romano, no século IV, como ponto de partida e observando seus desdobramentos por todas as teorias políticas medievais e renascentistas. Esse conjunto de obras sobre ideologias fez do trabalho de Louis Dumont uma referência importantíssima no campo da antropologia. Infelizmente, é um autor pouco lido fora dessa área: suas potenciais contribuições ao estudo da ciência política, da economia e da filosofia política são evidentes.

(4.5)
Antropologia contemporânea

Desde a década de 1960, as três tradições do pensamento antropológico descritas – norte-americana, inglesa e francesa – não podem mais ser balizas para descrever a produção da disciplina. A própria expansão da antropologia dissolveu o poder hegemônico desses países no cenário mundial da disciplina. Além disso, a emergência de uma produção antropológica em países considerados periféricos, como Brasil, México e Índia, relativizou o poder de influência desses antigos espaços de produção antropológica. Dessa forma, o quadro da antropologia contemporânea produzida nos últimos 40 anos é marcado muito mais por contribuições teóricas específicas do que por tradições nacionais de produção.

4.5.1 CLIFFORD GEERTZ E A ANTROPOLOGIA INTERPRETATIVA

O estadunidense Clifford Geertz (1930-2002) surgiu no cenário mundial da disciplina em 1973, com a publicação de uma coletânea de ensaios escritos entre 1959 e 1973, chamada *A interpretação das culturas*. Durante as décadas de 1950 e 1960, ele realizou um trabalho de campo na Indonésia (ilhas de Bali e Java) e um trabalho menor no Marrocos. Geertz estava ligado a uma nova configuração do cenário intelectual nos Estados Unidos, com a emergência da sociologia de Talcott Parsons (1902-1979), extremamente influente no pensamento social norte-americano naquele período.

Parsons entendia que o estudo da sociedade devia integrar três aspectos: o sociológico, o comportamental e o simbólico (um universo de ideias e valores). Cada um desses aspectos constituía um sistema: social, psíquico e cultural. Para este último, o sociólogo propunha a colaboração da antropologia.

Na época da emergência desse paradigma parsoniano, a antropologia de Franz Boas tinha perdido muito de seu espaço nas universidades norte-americanas. E foi nesse contexto, como colaborador do projeto de Parsons para o estudo das transformações sociais e culturais em países em desenvolvimento, que Geertz realizou seus trabalhos de campo na década de 1950.

Allan de Paula Oliveira

A ideia de cultura para Parsons – a qual, em um primeiro momento, foi adotada por Geertz – era influenciada por Max Weber.[25] A cultura era vista como um conjunto de valores ou, ainda, como uma rede de significados que orientavam a ação humana. Nessa ótica, seu estudo só fazia sentido em relação à ação (categoria central na compreensão da vida social tanto para Weber quanto para Parsons). A tarefa do antropólogo, portanto, era interpretar a ação dos indivíduos em relação a sua cultura, ou seja, o estudo da cultura tinha o caráter de uma **interpretação**. Essa interpretação exigiria do antropólogo o que Geertz chamou de *descrição densa* – uma descrição do comportamento das pessoas em relação a suas motivações e ao contexto. Ao mesmo tempo, o estudioso refinou seu conceito de cultura, introduzindo noções como jogo profundo, no qual a ação dos indivíduos em sua relação com a cultura tem o caráter de um jogo que ocupa todas as dimensões cotidianas.

Na obra *A interpretação das culturas*, publicada originalmente em 1973, Geertz reúne vários textos sobre essas questões e as exemplifica com alguns casos etnográficos, como um estudo sobre as concepções de tempo e pessoa em Bali. Um desses casos se tornou célebre: *Um jogo absorvente: notas sobre a briga de galo balinesa*, publicado originalmente em uma revista, em 1972. Geertz (1989b) apresenta uma descrição densa das brigas de galo que observou em uma vila rural na Indonésia e menciona como as rinhas expressam uma série de valores e questões fundamentais da cultura balinesa: construção da pessoa, prestígio, sociabilidade, entre outros. Desde então, esse texto é apontado como exemplo de sua ideia de descrição densa para a interpretação das culturas.

---

25 Parsons estudou na Alemanha em 1927 e foi um dos responsáveis pelas primeiras traduções de Weber para o inglês.

Figura 4.5 – Rinha de galos em Bali, no final dos anos 1950

Werner Forman Archive / UIG - Universal Images Group / Imageplus

Essa ideia de uma descrição cultural atenta aos aspectos simbólicos da vida social inseria Geertz no rol de autores que, nas décadas de 1960 e 1970, eram relacionados à chamada *antropologia simbólica*. Nessa época, Lévi-Strauss era o expoente dessa antropologia. No entanto, diferentemente dele, a abordagem do simbolismo de Geertz estava diretamente ligada à ideia weberiana de ação social; já Lévi-Strauss atentava-se muito mais à dinâmica interna da própria atividade simbólica.

Geertz deixou claro seu afastamento do paradigma estruturalista em uma resenha, publicada em 1967, que fez da primeira tradução em inglês de *O pensamento selvagem*. O título da resenha, *The Cerebral Savage: on the Work of Claude Lévi-Strauss* (*O selvagem cerebral: sobre o trabalho de Claude Lévi-Strauss*), evidencia a crítica geertziana de que a abordagem de Lévi-Strauss criava uma descrição demasiadamente

Allan de Paula Oliveira

intelectualista das culturas estudadas, com pouca atenção à ação social.[26]

A ideia de **interpretação das culturas** se tornou bastante influente nas décadas de 1970 e 1980, sendo que a antropologia produzida por Geertz teve uma grande acolhida em áreas como a crítica literária, a psicologia e a história. Darnton (1988), em seu livro *O grande massacre de gatos: e outros episódios da história cultural*, comenta que seu objetivo é estudar a cultura dos estratos sociais franceses no século XVIII da mesma forma como Geertz analisava as culturas de sociedades "primitivas", ou seja, interpretando significados.

4.5.2 MARSHALL SAHLINS E AS COSMOLOGIAS NATIVAS

Um segundo nome muito influente a partir da década de 1970 é Marshall Sahlins (1930-), que continua produzindo. Ele iniciou sua carreira trabalhando sob a orientação de Leslie White e suas propostas neoevolucionistas. Em obras como *Sociedades tribais*, de 1968, e *Stone Age Economics* (Economia da Idade da Pedra), de 1972, o autor analisa a relação entre processos de adaptação de sociedades ao meio ambiente e estruturas sociais, como o estabelecimento de chefias e lideranças políticas.

Em 1967, Sahlins foi a Paris, onde entrou em contato com a antropologia de Lévi-Strauss e, aos poucos, começou a orientar seus trabalhos para questões de cultura e simbolismo. A mudança se tornou explícita com a publicação de *Cultura e razão prática*, em 1976, obra em que o autor critica a forma como o materialismo histórico mais estrito (o marxismo ortodoxo) relega a segundo plano questões simbólicas centrais para a compreensão mais ampla de processos sociais.

---

26 A resenha sobre Lévi-Strauss não foi incluída na tradução brasileira de A Interpretação das culturas.

Na segunda metade da década de 1970, Sahlins começou a escrever sobre a história do contato entre europeus e sociedades do Oceano Pacífico, marcadamente da Polinésia e do Havaí. Seu objetivo é compreender como esse contato foi percebido pelos nativos, o que significa pensar a história por outro viés, uma vez que, geralmente, ela é narrada do ponto de vista europeu, sobretudo inglês.

Mais do que contar outra história, Sahlins pretende analisar como a cultura – que ele trata como esquemas de produção de significado, os quais, seguindo a influência de Lévi-Strauss, constituem uma estrutura – permite que determinado povo dê sentido aos fatos que ocorrem e como isso é central para a compreensão das mudanças (ou seja, a história) daquele povo. Nesse sentido, a cultura é posta em prática, em teste, a cada acontecimento cotidiano, na medida em que é com as categorias oferecidas por ela que um povo classifica e compreende o que está acontecendo a sua volta. Todavia, muitos fatos colocam as estruturas do pensamento em crise, uma vez que suas categorias são insuficientes para dar conta da realidade – esse é o drama da vida humana. A partir daí, há um processo de transformação da estrutura ou, ainda, da própria cultura. Em suma, para Sahlins, a cultura se transforma a partir da própria prática.

> Uma das críticas recorrentes à antropologia estrutural era o fato de que, para muitos, a ideia de estrutura tal como pensada por Lévi-Strauss deslocava para segundo plano a temporalidade da vida social, ou seja, revelava-se anti-histórica. O trabalho de Marshall Sahlins, em certa medida, significou uma retomada da história na análise estrutural. *Ilhas da história* é não somente um livro sobre a história do Havaí e seu contato com o Ocidente, mas também uma obra que trata de uma velha questão da historiografia: a relação entre estrutura e evento.

Sahlins apresenta essas ideias em uma série de trabalhos sobre a história do Havaí desde a chegada dos ingleses à ilha, em 1778, sob a liderança do capitão James Cook. Esse foi o mote de seus livros *Metáforas históricas e realidades míticas*, de 1981, e *Ilhas de história*, de 1985. O autor explora o fato de Cook ter sido interpretado pelos havaianos como uma encarnação do deus mítico Lono. Desse modo, todas as ações inglesas foram percebidas pelos havaianos a partir de esquemas oferecidos por sua própria cultura.

No entanto, pelo fato de os ingleses não seguirem à risca o que os mitos havaianos expressavam, a cultura havaiana foi sendo colocada à prova. Um exemplo foi a morte de Cook, cujo retorno inesperado ao Havaí, em 1779 – alguns dias depois de sua partida (o mito dizia que o deus Lono retornaria apenas no ano seguinte) –, fez com que os havaianos, que, até então, tinham recebido muito bem os ingleses, se voltassem contra eles. A partir de então, ocorreram diversas transformações na cultura havaiana, e Sahlins mostra como elas perduraram durante todo o século XIX, à medida que a ilha foi sendo incorporada ao sistema da economia mundial.

É importante observar que Sahlins usa tais mitos como forma de análise das estruturas culturais havaianas. Os mitos exprimiam as categorias pelas quais os havaianos davam sentido aos acontecimentos do cotidiano e à chegada dos ingleses. Na tentativa de classificar os eventos, de enquadrá-los nos esquemas do mito, houve uma transformação dos mitos. Sahlins chamou essa dialética entre mito e realidade de *mitopráxis* e destacou sua centralidade na compreensão da experiência histórica das sociedades. Em outras palavras, ele sugere a importância dos estudos sobre as cosmologias nativas para se compreender como as sociedades humanas experimentam os fatos históricos a sua maneira. Nesse sentido, contribuiu para um campo que, concomitantemente a seus estudos, estava ganhando espaço: a **etno-história**.

Seu texto "Cosmologias do capitalismo", de 1988, significou a expansão de suas análises, visto que analisava a chegada dos europeus ou, ainda, do capitalismo à China e a algumas áreas do Oceano Pacífico. Além de atentar para a forma como sociedades que foram invadidas pelo capitalismo davam sentido a essa experiência, Sahlins começou a insinuar que a chegada do capitalismo não representava necessariamente o fim das culturas tradicionais, mas, muitas vezes, seu reforço, à medida que essas culturas conseguiam dar significados às transformações capitalistas, ou seja, vivê-las em seus próprios termos. O texto intitulado *O "pessimismo sentimental" e a experiência etnográfica: por que a cultura não é um "objeto" em vias de extinção*, publicado em 1997, traz a ideia de uma "indigenização da modernidade", apontando como várias culturas tradicionais se renovaram por meio do contato com o capitalismo e com processos de modernização (Sahlins, 2007).

Em contextos de ativismos políticos a partir da ideia de cultura como grupos indígenas do Brasil ou do Canadá, por exemplo, que evocam suas culturas no sentido de obter direitos junto ao Estado, essas propostas de Sahlins de atenção às formas nativas de percepção da história foram intensamente utilizadas.

4.5.3 AS CRÍTICAS AO PODER E O ANTROPÓLOGO COMO AUTOR

Nas décadas de 1970 e 1980, questionamentos sobre o trabalho do antropólogo, os modos de representação das diferenças e a escrita etnográfica ganharam espaço no cenário antropológico, sobretudo nos Estados Unidos. Tais questionamentos estavam associados a inúmeros fatores, especialmente a uma crítica das relações da antropologia e suas formas de descrição cultural com questões como poder e colonialismo. Contribuíram para essas críticas a independência política de países africanos e asiáticos, após o fim da Segunda Guerra Mundial, e a emergência de movimentos políticos no Ocidente, como os movimentos feministas e os movimentos negros.

A partir de então, a maneira como os antropólogos descrevem as culturas que estudam, se situam em relações de poder e se colocam como autoridades e autores no texto passou a ser motivo de grandes debates. Estes foram recebidos pela crítica como a expressão de questões pós-modernas, que, durante as décadas de 1970 e 1980, foram marcantes nas ciências humanas (Jameson, 2007). Daí a expressão *antropologia pós-moderna*.

A crítica da relação histórica da antropologia com o poder colonial do Ocidente foi posta em debate por vários autores na década de 1970. Um destaque é a publicação, nos Estados Unidos, da coletânea *Anthropology and the Colonial Encouter* (*Antropologia e o encontro colonial*), em 1973. Organizada por Talal Asad, um especialista no estudo da relação entre religiões (sobretudo o islã) e modernidade, a coletânea apresenta vários textos questionando a inserção da antropologia na construção das relações de poder entre o Ocidente e suas antigas colônias e mencionando as exotizações e os essencialismos que, muitas vezes, os antropólogos criavam acerca de outras culturas. A partir daí, tornou-se comum a expressão *antropologia pós-colonial*, um contexto de reflexões antropológicas que ganhou muito espaço na América Latina e em países como a Índia.

Na mesma época, foi publicada, em 1974, a coletânea *Woman, Culture and Society* (*Mulher, cultura e sociedade*), organizada por Michelle Rosaldo e Louise Lamphere. Essa obra foi um marco de uma abordagem das diferenças de um ponto de vista feminista, preocupado com a desnaturalização das relações entre os gêneros. Essa antropologia criticava, por exemplo, o fato de as descrições etnográficas serem feitas a partir de perspectivas masculinas nativas. Ou seja, os antropólogos acabavam silenciando vozes (femininas) em outras culturas da mesma forma que essas vozes eram caladas em sua própria cultura.

Na referida obra, chama-se a atenção para um campo que se expandiu nos últimos 40 anos, relativo à expressão *antropologia feminista*, responsável por uma crítica às formas como o saber antropológico reproduz hierarquias de gênero e reforça a invisibilidade feminina. Essa antropologia estabeleceu intensos diálogos com outros campos, como a antropologia do corpo e estudos sobre a relação entre cultura e natureza e sobre sexualidade, o que tem gerado reflexões extremamente influentes nos debates mais recentes da disciplina.

A crítica à antropologia não se limitou a sua inserção em discursos de poder e a sua reprodução. O próprio texto etnográfico passou a ser motivo de reflexão, na medida em que essas relações entre a antropologia e o poder se expressavam, muitas vezes, nas estratégias narrativas pelas quais os antropólogos constroem seus textos etnográficos. Emergiu daí uma reflexão da etnografia como texto e do antropólogo como autor. O marco, nesse caso, foi a publicação da coletânea *Writing Culture: the Poetics and Politics of Ethnography* (*A escrita da cultura: poética e políticas da etnografia*) pelos pesquisadores James Clifford e George Marcus, em 1986.

Essa obra deflagrou um grande debate sobre as formas de escrita antropológica, chamando a atenção para o fato de que, se a cultura, por princípio, constituía uma polissemia de vozes (ou seja, muitos pontos de vista em interação), a etnografia, tal como preconizada classicamente por Malinowski, operava uma redução dessa polissemia e, não raro, apresentava a cultura a partir de determinada ótica (muitas vezes, do chefe, homem).

Allan de Paula Oliveira

De certa forma, a reflexão proposta por Clifford e Marcus na antropologia era equivalente àquela proposta, nos anos 1970, por Hayden White na historiografia. Essa reflexão, que passou a ser denotada pela expressão *antropologia pós-moderna*, teve um grande impacto na produção antropológica do mundo anglo-saxão, sobretudo nos Estados Unidos, e provocou debates intensos no interior da antropologia (Trajano Filho, 1988).

Em 1988, dois livros aprofundaram essa análise da produção de textos etnográficos: *A experiência etnográfica: antropologia e literatura no século XX*, de James Clifford, e *Obras e vidas: o antropólogo como autor*, de Clifford Geertz. O primeiro traz uma análise daquilo que seu autor chama de *autoridade etnográfica*, ou seja, os recursos que os antropólogos utilizam para criar um efeito de eficácia em seus textos, de modo a convencer seus leitores daquilo que estão descrevendo. Clifford (2002a) desenvolve essa ideia de autoridade etnográfica apontando que a forma como Malinowski a estabeleceu não era mais possível no contexto político do final do século XX. Ao mesmo tempo, ele apresenta formas alternativas de construção dessa autoridade, recuperando o trabalho etnográfico de autores que, na década de 1980, estavam relegados a segundo plano, como Marcel Griaule e Michel Leiris. Geertz (2002), por sua vez, apesar de negar interesse na ideia de uma antropologia pós-moderna, analisa o estilo de escrita de quatro clássicos da antropologia: Benedict, Malinowski, Evans-Pritchard e Lévi-Strauss. Cada um deles criou, através de elementos retóricos específicos, um estilo de texto antropológico. O livro de Geertz, em razão do momento em que foi lançado, acabou reforçando a tendência da análise da antropologia como literatura.

4.5.4 Simetrias

Apesar de a antropologia, no decorrer da história, ter atuado na tradução de outras culturas, descrevendo-as e analisando-as de forma que seus sentidos se tornassem compreensíveis ao pensamento ocidental, a disciplina estabeleceu um grande divisor entre "eles" (não ocidentais) – os quais são objetos de estudo da antropologia – e "nós" (ocidentais).

Mesmo que tentativas de uma análise antropológica de aspectos do Ocidente tenham sido feitas ao longo do século XX e que, a partir da década de 1970, uma antropologia urbana tenha se desenvolvido em torno do estudo de grupos e culturas urbanos, esse grande divisor (nós-eles) sempre foi uma questão para a disciplina.

Em virtude da relação de poder entre o Ocidente e as culturas estudadas pelos antropólogos, quando a antropologia se voltava para o próprio Ocidente, ela refletia essa relação e tomava como objetos aquilo que era "marginal". Assim, os antropólogos urbanos estudavam feiras populares, mas não ousavam estudar a bolsa de valores (algo central na economia), bem como estudavam terreiros de candomblé, mas não o Vaticano. Segundo o antropólogo brasileiro Eduardo Viveiros de Castro, o equivalente, entre nós, ao chocalho do xamã amazônico seria o laboratório de física nuclear (Revista Sexta-Feira, 1999). Assim como o xamã opera, nas culturas amazônicas, uma mediação entre diversos mundos (dos mortos, dos animais, dos homens vivos etc.), o laboratório de física nuclear também o faz, articulando o mundo,

Allan de Paula Oliveira

tal como vivemos, com diferentes níveis, como o microatômico ou o espaço para além da matéria (os buracos negros).

Em suma, era preciso que a antropologia se tornasse simétrica de fato – ao mesmo tempo que estuda o centro da cultura "deles" (as sociedades consideradas primitivas), deve estudar o centro da própria cultura do antropólogo, o "nós".

Essa simetria foi sendo desenvolvida a partir de trabalhos de antropólogos que, na década de 1980, se voltaram ao estudo das técnicas relacionadas ao trabalho científico. O trabalho fundamental nessa linha, que passou a ser chamada de *antropologia simétrica*, foi publicado pelo francês Bruno Latour em 1992, com o título *Jamais fomos modernos: ensaio de antropologia simétrica*.

Desde o final da década de 1970, Latour vinha se dedicando a estudos sobre laboratórios científicos e àquilo que ele e o sociólogo Steve Woolgar denominaram *construção dos fatos científicos*. Esses estudos revelavam como o trabalho da chamada *ciência de ponta* envolvia uma rede que conectava diversos domínios, como política, economia e direito. Ou seja, a ideia de uma ciência "pura", guiada somente por seus próprios princípios, além de não fazer sentido, era um tipo de construção historicamente localizada. Assim, Latour e outros autores mostravam como a ciência produzia híbridos e que os fatos científicos nada tinham de modernos (no sentido de que no Ocidente, desde o século XVI, o lema da ciência é "separar as coisas").

Em *Jamais fomos modernos*, Latour deixa claro que não se pode compreender a ciência moderna sem conexão com o desenvolvimento da política moderna, isto é, não se pode falar de Galileu Galilei sem refletir sobre Hobbes e Maquiavel.

A simetria consistia, portanto, no estudo do Ocidente em uma perspectiva que dissolvia o grande divisor "nós-eles", pois não são somente "eles" que produzem híbridos. No decorrer dos anos 1990 e

2000, vários antropólogos estenderam a ideia de simetria e passaram a construir críticas políticas e epistêmicas ao Ocidente a partir de visões de mundo relacionadas aos povos estudados. Um bom exemplo é o projeto de Manuela Carneiro da Cunha, antropóloga portuguesa que trabalha no Brasil, para a criação de redes de cooperação entre os saberes tradicionais e os ocidentais (Cunha, 2009). Assim, as técnicas de plantio de mandioca pelos índios da Amazônia, por exemplo, são integradas às técnicas desenvolvidas por agrônomos filiados a centros de pesquisa. O potencial político dessa ideia de simetria está apenas no começo de sua exploração.

Indicação cultural

LÉVI-STRAUSS, C. **Tristes trópicos**. São Paulo: Companhia das Letras, 1996.

Publicado originalmente em 1955, esse livro transcendeu as fronteiras da disciplina e pode ser considerado uma obra literária – essa era, inclusive, a intenção do autor. Essa obra, em que se narra a conversão de Lévi-Strauss para a etnologia a partir de sua experiência no Brasil, na década de 1930, é um excelente expressão das ambições da antropologia em toda a sua história: a articulação entre o ideal iluminista do homem e a diversidade de suas experiências. Ao mesmo tempo, esse trabalho se inscreve em uma tradição humanista extremamente importante na história francesa.

Síntese

A história da antropologia, como saber autônomo e reconhecido, tem sido narrada a partir do estabelecimento, no século XIX, de uma grande perspectiva teórica: o **evolucionismo**. A antropologia evolucionista se caracterizou por abordar as diferenças no estágio evolutivo entre as sociedades e, em grande medida, deu margem a interpretações biológicas dessas diferenças (racismo).

Na passagem do século XIX para o XX, essa antropologia passou a ser bastante criticada por estudos que deram origem a três matrizes que se tornaram centrais ao longo do século XX: a antropologia norte-americana, a antropologia britânica e a Escola Sociológica Francesa. Cada uma delas enfatizou diferentes aspectos do estudo sobre o homem em sociedade e desenvolveu estilos distintos de reflexão.

A antropologia norte-americana se consolidou em torno do trabalho de Franz Boas e sua valorização do relativismo cultural (a ideia de que cada cultura deve ser compreendida em seu contexto), em uma crítica ao evolucionismo. Entre 1930 e 1960, diversas correntes teóricas se desenvolveram no campo da antropologia nos Estados Unidos, marcadamente os estudos de cultura e personalidade e sobre aculturação e o neo-evolucionismo (este último com forte influência marxista).

A antropologia britânica se firmou entre 1890 e 1930 em torno de uma valorização do trabalho de campo de longa duração e da produção de etnografias de caráter totalizante, em que todos os aspectos da vida eram descritos. Nas décadas de 1920 e 1930, o conceito de função foi central nas análises dos antropólogos britânicos, mas, em 1940, o conceito de estrutura passou a ser fundamental. Duas temáticas marcaram a antropologia britânica: parentesco e política. Ao mesmo tempo, o lugar do conflito na descrição das estruturas sociais foi motivo de debates importantes.

A antropologia francesa se consolidou como um braço da sociologia a partir de 1890, sendo marcada por um caráter muito mais teórico do que empírico, ou seja, não havia uma ênfase na prática do trabalho de campo. Todavia, produziu reflexões extremamente significativas sobre a dimensão simbólica do pensamento humano e sua expressão na vida social.

A partir da década de 1970, essas tradições nacionais (norte-americana, inglesa e francesa) perderam o caráter hegemônico que exerciam na produção antropológica, o que provocou a emersão de produções antropológicas desenvolvidas em países considerados periféricos, uma crítica à relação histórica da antropologia com o colonialismo e discursos de poder e novas propostas para a escrita etnográfica.

Atividades de autoavaliação

1. Marque V para as afirmativas verdadeiras e F para as falsas.

   ( ) A antropologia evolucionista se caracterizou por uma tentativa de classificação das sociedades em primitivas e evoluídas, com base em critérios como a presença de Estado e o maior ou menor domínio de tecnologias.

   ( ) Para os antropólogos evolucionistas, o fato de uma cultura ser menos evoluída nada tinha a ver com elementos como raça ou clima.

   ( ) A existência, em uma cultura, de práticas e ideias antigas era tratada pelos antropólogos evolucionistas como sobrevivência.

   ( ) A antropologia evolucionista não estabelecia comparações entre sociedades, ou seja, cada uma era estudada de forma isolada.

   Assinale a alternativa que corresponde à sequência correta:

a) V, V, V, F.
b) F, V, F, V.
c) F, F, V, V.
d) V, F, V, F.

2. Marque V para as afirmativas verdadeiras e F para as falsas.

( ) A antropologia nos Estados Unidos se institucionalizou a partir do trabalho do alemão Franz Boas.

( ) A antropologia proposta por Boas criticava as comparações e as generalizações da antropologia evolucionista.

( ) Os trabalhos de Margaret Mead e Ruth Benedict não estabeleceram diálogos com saberes como a psicologia e a psicanálise.

( ) As tentativas de analisar comunidades tradicionais em países em desenvolvimento a partir da forma como as sociedades "primitivas" eram estudadas se revelaram infrutíferas.

Assinale a alternativa que corresponde à sequência correta:

a) V, V, F, F.
b) F, V, F, V.
c) F, F, V, V.
d) V, F, F, V.

3. Analise as sentenças a seguir.

I) Função e estrutura são dois conceitos centrais na história da antropologia britânica.

II) Uma das características da antropologia desenvolvida na Inglaterra entre 1920 e 1950 é uma ênfase no termo *sociedade* e em seu estudo a partir de uma visão sistêmica (sistema social) em que há uma tendência à ordem e ao equilíbrio.

III) O tema do conflito e das transformações nas estruturas sociais nunca foi relevante para os antropólogos britânicos.

IV) O espaço central de estudos da antropologia britânica a partir da década de 1940 foi a África, onde o tema das relações políticas ocupava lugar de destaque nas agendas de pesquisa.

Está(ão) correta(s) apenas a(s) afirmativa(s):

a) II.
b) I, II e IV.
c) III e IV.
d) III.

4. Analise as proposições a seguir.

I) A antropologia francesa se destacou pelas teorizações acerca da prática do trabalho de campo.

II) O estudo das representações coletivas foi um dos temas fundantes e mais influentes dos estudos produzidos pela chamada Escola Sociológica Francesa.

III) O desenvolvimento do método estrutural por Lévi-Strauss se deu, entre outros aspectos, pela influência da linguística sobre as ideias do antropólogo francês.

IV) O estudo do sistema de castas indiano, tal como desenvolvido por Louis Dumont, não serviu de referência para o estudo do desenvolvimento do individualismo e do ideal de igualdade no Ocidente.

Está(ão) correta(s) apenas a(s) afirmativa(s):

Allan de Paula Oliveira

a) II e III.
b) I e IV.
c) II.
d) I e III.

5. Analise os trechos a seguir.

I) A ênfase no caráter textual da etnografia e as reflexões do antropólogo como autor estavam relacionadas à emergência, desde a década de 1960, de movimentos anticolonialistas e movimentos de crítica às formas de poder, como o movimento feminista.

II) A chamada *antropologia intepretativa* foi uma versão norte-americana do estruturalismo francês.

III) A ideia de mitopráxis, desenvolvida por Marshall Sahlins, não foi uma maneira de reintroduzir o tema da mudança histórica na noção de estrutura que prevalecia na antropologia estrutural.

IV) Os trabalhos de Bruno Latour representaram uma reificação da ideia moderna de ciência pura, completamente separada de outros valores, como a política.

Está(ão) correta(s) apenas a(s) afirmativa(s):

a) I e III.
b) II.
c) I e IV.
d) I.

Atividades de aprendizagem

Questões para reflexão

1. Uma das ideias hegemônicas tanto na história da antropologia francesa quanto na da antropologia britânica é o caráter sistêmico da vida social, ou seja, a ideia de que a sociedade é constituída por domínios inter-relacionados e de que a compreensão mais ampla da vida social deve levar isso em conta. Assim, o estudo do domínio da política não faz sentido sem referência à religião e ao parentesco, por exemplo.

Um exemplo moderno pode ilustrar esse fato: os museus são espaços voltados à apreciação da arte, assim como os teatros e as salas de concertos. Você percebe a forma religiosa como nos comportamos nesses espaços? Não devemos tocar nas peças de arte e, por isso, temos de contemplá-las de longe, de preferência em silêncio; o mesmo se aplica, de modo geral, a peças teatrais e concertos. Há registros, por exemplo, de como as plateias vienenses que assistiam às óperas de Mozart na década de 1780 eram ruidosas: aplaudiam no meio das árias e vaiavam os vilões, uma postura muito diferente da nossa atualmente. Ou seja, a moderna concepção de arte tem algo de religioso, em que a obra é vista de forma sacralizada; dizemos, inclusive, que a verdadeira arte não se vende e não tem preço.

Reflita sobre esse assunto e exemplifique outras situações em que há uma interpenetração de domínios sociais. Para tanto, você pode tomar como base a seguinte questão: Nossa relação com o mundo animal pode ser interpenetrada pela ideia de parentesco?

Allan de Paula Oliveira

2. Um dos temas centrais na história da antropologia é o ritual. Uma das interpretações clássicas aponta o caráter de produção da coesão social através do ritual, como se ele fosse um mecanismo de reforço dos laços sociais. Relacione alguns rituais de que você já participou ou participa regular ou esporadicamente. Pense em festas de aniversário, batismos, colações de grau, casamentos, reuniões de Natal etc.

Atividade aplicada: prática

1. Leia as duas notícias a seguir.

Notícia 1

RINCON, P. Decisão sobre Plutão cria racha entre astrônomos. **BBC Brasil**, 25 ago. 2006. Disponível em: <https://www.bbc.com/portuguese/reporterbbc/story/2006/08/060825_plutao_reacao.shtml>. Acesso em: 11 jul. 2018.

Notícia 2

POLÍTICA deixa mercado de soja nervoso e dispara algumas vendas; alguns adotam cautela. **G1**, 18 maio 2017. Agro. Disponível em: <https://g1.globo.com/economia/agronegocios/noticia/politica-deixa-mercado-de-soja-nervoso-e-dispara-algumas-vendas-alguns-adotam-cautela.ghtml>. Acesso em: 11 jul. 2018.

A atual ideia de simetria, popularizada a partir dos trabalhos de Bruno Latour, oferece aportes interessantes para a leitura de notícias como essas. A primeira, veiculada pela BBC Brasil, revela que a ciência não pode ser resumida ao estabelecimento de fatos e à sua comprovação empírica. Há a necessidade de produção de consensos, ou seja, de debates que podem ser chamados de *política*, e a história da ciência é uma história dessa produção. Em suma, a ideia de que a verdadeira ciência é neutra e se atém aos fatos empíricos não nos ajuda a compreender a própria ciência. A segunda reportagem, veiculada pelo portal G1, utiliza uma metáfora psíquica cada vez mais comum no noticiário econômico: o "nervosismo" ou a "calma" dos mercados. Mas isso vai além de uma mera metáfora: no mundo moderno, os mercados são tratados como entidades próprias, mágicas, como se não fossem produtos de pessoas concretas, reais. E isso tem uma eficácia, já que muitos passam a ter medo dos mercados.

A simetria consiste no fato de que essa leitura é alimentada pela forma como a antropologia, ao longo de sua história, estudou sociedades consideradas primitivas, em que fatos do cotidiano são explicados por meio de ideias como *magia*. Pesquise, em *sites* de jornais e revistas, outros exemplos como esses.

Allan de Paula Oliveira

Capítulo 5
Antropologia do Brasil e antropologia no Brasil

Neste capítulo, fazemos uma síntese da história da antropologia no Brasil, destacando os principais desenvolvimentos teóricos da disciplina no país e seus pressupostos epistêmicos. Dessa forma, apresentamos estudos relativos a temáticas como relações interétnicas, etnologia indígena, antropologia urbana e cultura brasileira.

O título do capítulo evidencia uma questão importante na história da antropologia e que revela seu caráter de produto intelectual do colonialismo do século XIX: é possível pensar em uma antropologia sobre questões brasileiras, mas que não é, necessariamente, produzida por antropólogos brasileiros (antropologia do Brasil), e também em uma antropologia produzida por pesquisadores brasileiros (antropologia no Brasil). Trata-se de um deslize semântico, mas que oferece à descrição possibilidades interessantes de comentários sobre a produção antropológica relacionada ao Brasil.

Assim como no capítulo anterior, nosso objetivo é apresentar uma visão panorâmica sobre a antropologia no Brasil e a antropologia brasileira, apontando seus principais temas de estudo e suas contribuições teóricas mais relevantes.

(5.1)
PRIMEIRAS REFLEXÕES SOBRE AS DIFERENÇAS HUMANAS RELACIONADAS AO BRASIL

Desde o século XVI, o Brasil ocupa um lugar especial no imaginário europeu. Seja em virtude de sua natureza tropical (Holanda, 2000), seja em função dos mundos humanos observados aqui (Raminelli, 1996), o país apareceu aos olhos europeus como um lugar que produziu na Europa inúmeras questões e reflexões até o século XIX, pelo menos. Assim, em razão das diferenças percebidas no Brasil, muitas obras foram produzidas durante o período colonial, sobretudo por viajantes, os quais construíram inúmeros estereótipos sobre a sociedade nacional – muitos deles ainda bastante significativos na forma como outros países do mundo veem o Brasil.

Entre os séculos XVI e XVII, o Brasil aparecia como mote de descrição de obras escritas por exploradores que passaram pela colônia portuguesa. Livros como *Duas viagens ao Brasil*, de Hans Staden (1557); *Singularidades da França Antártica*, de André Thevet (1557); *Viagem à terra do Brasil*, de Jean de Léry (1578); *Voyage dans le nord du Brésil (Viagem ao norte do Brasil)*, de Yves d'Evreux (1615); e *História da missão dos padres capuchinhos na ilha de Maranhão e terras circunvizinhas*, de Claude d'Abbeville (1617), trazem descrições da natureza brasileira e dos modos de vida de diferentes sociedades indígenas. No que tange a este último tópico, tais descrições são marcadas por um olhar etnocêntrico orientado pelos interesses econômicos e religiosos dos europeus; portanto, não podem ser lidas como obras de antropologia ou etnografias. No entanto, essas obras constituem fontes para o estudo das sociedades indígenas brasileiras nos dois primeiros séculos da colonização e suas descrições são os únicos depoimentos registrados dos modos de vida delas.

Seguindo uma tendência mundial, a partir do século XVIII e no decorrer do século XIX, o Brasil se tornou alvo de naturalistas, imbuídos de um olhar mais científico do que os exploradores dos dois séculos anteriores. Esse olhar se caracterizava por uma ênfase em classificações botânicas, zoológicas, geológicas e raciais. É o caso da expedição do naturalista português Alexandre Rodrigues Ferreira (1756-1815), que, entre 1783 e 1792, percorreu as capitanias de Grão-Pará, Rio Negro (que englobava o atual estado do Amazonas) e Mato Grosso e registrou, por meio de gravuras, um riquíssimo material sobre a natureza e as sociedades indígenas.

Esse material está acessível na obra *Viagem filosófica pelas capitanias do Grão Pará, Rio Negro, Mato Grosso e Cuiabá*, cuja primeira edição data de 1887, com a organização da Biblioteca Nacional, no Rio de

Janeiro. O olhar de Ferreira não tem mais o espírito aventureiro dos exploradores dos séculos XVI e XVII, sendo caracterizado, conforme mencionamos no Capítulo 3, pela ideia de taxonomia – prática que, a partir da segunda metade do século XVIII, tornou-se central na ideia de ciência.[1]

Figura 5.1 – Utensílios indígenas e armas, representados por Alexandre Rodrigues Ferreira

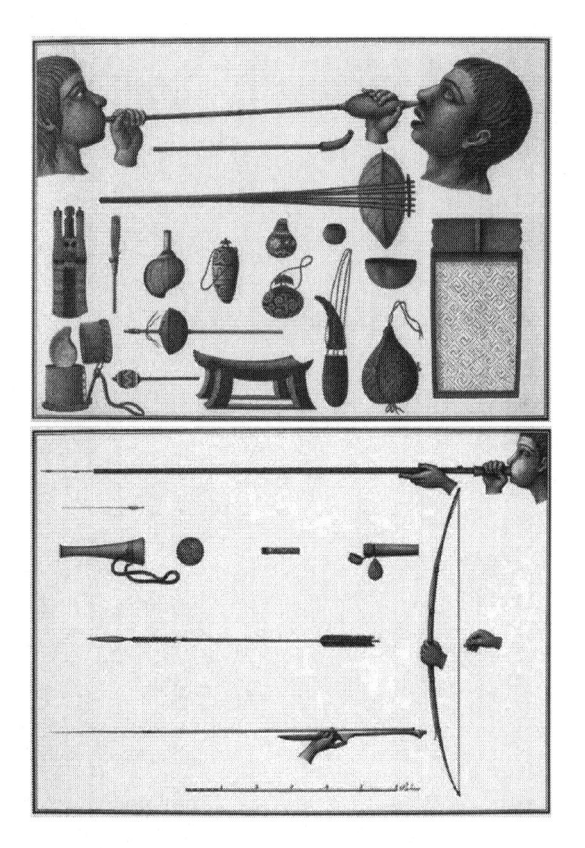

---

1 Sobre a ideia de taxonomia na expedição de Alexandre Rodrigues Ferreira, veja Raminelli (2001).

No século XVIII, o Brasil tornou-se uma colônia bastante vigiada por Portugal, em virtude da exploração de ouro em Minas Gerais e em Mato Grosso. A metrópole dificultava a vinda de cientistas e de naturalistas europeus pelo temor de que estes pudessem coletar informações sobre a exploração aurífera. O maior nome do naturalismo no século XVIII, Alexander von Humboldt, por exemplo, foi impedido de entrar no Brasil em 1800 – ele chegou a ser preso ao tentar entrar pelo Rio Orinoco.

Seguindo uma tendência mundial, a partir do século XVIII e no decorrer do século XIX, o Brasil se tornou alvo de naturalistas, imbuídos de um olhar mais científico do que os exploradores dos dois séculos anteriores.

A autorização da Coroa Portuguesa para uma expedição naturalista foi dada a dois integrantes da comitiva da Imperatriz Leopoldina quando esta chegou ao Brasil para se casar com o futuro D. Pedro I, em 1817: os alemães Carl Philipp von Martius e Johann Baptist von Spix. Os dois viajaram durante três anos pelo Brasil coletando, sobretudo, material botânico e registrando também costumes e conhecimentos indígenas relacionados à farmacologia e ao conhecimento da natureza. A viagem foi registrada nos três volumes de *Viagem ao Brasil: 1817-1820,* publicado na Alemanha durante a década de 1820.

À medida que na Europa, na primeira metade do século XIX, a etnologia – o estudo das sociedades "primitivas" – ia se constituindo como um campo autônomo, a abordagem mais ampla dos naturalistas ia se tornando mais restrita a aspectos naturais – botânica, zoologia e geologia.

Mesmo com essa ênfase nos aspectos naturais, há, em vários relatos dessas expedições, pequenas passagens em que o aspecto humano é descrito. O francês Augustin Saint-Hilaire (1779-1853) – que percorreu o Brasil entre 1816 e 1822 e, novamente, após a Independência, em 1830 – produziu inúmeros livros sobre suas viagens, descrevendo a flora e expondo impressões sobre os modos de vida dos habitantes do país, sobretudo a população rural. Já o alemão Maximilian zu Wied-Neuwied (1782-1867), que viajou pelo interior do país entre 1815 e 1817, publicou, em 1821, a obra *Viagem ao Brasil*, em que apresenta relatos sobre a flora e as sociedades indígenas.[2] Durante o Império, o surgimento de um ideal de sociedade fez com que os relatos naturalistas sobre a sociedade brasileira passassem a ter importância política. Vários relatos apontavam, com preocupação, a mestiçagem que os pesquisadores observavam nessa sociedade, em um momento no qual as questões da raça e da evolução humana se tornavam centrais nos debates científicos. Foi o caso, por exemplo, de Jean Louis Agassiz (1807-1873), que, em 1869, publicou, em coautoria com sua esposa, Elizabeth Agassiz, a obra *Uma viagem ao Brasil*, com base na viagem que ambos fizeram ao país. Embora o interesse maior de Agassiz fosse a questão dos fósseis animais e vegetais, ele apresenta em seu seu livro relatos dos modos de vida que observou no Brasil. Contudo, tanto ele quanto sua esposa ficaram espantados com o caráter miscigenado da sociedade brasileira.

Aqueles que põem em dúvida os efeitos perniciosos da mistura de raças e são levados, por uma falsa filantropia, a romper todas as barreiras colocadas entre elas deveriam vir ao Brasil. Não lhes seria possível negar a decadência resultante dos cruzamentos que, neste país, se dão mais largamente do que em qualquer outro. (Agassiz; Agassiz, 2000, p. 282)

Esse tipo de afirmação coadunava com a força que a questão racial estava adquirindo no pensamento científico do século XIX. No mesmo ano em que o relato do casal Agassiz foi publicado, chegava

---

2 Para um estudo sobre os viajantes e as representações do Brasil, veja Barreiro (2002).

ao Brasil Arthur de Gobineau (1816-1882), um dos principais nomes do pensamento racialista daquele século. Gobineau escreveu *Ensaio sobre a desigualdade das raças humanas*, publicado em 1855, obra fundamental no estabelecimento de teses racistas e da ideia de eugenia (purificação racial). O autor permaneceu no país por pouco mais de um ano e viu no Brasil a prova irrefutável de suas teses racistas. Dado o grau de miscigenação da sociedade brasileira, ele previu, em um texto de 1874, que os brasileiros seriam uma raça extinta no prazo de 200 anos (Sousa, 2013).[3]

(5.2)
Questão racial e cultura brasileira

O relato do casal Agassiz e os comentários de Gobineau sobre o Brasil tiveram um impacto no pensamento social brasileiro por mais de 50 anos (de 1870 até a década de 1930), sendo ainda presentes em discursos do senso comum. Nesse período, a singularidade da sociedade brasileira passou a ser vista por um ângulo negativo, no qual a mestiçagem era considerada um grande problema que impedia o desenvolvimento da sociedade. Isso gerou uma série de propostas, feitas por intelectuais e políticos, no sentido de melhorar a composição racial da sociedade nacional, o que resultou, por exemplo, em políticas públicas de incentivo ao recebimento de imigrantes europeus, como italianos e alemães. Entre outros fatores, acreditava-se que essa importação humana ajudaria a reverter o quadro de "degeneração" da sociedade brasileira em virtude da mestiçagem; a ideia era que, com o tempo, ela se tornaria mais branca.

---

3 Para um estudo sobre Agassiz e Gobineau e suas críticas à mestiçagem, veja Sousa (2008).

Skidmore (2012) afirma que as análises sobre a questão racial no Brasil ecoavam diversas orientações intelectuais: desde antigas representações sobre a natureza brasileira até as teorias do evolucionismo social.

Nesse contexto, o fator racial passou a ser determinante para a compreensão daquilo que diferenciava a sociedade brasileira das demais, ao mesmo tempo que localizava o Brasil nas tentativas de elaboração de esquemas evolutivos.

Entre 1870 e 1930, vários autores trataram, em maior ou menor grau, dessa temática racial e de seus efeitos sobre a sociedade brasileira. Muitos deles eram médicos, haja vista que o tema da miscigenação constituía um campo híbrido em que a sociologia e a biologia se entrecruzavam. Além de ser uma questão social, a miscigenação era vista como uma questão de compreensão da natureza corporal e psíquica do povo brasileiro. Inclusive, seria um médico o autor mais influente na forma como a questão racial foi tratada no referido período: o maranhense Raimundo Nina Rodrigues (1862-1906).

Formado na Faculdade de Medicina da Bahia (a primeira faculdade de Medicina do Brasil, criada por D. João VI, em 1808), Nina Rodrigues se tornou referência em um campo recente e visto como uma nova ciência: a *antropologia criminal*.

As raízes da antropologia criminal estavam em teses do pensamento europeu que remontavam ao século XVIII e que, no século XIX, com o advento das teorias evolucionistas, ganharam *status* privilegiado como saberes científicos. Sua ideia central era uma **relação entre raça e comportamento inato.** A partir daí, desenvolveram-se ideias como a de que certas raças eram mais predispostas ao crime.

O italiano Cesare Lombroso (1835-1909) era a referência central na antropologia criminal no final do século XIX e se tornou um mestre em técnicas como antropometria (medição física de partes do corpo) e frenologia (medição do crânio). Vistas como técnicas capazes de oferecer provas empíricas de predisposição para o crime, eram aplicadas em pessoas acusadas de crimes, criando-se tabelas de comportamento a partir de medidas corporais. Dessa forma, a antropologica criminal procurava contribuir para a questão da ordem social, muito debatida no século XIX (Corrêa, 2006).

Quando Antônio Conselheiro, líder da comunidade de Canudos, foi morto na guerra entre esta comunidade e o Exército, em 1897, sua cabeça foi enviada para Nina Rodrigues, na Faculdade de Medicina da Bahia, para a realização de exames frenológicos que comprovassem sua natureza criminosa; entretanto, tais exames se revelaram inconclusivos.

Nina Rodrigues foi um dos grandes responsáveis pela introdução das técnicas da antropologia criminal no pensamento social e médico no Brasil. Em 1894, ele publicou *As raças humanas e a responsabilidade penal no Brasil*, em que apresenta suas ideias da relação entre raça e predisposição de comportamento, sugerindo legislações penais racialmente diferenciadas. Esse médico via na figura do negro o elemento criminoso por natureza e também lamentava a mestiçagem da sociedade brasileira, que, para ele, era responsável pelos problemas sociais. Essa interseção entre questões sociais, medicina e direito foi uma tônica no pensamento social brasileiro, marcando, em maior ou menor grau, a obra de vários outros pensadores, como Silvio Romero (1851-1914) e Tobias Barreto (1839-1889). Convém observar que esses nomes ocupavam ou frequentavam espaços de formação importantes no Brasil do século XIX: Nina Rodrigues era egresso e professor da Faculdade de Medicina da Bahia, e Romero e Barreto eram egressos da Faculdade de Direito do Recife, ambas escolas referências em suas áreas (Schwarcz, 2003).

No entanto, em seu afã de qualificar negativamente os negros da Bahia, Nina Rodrigues teve a sensibilidade de procurar observar *in loco* os costumes e as práticas da população negra. Daí sua fama, em Salvador, de frequentador de candomblés e bairros onde a população era majoritariamente negra. Durante toda a década de 1890, ele observou e coletou informações diretas sobre a cultura negra em Salvador, produzindo obras como *O animismo fetichista dos negros baianos* (1900) e *Os africanos no Brasil* (publicada postumamente, em 1932). A despeito de suas visões racistas e etnocêntricas, esses livros constituem registros históricos importantes sobre práticas da cultura negra, marcadamente o candomblé.[4]

Essa leitura "criminalística" das raças teve impacto no senso comum da época (virada do século XIX para o XX), mas não foi a única forma pela qual a raça foi usada para compreender singularidades da sociedade brasileira. Outros trabalhos apresentam abordagens mais nuançadas, nas quais a raça aparece mesclada a outros elementos. É o caso da obra máxima de Euclides da Cunha (1866-1909), *Os sertões*, publicada em 1902 e que traz um relato da fase final da Guerra de Canudos, em 1897.

Uma das principais referências teóricas de Cunha nesse livro é o historiador francês Hippolyte Taine (1828-1893), que propunha que os fatos históricos fossem estudados à luz de uma dupla influência: racial e geográfica. Assim, questões de ordem racial e biológica não podiam ser dissociadas de fatores de ordem espacial. Esse modelo transparece na própria organização de *Os sertões*, dividido em três partes: "A terra", "O homem" e "A luta" – esta última trata do evento Guerra de Canudos em si.

---

4 Para um estudo aprofundado sobre o pensamento e a obra de Nina Rodrigues, leia Corrêa (2013).

Allan de Paula Oliveira

Nas duas primeiras partes, o autor apresenta uma análise tanto do espaço natural do interior do Nordeste quanto das características físicas e psicológicas do sertanejo: "o sertanejo é, antes de tudo, um forte" (Cunha, 2004, p. 88). O resultado é um texto em que a questão racial aparece extremamente matizada e distante das relações diretas estabelecidas por Nina Rodrigues nos quesitos raça e comportamento moral, embora Cunha também encare a mestiçagem de forma negativa.[5]

> A leitura de Os sertões é uma experiência à parte, uma vez que permite ao leitor um mergulho nas discussões científicas do final do século XIX em diversas áreas: geografia, história, psicologia, sociologia, medicina, direito etc. Além disso, as nuances da narrativa são extremamente interessantes, e o próprio desenrolar da guerra faz com que o tom narrativo se altere. Se, no início da obra, percebe-se um positivista crente da superioridade da ciência e da civilização diante de modos de vida que ele julgava atrasados e selvagens, vai emergindo, ao longo do texto, uma decepção com os próprios valores, à medida que ele nota o massacre feito pelo governo federal (em nome da civilização) contra uma população pobre e desassistida. Ao final do livro, não se sabe mais quem é o civilizado e quem é o bárbaro.

Euclides da Cunha – que, de maneira alguma, pode ser chamado de *antropólogo*, embora sua obra tenha muito de antropologia – e Nina Rodrigues são dois autores que exemplificam formas como o pensamento social brasileiro, na passagem do século XIX para o XX, procurava responder a questões que são antropológicas, no sentido moderno do termo: O que marca a diferença da sociedade brasileira em relação a outras sociedades? Quais as especificidades dessa sociedade? Diante de outros, o que nos singulariza?

As questões relacionadas à raça foram as primeiras respostas desse pensamento social diante de tais interrogações, gerando diferentes

---

5   Sobre as representações sociais em Os sertões, veja Zilly (1999) e Oliveira (2002).

trabalhos de autores diversos. De modo geral, a visão mais corrente e popular à época era uma crítica à mestiçagem e um pensamento social marcado por um racismo explícito, não raro propondo soluções eugenistas. Além do já citado Nina Rodrigues, isso transparece, em menor grau, em trabalhos de autores como Sílvio Romero (1851-1914) e Oliveira Viana (1883-1951).

Cunha significou uma abordagem mais nuançada do tema racial, combinando-o com outros credos científicos da época, como o determinismo geográfico. Todavia, alguns autores, na vanguarda do pensamento social, já diminuíam o peso da questão racial e da mestiçagem na compreensão das questões brasileiras, como Manoel Bonfim (1868-1932). Em várias obras, especialmente em *A América Latina: males de origem*, de 1905, esse autor evidencia o peso da história na formação das sociedades e suas particularidades. Bonfim fugia à tendência hegemônica de sua época ao negar que os problemas sociais brasileiros e latino-americanos fossem explicados por uma determinação racial e afirmava que as diferenças entre as sociedades deviam ser compreendidas em relação com sua história.

> Em razão dos acontecimentos terríveis da Segunda Guerra Mundial, a palavra *eugenia* passou a ter um significado extremamente negativo. Todavia, é útil uma reflexão sobre o fato de que, no final do século XIX e começo do XX, a eugenia era o centro de debates científicos considerados avançados. Quando afirmamos que a eugenia é tema de trabalhos de Nina Rodrigues e Sílvio Romero, não estamos diminuindo esses autores, mas mostrando como eles estavam conectados com o que havia de mais atual na ciência da época.

O trabalho de Bonfim já antecipava a forma como o modernismo ia tratar a sociedade brasileira. Esse movimento intelectual – que, em um primeiro momento (década de 1920), atingiu o campo das artes e, em um segundo momento (anos 1930), chegou ao pensamento social brasileiro – inverteu o modo como a mestiçagem era percebida em relação à singularidade da sociedade brasileira. Se, no século XIX, a mestiçagem era vista como a fonte de todos os males sociais brasileiros, os modernistas inverteram essa premissa e tomaram a mestiçagem como um valor positivo da sociedade brasileira e o vetor de sua singularidade.

As raízes dessa inversão de perspectiva são profundas e estão relacionadas a várias tendências intelectuais do final do século XIX, como a valorização da ideia de "popular" pelo pensamento romântico (Travassos, 1997). Essa valorização era acompanhada pelo uso de uma palavra que o próprio pensamento romântico havia popularizado: *cultura*, entendida como um conjunto de valores ou, ainda, como uma marca espiritual de determinado povo.

Em suma, o modernismo deslocou o debate sobre a singularidade da sociedade brasileira a partir de uma ênfase na ideia de cultura brasileira. E nessa ênfase foram produzidas obras que se tornaram canônicas no pensamento social brasileiro, de tal forma que seus autores são comumente chamados de *intérpretes do Brasil*. A obra *Casa-grande & senzala: formação da família brasileira sob o regime patriarcal*, escrita pelo pernambucano Gilberto Freyre (1900-1987) e publicada em 1933, tornou-se um marco dos debates sobre a cultura brasileira. Freyre esteve na Universidade de Columbia, nos Estados Unidos, e assistiu aos cursos em que Franz Boas popularizava sua visão de cultura e a forma de sua análise. Boas influenciou Freyre no sentido de desvincular a cultura e sua análise de um jogo entre valorização e desvalorização raciais. Assim, a formação da família brasileira é apresentada em *Casa-grande & senzala* a partir da contribuição de três raças, postas no mesmo plano: brancos (na figura do português), negros e índios. Freyre (2003), dessa maneira, assume o caráter híbrido da cultura brasileira e não desqualifica as influências negras e as indígenas.

Muito se discute sobre essa "equalização" das influências e a negação de determinismos raciais na obra de Freyre, mas o que interessa aqui é o fato de esse autor ter consagrado uma nova visão sobre a sociedade brasileira, singularizada a partir de seu hibridismo e sua miscigenação.[6] Além disso, Freyre antecipou correntes historiográficas, chamando a atenção, no estudo da cultura, para elementos da vida privada, considerados irrelevantes à época (Burke, 1997). Esse cuidado com aspectos da vida privada ou com elementos ínfimos da vida cotidiana – vestuário, costumes à mesa, ditados, pequenos rituais religiosos etc. – apontava, em parte, para a forma como Boas orientava o estudo da cultura, o qual deveria ser atento a todos os detalhes.[7]

> Reflexões importantes sobre a cultura brasileira foram desenvolvidas também por autores que, entre 1920 e 1950, se dedicaram ao estudo do folclore no Brasil. Nomes como Mário de Andrade, Renato Almeida, Oneyda Alvarenga e Alceu Maynard de Araújo desenvolveram trabalhos descritivos sobre inúmeras manifestações folclóricas em todo o país. Esses trabalhos constituem um rico acervo sobre culturas tradicionais, sobretudo de matriz rural, e apresentam análises sobre os efeitos que processos como urbanização e modernização tinham sobre os modos de vida tradicionais. Esses estudiosos do folclore se organizaram na década de 1940 e, com o apoio do Estado, criaram, em 1958, a Campanha de Defesa do Folclore Brasileiro. A institucionalização universitária das ciências sociais no Brasil barrou a autonomia do folclore como disciplina, transformando-o em uma subárea da sociologia e da antropologia (Vilhena, 1997).

A maneira como Freyre apresenta as contribuições de cada elemento racial da história do Brasil na formação da cultura nacional acaba por criar um quadro distorcido dessa história, no qual os

---

6 Para esses debates sobre as diferentes leituras de Freyre, veja Araújo (1994).
7 Para um estudo sobre o uso e o estilo da narrativa historiográfica por Freyre, leia Nicolazzi (2011).

Allan de Paula Oliveira

conflitos são escamoteados. Ele enfatiza as zonas de interstício entre os elementos raciais e diminui o espaço que a violência ocupa na história social brasileira.

Apesar de, em *Casa-grande & senzala*, Freyre apontar um equilíbrio de antagonismos, em que há o contato sexual entre as raças, feito, porém, sob o signo da violência, este último aspecto tem um peso menor na obra e a leitura termina sob o signo de um "paraíso tropical". Por isso, uma crítica corrente a sua obra é o fato de descrever a cultura brasileira e criar um quadro de "democracia racial", em que a mestiçagem é produzida mais pelo signo das relações afetivas do que pelas relações de violência. Essa crítica se tornou bastante intensa a partir da década de 1950, com o estudo das relações raciais no Brasil, em uma perspectiva que enfatiza os conflitos e a violência social no país.

Contudo, Freyre não foi o único autor importante na década de 1930 a teorizar sobre a cultura brasileira. Sérgio Buarque de Holanda, em *Raízes do Brasil* (1936), e Paulo Prado, em *Retrato do Brasil* (1928), também discorrem sobre esse assunto. No entanto, suas referências teóricas, bem como o peso heurístico do conceito de cultura nessas obras, diferem das de Gilberto Freyre. Interessam aqui a relação de Freyre com o desenvolvimento da antropologia nos Estados Unidos, onde o conceito de cultura foi usado para deslocar visões racistas na compreensão da sociedade, e a influência dessa antropologia na forma como o autor propõe a observação da cultura brasileira.

Todos os autores citados não foram antropólogos no sentido estrito do termo, tal como a antropologia viria a ser vista a partir da década de 1920, com os trabalhos de Boas, Malinowski e Mauss. No entanto, quando se pensa na forma como reflexões baseadas nas diferenças entre sociedades foram produzidas no Brasil, o período entre 1870 e 1930 se revela fundamental.

Apesar de não serem antropólogos, suas reflexões tinham um caráter antropológico e propiciaram um campo para o surgimento de uma ciência social no Brasil, institucionalizada e preocupada com o desenvolvimento metodológico tanto da sociologia quanto da antropologia. Essa geração entre 1870 e 1930, que teve a questão racial e o debate sobre singularidade da cultura brasileira como tópicos centrais, atuou sobretudo no campo do jornalismo, em que o pensamento social e a literatura eram indissociáveis. Reside aí o fato de os grandes trabalhos de intérpretes brasileiros assumirem a forma ensaística (com pouco debate empírico e metodológico). Em 1930, uma ciência social começou a se estabelecer na universidade, dando outro estilo ao pensamento sociológico e antropológico no Brasil. É o que veremos a seguir.

(5.3)
SOCIOLOGIA E ANTROPOLOGIA

A partir da década de 1930, há o início da institucionalização universitária das ciências sociais no Brasil, cujos marcos são a criação da Escola Livre de Sociologia e Política de São Paulo (ELSP), em 1933, e a fundação da Universidade de São Paulo (USP), em 1934. Ambas as instituições fundaram os primeiros cursos regulares de Sociologia e Etnologia no Brasil e, para isso, contaram com a "importação" de professores europeus e norte-americanos[8]. Entre eles, destacam-se os franceses Paul Arbousse-Bastide (para a primeira cadeira de sociologia da USP), Claude Lévi-Strauss (que chegou à USP em 1935 para dividir a cadeira de sociologia) e Roger Bastide (que substituiu Lévi-Strauss

---

8   Surgiram também cursos de outras áreas, como História (Fernand Braudel), Geografia (Pierre Mombeig) e Filosofia (Jean Maugüé). Sobre isso, leia Peixoto (2001).

em 1938), bem como o estadunidense Donald Pierson e o alemão Herbert Baldus (que chegaram à ELSP em 1939).

Essa presença de professores estrangeiros permitiu a entrada de debates contemporâneos sobre sociologia e etnologia no pensamento social brasileiro da época, principalmente questões ligadas a métodos de pesquisa. Assim, além de renovação teórica, a institucionalização da sociologia e da etnologia do Brasil significou um maior cuidado empírico com a reflexão social. A partir daí, entre as décadas de 1940 e 1950, o pensamento social brasileiro se afastou do caráter ensaístico que, até então, o caracterizava e passou a ser produzido na forma de estudos orientados empiricamente.

Os professores franceses que atuavam na USP, em um intercâmbio que durou até a década de 1950, influenciaram sobretudo o aspecto político das ciências sociais. Vale ressaltar que alguns, como Roger Bastide, permaneceram ligados ao Brasil, por meio de pesquisas, durante toda a vida. Muitos não realizaram pesquisas no país, mas sua atuação como professores ajudou a formar um campo de ensino de sociologia e antropologia. Já os professores ligados à ELSP foram responsáveis pela introdução de métodos de pesquisa extremamente importantes, como a etnografia baseada em observação participante, praticada pelos antropólogos britânicos desde a década de 1910 e pelos sociólogos ligados aos estudos urbanos da Universidade de Chicago. Donald Pierson (1900-1995), nome central na ELSP, era egresso do Departamento de Sociologia daquela universidade e foi um dos responsáveis diretos pela introdução dessas novas metodologias de pesquisa.

Durante os anos 1930, em um primeiro momento de institucionalização, sociologia e antropologia apareciam de forma indissociada, com etnologia e antropologia sendo consideradas ramos da sociologia. Lévi-Strauss, por exemplo, fora contratado para a cadeira de sociologia da USP. Ao longo das décadas seguintes, as disciplinas foram se separando, sobretudo em virtude da ênfase em determinadas temáticas, mas mantendo conexões teóricas e debates epistemológicos.

A partir dos anos 1960, as disciplinas seguiram o padrão de divisão em departamentos impostos pela ditadura às universidades brasileiras. No final da década, começaram a surgir os primeiros programas de pós-graduação em Antropologia (na Universidade Federal do Rio de Janeiro, em 1968, e na Universidade de São Paulo e na Universidade de Brasília, em 1972). Para além dessas questões institucionais, interessa-nos o fato de que, entre 1930 e 1970, a produção da antropologia no Brasil esteve profundamente imbricada com a produção da sociologia. Vários autores transitavam entre essas disciplinas em seus trabalhos.

Entre as décadas de 1940 e 1950, o pensamento social brasileiro se afastou do caráter ensaístico que, até então, o caracterizava e passou a ser produzido na forma de estudos orientados empiricamente.

Um bom exemplo desse caráter híbrido entre sociologia e antropologia foram os estudos de comunidades, que se tornaram um campo de pesquisa extremamente fértil entre as décadas de 1940 e 1960. Voltados para uma análise da dinâmica social e das transformações de modos de vida tradicionais em comunidades rurais ou litorâneas, esses estudos envolviam uma combinação de questões sociológicas (modernização, racionalização, dinâmicas interclasses) com questões antropológicas, como as ideias de tradicionalidade e de dinâmica cultural.

Além disso, a metodologia de pesquisa dos estudos de comunidades envolvia técnicas sociológicas, como *surveys*, e técnicas consagradas pela antropologia, como a observação participante.[9]

Donald Pierson, na ELSP, foi um dos orientadores centrais desses

---

9 *Para um resumo teórico das premissas dos estudos de comunidade no momento de sua hegemonia, veja Nogueira (1955). Para um balanço contemporâneo dessa linha de estudos, leia Oliveira e Maio (2011).*

Allan de Paula Oliveira

estudos, e essa orientação seguia sua formação na Universidade de Chicago, onde o estudo de comunidades tanto no meio rural quanto no meio urbano era desenvolvido desde o final da década de 1920 (Guimarães, 2011).

Como exemplos desses estudos, podemos citar *Cunha*[10]: *tradição e transição em uma cultura rural no Brasil*, de Emilio Willems (1947); *Cruz das Almas: a Brazilian Village* (Cruz das Almas: uma vila brasileira), de Donald Pierson (1951); *As relações raciais no município de Itapetininga*, de Oracy Nogueira (1955); *Parceiros do Rio Bonito: estudo sobre o caipira paulista e a transformação dos seus meios de vida*, de Antônio Cândido (1964) – a partir de pesquisa de campo feita em 1945 e 1946; e *Amazon Town: a Study of Man in the Tropics* (Vila Amazônica: um estudo do homem nos trópicos), de Charles Wagley (1953) – uma etnografia sobre seringueiros na Amazônia.

Os estudos de comunidade também significaram a atualização das ciências sociais no Brasil a partir de conceitos que, sobretudo nos Estados Unidos, eram bastante influentes. É o caso dos conceitos de aculturação e assimilação, utilizados tanto por sociólogos norte-americanos, no estudo de comunidades de imigrantes em metrópoles dos Estados Unidos, quanto por antropólogos, no estudo de culturas tradicionais envolvidas em processos de modernização, como na África.

Um marco no uso desses conceitos é um trabalho de Emilio Willems, *Aculturação de alemães no Brasil*, publicado em 1946. Tais conceitos foram incorporados também por pesquisadores interessados no estudo de culturas indígenas, como o antropólogo Egon Schaden (1913-1991), que, em 1965, publicou a obra *Aculturação indígena*. Os estudos sobre sociedades indígenas serão comentados mais adiante neste capítulo.

---

10 *Cunha era um município na Serra do Mar, entre São Paulo e o litoral. Na época do estudo, tinha 27 mil habitantes, sendo que apenas 1,5 mil viviam na sede do município.*

De certa forma, a principal característica desse período de institucionalização acadêmica da sociologia e da antropologia no Brasil foi uma grande preocupação com questões relativas a técnicas de pesquisa e metodologias de análise. Nesse sentido, Florestan Fernandes (1920-1995) aparece como símbolo dessa institucionalização e da profissionalização dos cientistas sociais no Brasil. Ao mesmo tempo, sua trajetória exemplifica essa relação imbricada entre antropologia e sociologia nas décadas de 1930 a 1960.[11]

Egresso tanto da USP quanto da ELSP, Fernandes realizou seu mestrado e seu doutorado tendo como temática de estudo a dinâmica social dos índios tupinambás no século XVI, um trabalho que combinava antropologia e história. Em sua tese de doutoramento, *A função da guerra na sociedade tupinambá*, de 1952, produz, de maneira extremamente original, análises influenciadas pela antropologia social inglesa sobre a questão da guerra naquela sociedade.

Durante a década de 1950, como professor de Sociologia na USP (atividade que exerceu entre 1945 e 1969, quando foi aposentado compulsoriamente pela ditadura militar), Fernandes estabeleceu a hegemonia de uma sociologia que combinava teoria e empirismo, desenvolvendo reflexões teóricas aliadas a preocupações metodológicas. Ao mesmo tempo, voltou-se para o estudo de questões sociais brasileiras relacionadas a mudança social e modernização. Organizando equipes de pesquisa com vários de seus orientandos, como Fernando Henrique Cardoso e Otávio Ianni, ele desenvolveu o estudo da inserção da questão racial brasileira na dinâmica moderna do conflito de classes.[12]

---

11 Sobre a trajetória de Florestan Fernandes, comentada por ele mesmo, e suas preocupações teóricas e metodológicas, veja Bastos et al. (2006).
12 Para saber mais sobre a conversão sociológica de Florestan Fernandes, leia Arruda (2010).

Allan de Paula Oliveira

Essa temática pôde ser analisada com grande impacto por meio de um projeto de pesquisa, de âmbito mundial, financiado pela Organização das Nações Unidas para a Educação, a Ciência e a Cultura (Unesco) a partir de 1950. No Brasil, coordenado pelo francês Alfred Métraux, o projeto financiou uma série de pesquisas sobre a questão racial em nosso país, gerando análises sociológicas que contrariavam a tese de Gilberto Freyre de uma mestiçagem em que a violência podia ser posta em segundo plano. Fernandes orientou pesquisas sobre a inserção de negros no mercado de trabalho no Sul do país e, em 1964, publicou A integração do negro na sociedade de classes, obra que se tornou uma referência nos estudos sobre a questão racial no Brasil e um importante fundamento de discursos de combate ao racismo.

> Após o fim da Segunda Guerra Mundial, em virtude dos desdobramentos terríveis em torno da ideia de purificação racial, a Unesco (fundada em 1946) organizou uma série de publicações sobre a questão racial, para as quais contribuíram cientistas de diversas áreas do conhecimento. "Raça e história" (1952), um dos textos mais importantes de Lévi-Strauss e um dos mais incisivos na desqualificação da raça como categoria política, foi publicado no âmbito dos esforços da Unesco. Ao mesmo tempo, foram desenvolvidas pesquisas sobre a questão racial em diversos países do mundo, entre eles o Brasil (Maio, 1999).

Entre 1930 e 1960, portanto, era difícil (em grande medida, ainda é) separar a antropologia praticada no Brasil da sociologia. As agendas temáticas, as preocupações teóricas e os métodos de pesquisa estavam imbricados de tal forma que alguns autores se referem a esse período pela expressão *socioantropologia* (Melatti, 1984).

Foi somente após a década de 1960, com pressões de reformas universitárias advindas da ditadura militar que se instaurou no Brasil e com a criação de cursos de pós-graduação, que as áreas se separaram institucionalmente. Todavia, qualquer análise da história da antropologia no Brasil deve dialogar com a história da sociologia. Temáticas como a questão racial e relações interétnicas sempre foram fluidas entre as duas áreas. É o caso também dos estudos urbanos, um dos temas mais desenvolvidos na história da antropologia no Brasil, que será apresentado mais adiante. Algumas temáticas, entretanto, desenvolveram-se sob a seara praticamente exclusiva da antropologia, como a etnologia indígena, o estudo dessas sociedades no Brasil. Ambas as áreas – estudos urbanos e etnologia indígena – podem, de certa forma, ser meios descritivos interessantes para uma narrativa histórica da antropologia brasileira.

(5.4)
ETNOLOGIA INDÍGENA

Atualmente, segundo dados do Instituto Brasileiro de Geografia e Estatística (IBGE), o Brasil conta com aproximadamente 250 povos indígenas em seu território – alguns cuja territorialidade envolve o Brasil e países vizinhos.[13] No senso comum, a Amazônia aparece como "o espaço indígena", mas isso é inexato. Embora a região seja um espaço central na territorialidade de muitas sociedades indígenas, estas estão presentes em todo o território nacional, sendo que algumas, atualmente, vivem majoritariamente em espaços urbanos.[14] Por um misto de falta de informação e pressão de interesses econômicos e

---

13 Uma das melhores fontes de informação sobre as sociedades indígenas no Brasil é o site desenvolvido pelo Instituto Sócio-Ambiental (ISA), uma organização não governamental gerida por diversos estudiosos não somente das sociedades indígenas, mas da diversidade cultural e natural da sociedade brasileira. Para um guia das sociedades indígenas, consulte o site <https://pib.socioambiental.org/pt>.

14 É importante observar que a história da ocupação europeia do Brasil provocou um movimento migrátorio indígena, do litoral para o interior do país.

Allan de Paula Oliveira

políticos poderosos, a questão indígena no Brasil tem envolvido, nos últimos anos, uma escalada crescente de tensões e conflitos, sobretudo no tocante à demarcação de terras indígenas. Por isso, conhecer um pouco da história da etnologia indígena no país é uma forma de ampliar as possibilidades de diálogo e de resolução desses conflitos. Conforme já comentamos, as sociedades indígenas no Brasil e na América do Sul se constituíram, desde o século XVI, em uma questão para o pensamento europeu. Em um primeiro momento, o "susto" europeu diante de costumes e práticas profundamente diferentes se expressou na popularidade dos relatos de viajantes que estiveram no Brasil nos séculos XVI e XVII. Pelo contexto de sua produção, tais relatos, como os livros de Hans Staden e André Thevet, são bastante etnocêntricos e parciais. Contudo, eles são os primeiros registros dos modos de vida das sociedades indígenas no país e seu valor como fontes documentais é muito importante. No século XVIII e em parte do século XIX, começaram a surgir descrições mais nuançadas do ambiente físico e natural do Brasil, produzidas com um espírito mais científico. Como exemplo, podemos citar os relatos feitos por naturalistas, como Alexandre Rodrigues Ferreira.

> O interesse pelas sociedades indígenas da América foi particularmente intenso na França, onde foi fundada, em 1896, a Sociedade de Americanistas, que engloba pesquisadores de diversas áreas, entre elas a antropologia. É digno de nota também que as sociedades indígenas do Canadá e dos Estados Unidos já eram bastante estudadas desde o século XIX, sendo que a antropologia norte-americana se desenvolveu muito em função desses estudos.

O desenvolvimento da antropologia como ciência, a partir da segunda metade do século XIX, deu-se, de certa forma, a par das sociedades indígenas no Brasil. Apesar de sua posição mítica na história das reflexões sobre as diferenças humanas, antropólogos britânicos, franceses e norte-americanos não se voltaram ao estudo de sociedades indígenas na América do Sul. Até a década de 1960, essas sociedades, marcadamente aquelas situadas no Brasil, ocuparam um lugar marginal no desenvolvimento da antropologia. Embora houvesse alguns estudos, eles não constituíam fontes de elaborações teóricas centrais na disciplina, o que só veio a ocorrer depois dos anos 1960. Atualmente, estudos feitos entre sociedades indígenas no Brasil se tornaram a base de discussões importantíssimas no interior da antropologia.

Os primeiros estudos antropológicos – no sentido científico da palavra – sobre sociedades indígenas no Brasil foram desenvolvidos por etnólogos alemães a partir do final do século XIX. O destaque foram as duas expedições realizadas por Karl von den Steinem (1855-1929) à bacia do Rio Xingu, no Brasil Central: a primeira em 1884, e a segunda em 1887 e 1888. Dessas expedições resultaram alguns livros publicados na Alemanha nas décadas de 1880 e 1890 sobre os modos de vida de várias sociedades indígenas e um trabalho sobre a língua bakairi.[15] Outros pesquisadores também estiveram na Amazônia e no Brasil Central entre 1890 e 1930, como Max Schmidt (1874-1955) e Theodor Koch-Grünberg (1872-1924), reunindo materiais de pesquisa de diversas sociedades indígenas, tanto do Brasil quanto de países como Paraguai e Bolívia[16]. Esses trabalhos deram à etnologia alemã o lugar de principal campo de estudos das sociedades indígenas brasileiras na virada do século XIX para o XX.[17]

---

15   Sobre as viagens de Karl von den Steinem ao Xingu, veja Coelho (1993).
16   As pesquisas de Max Schmidt foram as principais referências usadas por Mário de Andrade na elaboração de seu romance Macunaíma, publicado em 1927.
17   Para um estudo sobre as premissas teóricas dessas expedições alemãs a partir do trabalho de Koch-Grünberg, veja Frank (2005). Para um balanço resumido dessas expedições, leia Schaden (1990).

Allan de Paula Oliveira

A presença de etnólogos alemães no Brasil foi apenas um sinal do notável desenvolvimento da etnologia e da antropologia na Alemanha a partir de 1870, com os trabalhos de Adolf Bastian (1826-1905) e Rudolf Virchow (1821-1902), que fundaram o Museu Etnológico de Berlim e a Sociedade Etnológica de Berlim, estimulando jovens alemães a realizar pesquisas em todo o mundo. Bastian e Virchow foram fundamentais, por exemplo, para a conversão de Franz Boas das ciências naturais para a etnologia. Esse desenvolvimento da etnologia durou até a década de 1930, quando foi interrompido pela ascensão do nazismo.

Um nome muito importante dessa geração de alemães que se dedicaram a estudar povos indígenas no Brasil foi Curt Nimuendajú (1883-1945). Porém, ao contrário de Bastian e Virchow, ele não esteve no país apenas em uma expedição dedicada ao estudo. Registrado como Curt Unkel, ele veio para o Brasil em 1903 e entrou em contato com povos indígenas, adotando o sobrenome Nimuendajú, palavra que aprendera com os Guarani.

De 1903 a 1945, Nimuendajú produziu vários estudos sobre aspectos de diferentes povos indígenas, como os Guarani, os Apinajé, os Xerente e os Tenetehara (Tembé). Esses estudos foram publicados em revistas alemãs e estadunidenses, atraindo a atenção de antropólogos norte-americanos, como Franz Boas e seu aluno Robert Lowie. Ainda hoje, esse etnólogo é uma referência importantíssima para o estudo de diversos povos indígenas no Brasil.

Herbert Baldus (1899-1970), também de origem alemã, foi um dos responsáveis pela coordenação de pesquisas entre povos indígenas quando da institucionalização do ensino de sociologia em São Paulo, no final da década de 1930. Ele foi um dos professores da ELSP e, a partir de 1939, orientou pesquisas sobre grupos indígenas, tendo publicado uma série de trabalhos sobre vários povos, abordando questões como organização social, parentesco, mitologia, religião e subsistência. Baldus foi muito importante na formação de diversos antropólogos que, nas décadas de 1950 e 1960, se ocupariam de temáticas indígenas, como Darcy Ribeiro, que se formou em 1946, sob orientação de Baldus, na ELSP.[18]

Entre 1946 e 1950, foi editado nos Estados Unidos, com a organização de Julian Steward, o Handbook of South American Indians (Manual dos índios sul-americanos), que compila dados conhecidos sobre os povos indígenas de toda a América do Sul, tanto das Terras Baixas (Amazônia, Brasil Central, Bacia do Rio Paraná, Chaco e Patagônia) quanto das Terras Altas (Cordilheira dos Andes), além da porção do continente em contato com o Caribe (grupos indígenas das Guianas, do Suriname, da Venezuela e da Colômbia). Essa publicação, organizada em seis volumes, apresenta a primeira síntese do conhecimento produzido até então sobre sociedades indígenas sul-americanas e aponta lacunas que ainda mereceriam estudos, permitindo a elaboração de novos projetos de pesquisa. Os trabalhos de Baldus e Nimuendajú foram importantes fontes de dados para as informações relativas aos grupos indígenas no território brasileiro.

Na década de 1950, as sociedades indígenas brasileiras começaram a aparecer de forma mais contudente no cenário teórico da antropologia. Nessa época, elas fundamentaram muitos dos artigos publicados na França por Lévi-Strauss, os quais seriam centrais no desenvolvimento da antropologia estrutural. Textos como *A noção de arcaísmo em antropologia* (1952), *As estruturas sociais no Brasil Central e Oriental* (1952) e *As organizações dualistas existem?* (1956), publicados em revistas especializadas, foram levados a um público mais amplo quando da composição da coletânea *Antropologia estrutural*, editada por Lévi-Strauss em 1958. Esses artigos, em um primeiro momento, ficaram restritos ao círculo dos americanistas, muito forte, sobretudo,

---

18 Para um estudo sobre a obra de Herbert Baldus, confira Sampaio-Silva (2000).

na França e nos Estados Unidos. Todavia, à medida que o estruturalismo se tornou uma "moda intelectual" na década de 1960, esses e outros textos de Lévi-Strauss e, por extensão, as sociedades indígenas brasileiras se transformaram em centros de debates importantes na antropologia.

No Brasil, a etnologia indígena da década de 1950 foi marcada pela atuação de nomes como Darcy Ribeiro (1922-1997), Eduardo Galvão (1921-1976) e Egon Schaden (1913-1991). Os dois primeiros tiveram uma atuação mais ligada a orgãos estatais, como o Serviço de Proteção ao Índio (SPI) e o Museu do Índio do Rio de Janeiro, este último fundado por Ribeiro em 1953. Galvão foi um dos primeiros antropólogos brasileiros formados no exterior, na Universidade de Oxford, onde defendeu uma tese sobre práticas religiosas na Amazônia que combinavam tradições católicas e indígenas, com o título *Santos e visagens*, publicada no Brasil em 1955. De volta ao Brasil em 1953, ele se dedicou ao estudo de diversas sociedades indígenas: Guarani, Kamayurá, Tapirapé, entre outros.

Darcy Ribeiro, formado na ELSP em 1946, também se dedicou ao estudo de diversas sociedades, principalmente a kayapó. Em 1957, por exemplo, ele publicou um estudo sobre a arte plumária desse grupo. Esse antropólogo foi fundamental na criação do Parque Nacional do Xingu, em 1961.

Egon Schaden, por sua vez, foi o principal responsável pela organização dos cursos de Antropologia na USP durante toda a década de 1950. Ele publicou trabalhos sobre os Guarani, como *Aspectos fundamentais da cultura guarani*, em 1974, e um estudo sobre a aculturação indígena, intitulado *Aculturação indígena: ensaios sobre fatores e tendências da mudança cultural de tribos índias em contato com o mundo dos brancos* (publicado como artigo em 1965 e como livro em 1969). Foi também o organizador, em 1953, da *Revista de Antropologia*, editada pela USP – o primeiro periódico especializado na área. Até então, havia apenas publicações que vinculavam estudos de diversas áreas, como a *Revista do Arquivo Municipal de São Paulo* e a revista *Anhembi* (em que Lévi-Strauss publicou alguns textos no começo do anos 1940), ou em conjunto com a área de sociologia, como a revista *Sociologia*, editada desde 1939 pela ELSP. No mesmo ano de fundação da *Revista de Antropologia*, aconteceu no Rio de Janeiro a 1ª Reunião Brasileira de Antropologia, que culminou na fundação, em 1955, da Associação Brasileira de Antropologia (ABA).

O livro de Schaden é um bom índice da principal orientação teórica da etnologia brasileira durante as décadas de 1940 e 1950, que marcaria tanto o seu trabalho quanto o de Eduardo Galvão e Darcy Ribeiro: o tema da aculturação indígena e de sua assimilação e integração à sociedade brasileira.[19] Conforme mencionamos, essas temáticas foram introduzidas na etnologia indígena por influência da sociologia urbana praticada nos Estados Unidos e envolviam o estudo e a análise dos processos de mudança das culturas indígenas e sua relação de contato com a sociedade brasileira. Uma palavra se tornou muito recorrente nesses estudos: *caboclo*, pois se tratava de observar a transformação da população indígena em caboclo, categoria pela qual a sociedade nacional tinha passado a classificar os índios considerados assimilados. Havia nessas temáticas um tom fatalista, que dava como certo o progressivo desaparecimento das culturas indígenas no Brasil.

Uma guinada teórica importante no estudo da aculturação, da assimilação e da integração indígenas foi dada a partir da década

---

19 Na *1ª Reunião Brasileira de Antropologia*, em 1953, Galvão apresentou um balanço dos estudos feitos até então sobre o tema da aculturação indígena. O texto foi publicado em 1955 na Revista de Antropologia.

de 1960, com os trabalhos de Roberto Cardoso de Oliveira (1928-2006). Formado em Filosofia e atraído pela etnologia, Oliveira iniciou sua carreira no começo da década de 1950, trabalhando com Darcy Ribeiro e Eduardo Galvão em pesquisas financiadas pelo Serviço de Proteção ao Índio e pelo Museu do Índio do Rio de Janeiro. Seu primeiro trabalho, *O processo de assimilação dos Terena*, publicado em 1960, reflete a orientação teórica da etnologia da época acerca dos conceitos de aculturação e assimilação. Todavia, em 1962, ele propôs um projeto intitulado *Estudo de áreas de fricção interétnica no Brasil*, no qual desenvolveu o conceito de **fricção interétnica**, definida como

> *o contato entre grupos tribais e segmentos da sociedade brasileira, caracterizados por seus aspectos competitivos e, no mais das vezes, conflituosos, assumindo esse contato muitas vezes proporções totais, isto é, envolvendo toda a conduta tribal e não tribal que passa a ser moldada pela situação de fricção interétnica.* (Oliveira, 1972, p. 128)

Esse conceito, portanto, aparecia como uma crítica ao conceito de aculturação na forma como este vinha sendo trabalhado na etnologia e na antropologia de modo geral. Para Oliveira (1972), a aculturação tinha como eixo de análise a simples transformação de elementos culturais tomados de forma isolada. A fricção interétnica focava menos nos elementos culturais em processo de transformação e mais nas relações estabelecidas entre as sociedades em contato.

Muito importante na formulação de tal conceito foi a leitura que Oliveira fez dos trabalhos do antropólogo francês Georges Balandier (1920-1996), especialmente de seu livro *Sociologie actuelle de l'Afrique Noire* (Sociologia atual da África negra), publicado na França em 1955.

Balandier, um pesquisador especialista em sociedades da África subsaariana (Níger, Chade, Congo, República Centro-Africana, entre outros países), desenvolveu nessa obra a noção de situação colonial, procurando dar conta das relações de poder envolvidas no contato entre essas sociedades africanas e o poder colonial europeu.[20] Assim, os estudos sobre mudanças e dinâmicas sociais deviam considerar essa situação envolta em relações de poder. A situação de fricção interétnica seria um desenvolvimento da situação colonial. Com base nisso, Oliveira propunha o estudo do contato entre as sociedades indígenas e a sociedade brasileira, a partir da ideia de que operava nessa relação um princípio de colonialismo interno, em que os índios seriam uma espécie de "outros", internos à própria sociedade nacional.

Com a publicação de *O índio e o mundo dos brancos*, em 1964, Oliveira deu início a uma série de trabalhos sobre o contato interétnico, apresentando estudos de caso como a situação dos Tikuna, grupo indígena da Amazônia extremamente inserido em conflitos com a sociedade nacional. A partir da década de 1970, estendeu sua análise para o estudo da chamada *identidade étnica* e de como esta seria articulada em estruturas sociais – temática analisada em seu livro clássico *Identidade, etnia e estrutura social*, de 1976.[21]

O contato de Roberto Cardoso de Oliveira com a sociologia de inspiração marxista que Florestan Fernandes estava instituindo na USP na década de 1950 também era importante nessa guinada teórica.

Assim como Florestan Fernandes significou a inserção da temática das relações raciais em uma abordagem marcada pela ideia de conflitos de classe, a fricção interétnica, de certa forma, constituía a análise do contato entre sociedades indígenas e a sociedade nacional, tendo como pano de fundo também a ideia de conflito e as tensões

---

20 *A respeito do conceito de situação colonial, confira Balandier (1993).*
21 *Sobre a leitura de Balandier por Roberto Cardoso de Oliveira, veja Oliveira (1978). Acerca dos desdobramentos posteriores em torno do conceito de identidade étnica, leia Oliveira (2000). Para um estudo sobre esses trabalhos de Oliveira, consulte Poz (2003).*

Allan de Paula Oliveira

entre os conceitos de etnia e classe. A aculturação e a assimilação deixavam de ser meros processos dotados de uma inevitabilidade e passavam a ser vistos em seu aspecto dinâmico e conflituoso.

Os estudos de Oliveira nas décadas de 1960 e 1970, além de dar um estatuto teórico extremamente influente ao estudo do contato interétnico no Brasil, significaram uma abordagem mais atenta à politicidade da questão indígena. Tais estudos foram muito influentes em toda a América Latina na análise dos processos políticos de relação entre grupos indígenas (etnias) e sociedades nacionais.

Outro desenvolvimento interessante da etnologia indígena nos anos 1960 foram os estudos de organização social em grupos indígenas. Novamente, Roberto Cardoso de Oliveira destacou-se ao desenvolver, em 1961, o projeto *Estudos comparativos da organização social de grupos indígenas brasileiros*, no qual vários de seus alunos pesquisavam as formas de organização social de diferentes grupos. A temática da organização social refletia influências da antropologia social britânica, haja vista a primazia da questão do parentesco, e da antropologia estrutural desenvolvida por Lévi-Strauss, que, na década de 1950, apresentara textos importantes sobre a organização social de grupos do Brasil Central.

Esse projeto comparativo de Oliveira ganhou fôlego ainda maior ao juntar-se a um trabalho paralelo desenvolvido pelo britânico (nascido na Índia) David Maybury-Lewis (1929-2007) na Universidade de Harvard. O resultado dessa junção foi o *Harvard-Central Brazil Research Project*, que, durante as décadas de 1960 e 1970, gerou trabalhos sobre a organização social de diversos grupos indígenas do Brasil Central, como *A sociedade xavante* (1974), do próprio Maybury-Lewis, e *Um mundo dividido: a estrutura social dos índios apinayé* (1976), de Roberto da Matta.

Harvard-Central Brazil Project permitiu um conhecimento mais profundo das formas de organização social de grupos do Brasil Central, sobretudo os do tronco linguístico Jê, cuja organização é caracterizada, muitas vezes, por uma divisão em metades organizadas por relações de parentesco, o que é essencial na dinâmica social e política desses grupos.

A partir daí, uma lacuna de pesquisa se estabeleceu em torno de grupos indígenas situados principalmente na Amazônia (muitos do tronco linguístico Tupi), cuja organização social não correspondia a esses modelos Jê. Além disso, a ênfase do referido projeto na questão da organização social fez com que outros aspectos centrais nas sociedades indígenas brasileiras, como o xamanismo, fossem relegados a segundo plano nas análises, quando não desconsiderados. Isso, de certa forma, refletia o peso que a questão do contato havia assumido no estudo das sociedades indígenas e o "pessimismo sentimental" envolto nela, o que criava a ideia de que o estudo de um tema como o xamanismo já não tinha muito sentido em uma sociedade em processo de mudança social profunda.

Essa lacuna começou a ser preenchida na segunda metade da década de 1970 e ao longo dos anos 1980, quando vários pesquisadores se voltaram para questões como formas do pensamento indígena (acerca do termo *cosmologia*) e relação entre mitologia e rituais.

Um marco nesse sentido é o trabalho *Os mortos e os outros: uma análise do sistema funerário e da noção de pessoa entre os índios krahô*, de Manuela Carneiro da Cunha, publicado em 1976. A autora aborda questões que os estudos sobre contato não consideravam tão importantes: tanto o sistema funerário quanto a noção de pessoa permitem ao pesquisador compreender as formas krahô (grupo Jê do norte de Goiás) de percepção da natureza e da humanidade. Como tal

Allan de Paula Oliveira

percepção envolve os homens, os mortos, o mundo espiritual, os animais e as plantas, é possível falar em *cosmologia*.

Essa proposta, teoricamente, era muito influenciada pelas *Mitológicas*, de Claude Lévi-Strauss, que aponta a importância dos dados sensíveis e da subjetividade nas elaborações do pensamento indígena, sobretudo na América do Sul. A partir daí, a noção de corporalidade – os processos de administração e construção do corpo – ganhou relevo e centralidade. O texto *A construção da pessoa nas sociedades indígenas brasileiras* (1978), escrito pelo norte-americano Anthony Seeger e pelos brasileiros Roberto da Matta e Eduardo Viveiros de Castro – todos com experiência de pesquisa entre povos indígenas no Brasil –, tornou-se outro índice dessa nova orientação da etnologia brasileira. Tal orientação colocou a Amazônia no cenário da antropologia e, a partir da década de 1990, ela ficou mundialmente conhecida.[22]

(5.5)
ANTROPOLOGIA URBANA E ANTROPOLOGIA DA SOCIEDADE NACIONAL

Foi somente na década de 1970, com o surgimento de programas de pós-graduação em Antropologia no Brasil, que a disciplina começou a diversificar suas temáticas. Entre 1940 e 1970, por conta da própria divisão do trabalho intelectual nas universidades brasileiras, a antropologia ficou associada ao estudo das sociedades indígenas; já as questões da sociedade moderna cabiam à sociologia.

---

22 Para uma história e um balanço dos estudos sobre a Amazônia indígena, leia Viveiros de Castro (2002).

Outra temática cara aos antropólogos desse período foram os estudos de comunidade e transformação dos modos de vida tradicionais. No entanto, essa temática era produzida em uma zona de confluência entre antropologia e sociologia. O mesmo ocorreu com os estudos de grupos urbanos, desenvolvidos desde a década de 1940. Durante aproximadamente 30 anos, eles foram produzidos também por pesquisadores que transitavam entre a antropologia e a sociologia. A partir dos anos 1970, surgiu uma autoproclamada **antropologia urbana** no Brasil, a qual constitui um dos campos mais profícuos da disciplina no país.

Um marco importante dos primeiros estudos de sociologia e de antropologia urbana no Brasil foi a presença de professores norte-americanos na ELSP. Nomes como Samuel Lowrie, Horace Davis e Donald Pierson introduziram a agenda teórica e metodológica desenvolvida pelo Departamento de Sociologia da Universidade de Chicago, que, desde a década de 1920, se tornara a principal referência para os estudos urbanos. A expressão *ecologia urbana* denota bem uma das orientações teóricas da Escola de Chicago: a observação da relação entre os grupos humanos e o meio urbano e como este influencia a interação e o modo de vida desses grupos.

A partir de 1935, várias pesquisas foram desenvolvidas por pesquisadores relacionados à ELSP: desde trabalhos que envolviam questões teóricas e metodológicas, como *Recenseamento por quarteirões*, publicado por Pierson em 1939, e *Relações de vizinhança*, publicado por Emilio Willems em 1941, até trabalhos sobre áreas específicas, como o estudo sobre subúrbios, publicado por Osvaldo Xidieh em 1947 a partir de um trabalho de campo em Mogi das Cruzes. Esses trabalhos estabeleceram o estudo sociológico e antropológico do meio urbano como campo de estudos e criaram diálogos com áreas como

Allan de Paula Oliveira

urbanismo, arquitetura, sanitarismo e administração pública.[23] Além disso, atentaram para a divisão do meio urbano em agrupamentos étnicos, visto que a cidade de São Paulo era marcada pela presença de inúmeros imigrantes, como japoneses e italianos.

Por volta de 1950, muitos estudos urbanos começaram a focar a questão da migração interna, a qual marcava a sociedade brasileira naquele momento, em que contingentes de trabalhadores rurais migravam para as grandes cidades do Sul e do Sudeste do país. Na antropologia, um marco desses estudos foi *A caminho da cidade: a vida rural e a migração para São Paulo*, publicado por Eunice Durham em 1973. A autora analisa os meios pelos quais migrantes rurais criavam modos de sobrevivência na grande cidade, especialmente a partir da ativação de redes familiares (parentesco).

A partir da década de 1970, o desenvolvimento de pesquisas antropológicas urbanas se tornou referência a partir de duas universidades. Na Universidade Federal do Rio de Janeiro (UFRJ), os trabalhos desenvolvidos e orientados por Gilberto Velho (1945-2012) foram centrais no estabelecimento de um campo de estudos urbanos, cujas influências teóricas combinavam questões apontadas pela Escola de Chicago com o interacionismo simbólico desenvolvido nos Estados Unidos, a partir da década de 1950, por autores como Alfred Schutz e Erving Goffman.

Velho publicou, em 1973, sua dissertação de mestrado, intitulada *A utopia urbana*, uma etnografia feita em um edifício em Copacabana, em que o autor aponta questões relativas ao modo de vida e à cultura

---

23 Estes trabalhos eram veiculados, sobretudo, na forma de artigos em revistas tais como Sociologia e Revista do Arquivo Municipal de São Paulo. *Para um estudo sobre a sociologia e antropologia urbanas em São Paulo entre as décadas de 1930 e 1950, veja Mendoza (2005).*

da classe média carioca. Em 1975, ele defendeu sua tese de doutorado, estudando o uso de drogas por jovens de classe média, publicada posteriormente com o título *Nobres e anjos*. Nesse trabalho, uma das principais influências são os estudos sobre comportamentos desviantes e *outsiders* desenvolvidos pelo sociólogo norte-americano Howard Becker. A partir daí, Velho estabelece o campo de pesquisa em antropologia urbana na UFRJ, formando diversos pesquisadores durante mais de 30 anos, os quais estudam os mais diversos temas, tendo como pano de fundo a sociabilidade e as interações no meio urbano.

A expressão *antropologia das sociedades complexas* ganhou relevo nas décadas de 1970 e 1980, muito em função dos trabalhos de Gilberto Velho.[24] Entre os trabalhos orientados por ele, podemos destacar: *Garotas de programa: prostituição em Copacabana e identidade social*, de Maria Dulce Gaspar (1985); *Da vida nervosa nas classes trabalhadoras urbanas*, de Luiz Fernando Dias Duarte (1986); *O mundo funk carioca*, de Hermano Vianna (1987); entre outros.

O segundo espaço de produção de uma linha de pesquisa em antropologia urbana surgiu na USP a partir da orientação, nos anos 1970, de Eunice Durham e, na década seguinte, de José Guilherme Magnani. Um dos trabalhos deste último autor, *Festa no pedaço: cultura popular e lazer na cidade* (1984), tornou-se uma referência importante ao focar o tema do lazer – considerado um tema menor por uma sociologia mais voltada ao universo do trabalho – sob a ótica de categorias como circuito, pedaço e mancha, pelas quais o uso da cidade por agentes sociais e suas práticas era analisado. Obras como *Candomblé e umbanda: caminhos da devoção brasileira*, de Vagner Gonçalves da

---

24 *Para um balanço da própria trajetória e os conceitos mais importantes de seus trabalhos, veja Velho (2011).*

Silva (1994), e *Torcidas organizadas de futebol*, de Luiz Henrique de Toledo (1996), refletem a orientação de José Guilherme Magnani e os trabalhos de antropologia urbana desenvolvidos na USP.[25]

No entanto, não foi somente a antropologia urbana que emergiu no cenário antropológico nacional a partir da década de 1970. Roberto da Matta, um especialista em etnologia indígena, colaborador e orientando de David Maybury-Lewis, daria uma grande visibilidade à antropologia a partir da segunda metade daquela década e no decorrer da década seguinte, tomando como objeto a própria ideia de Brasil. Em 1978, ele publicou *Carnavais, malandros e heróis: para uma sociologia do dilema brasileiro*, evidenciando o caráter hierárquico presente na sociedade brasileira e sua expressão em algumas práticas e representações.

Roberto da Matta toma como referenciais teóricos os estudos sobre hierarquia feitos por Louis Dumont a partir da sociedade indiana e os estudos sobre processos rituais desenvolvidos por Victor Turner na década de 1960. Emergiu daí uma análise atenta a formas ritualizadas, e expressões de conflitos, da hierarquia no Brasil, como a frase "Você sabe com quem está falando?".

Esses estudos de Roberto da Matta passaram a ser referenciados como antropologia da sociedade nacional e, de certa forma, retomavam, sob a influência de teorias antropológicas contemporâneas, a produção ensaística modernista da década de 1930 sobre cultura brasileira. Embora, em virtude mesmo do grau de especialização da antropologia brasileira a partir da década de 1970, essa linha não tenha formado muitos seguidores, Roberto da Matta popularizou a antropologia e muitas de suas visões sobre cultura e sociedade

---

25 *Um bom índice dessa antropologia urbana na USP nas décadas de 1980 e 1990 pode ser visto na coletânea organizada por Magnani e Torres (2000).*

brasileira desde então. Livros como *O que faz o Brasil, Brasil?* (1984) e *A casa e a rua* (de 1985) tornaram-se muito conhecidos e referenciais de antropologia para um grande público.[26]

(5.6)
Brasil contemporâneo

Até o momento, procuramos narrar uma pequena história da antropologia brasileira demonstrando seu desenvolvimento no tempo. Para tanto, recorremos a algumas de suas temáticas centrais. A narrativa, em certa medida, apresenta quatro momentos: (1) reflexões sobre a especificidade da sociedade brasileira, que desenvolveu temas como relações raciais e cultura brasileira; (2) o desenvolvimento de uma socioantropologia a partir da institucionalização do pensamento social na universidade, na década de 1930; (3) o desenvolvimento da etnologia indígena, entre 1930 e 1970; e (4) o desenvolvimento de uma antropologia urbana, a partir dos anos 1970.

A ênfase nessa divisão entre sociedades indígenas e pesquisas urbanas pode dar a impressão de que a antropologia se definiu em função do espaço ou da natureza social (sociedades indígenas ou grupos urbanos) de suas pesquisas. Essa divisão foi importante até a década de 1960: até aquele momento, cabia à antropologia – entendida como saber específico – o estudo de sociedades indígenas. O desenvolvimento dos estudos urbanos se deu em uma confluência profunda com a sociologia.

A partir do final da década de 1960, todavia, essa divisão não conseguiu mais dar conta da diversidade de recortes epistêmicos e

---

26 Para um balanço das contribuições de Roberto da Matta e suas análises sobre a sociedade brasileira, leia Gomes, Barbosa e Drummond (2001).

temáticos feitos pela antropologia. Mesmo os estudos de antropologia urbana abarcavam uma variedade imensa de temas: religiões, sociabilidades urbanas, lazer, política, trabalho, estados psicológicos etc. Além disso, a própria etnologia indígena começou a se diversificar, com estudos sobre o contato e cosmologia. Sem contar o fato de que muitos trabalhos sobre sociedades e grupos indígenas começaram a ser desenvolvidos nas cidades, haja vista que, atualmente, muitos deles se localizam no meio urbano.

Essa diversidade se deu em tal ordem que, hoje, qualquer balanço da antropologia brasileira ocorre muito mais em função das temáticas que do espaço ou da natureza dos grupos estudados. Assim, na coletânea de Duarte (2010) sobre a produção contemporânea da antropologia brasileira, há trabalhos sobre etnologia indígena, saúde, religiões, festas, gênero, sexualidade, relações interétnicas, técnicas e universos do trabalho, política, entre outros temas.

Nos dias atuais, pode-se dizer que a antropologia se define menos por seu objeto de estudo e mais por uma forma de olhar o objeto, em que o jogo entre unidade e diferença ou, ainda, entre identidade e alteridade é central. No Brasil, e também no exterior, há antropólogos no terreiro de candomblé e no *shopping center*, na festa de *hip-hop* e no Congresso Nacional, na igreja evangélica e na Secretaria Municipal de Saúde, na *web* e no carnaval, em presídios e em *raves*, e assim por diante. Essa diversidade de temas e lugares de pesquisa tem dado à antropologia brasileira uma vitalidade que, aos poucos, vem chamando a atenção do cenário antropológico internacional.

Na década de 1990, a etnologia indígena produzida a partir de estudos feitos em sociedades amazônicas começou a ser debatida tanto pela antropologia de centros tradicionalmente históricos, como França, Inglaterra e Estados Unidos, quanto pela filosofia.

Esse interesse está relacionado ao desenvolvimento de análises sobre o pensamento indígena na Amazônia em torno de conceitos como **perspectivismo**, o que permitiu debates muito profundos sobre a forma como esse pensamento nos convida a repensar ideias como natureza e humanidade. No limite, a própria relação do ser humano com a natureza – tema central em tempos de debates ecológicos – passa a ser escrutinada, agora a partir do pensamento amazônico.

O conceito de perspectivismo, tomado da filosofia, foi repensado à luz de etnografias feitas por autores como Eduardo Viveiros de Castro e Tânia Stolze Lima entre grupos amazônicos. O artigo *Os pronomes cosmológicos e o perspectivismo ameríndio*, publicado por Castro em 1996, deu início a uma reverberação do pensamento amazônico em discussões da antropologia tanto na Europa quanto nos Estados Unidos.

Com o tempo, essas discussões, ao oferecer novas conceituações sobre humanidade e natureza, passaram a ganhar espaço no campo da filosofia. Castro significou uma retomada, sob novas bases, de uma possibilidade que Lévi-Strauss deixara sugerida em *O pensamento selvagem* (1962): reconsiderar premissas do pensamento ocidental a partir do pensamento do outro, no caso, os povos da Amazônia. Assim, o perspectivismo ameríndio tornou-se um dos planos de reflexão da chamada *antropologia simétrica*, em que o Ocidente é revisto a partir de conceitos do pensamento de outros.[27] O lançamento, em

> Nos dias atuais, pode-se dizer que a antropologia se define menos por seu objeto de estudo e mais por uma forma de olhar o objeto, em que o jogo entre unidade e diferença ou, ainda, entre identidade e alteridade é central.

---

27 Para uma reflexão que pode servir como ponto de partida para as reflexões sobre o perspectivismo ameríndio e suas possibilidades de simetria, leia Viveiros de Castro (2012).

2015, do livro *A queda do céu: palavras de um xamã yanomami*, escrito pelo xamã Davi Kopenawa, em parceria com o antropólogo Bruce Albert, foi um marco dessa emergência do pensamento indígena como renovação da filosofia.

O caráter político dessa antropologia simétrica é profundo. Talvez sua melhor tradução no Brasil contemporâneo sejam os recentes projetos desenvolvidos pela antropóloga Manuela Carneiro da Cunha (2009), nos quais ela procura aliar o conhecimento científico aos conhecimentos tradicionais de povos indígenas e populações ribeirinhas no Brasil. Assim, por exemplo, projetos sobre técnicas de plantio de determinados produtos ou de desenvolvimento de certas plantas medicinais são produzidos a partir de debates entre agrônomos, farmacêuticos, químicos, entre profissionais de outras áreas, e sociedades tradicionais. A ideia central é que o saber dessas sociedades pode ajudar o mundo moderno a aumentar a diversidade de possibilidades de ação diante de problemas mundiais crônicos, como a mudança climática e a carência alimentar.

Indicação cultural

EDIFÍCIO MASTER. Direção: Eduardo Coutinho. Brasil, 2002. 110 min. Documentário.

Retrata o cotidiano dos moradores do Edifício Master, em Copacabana, com base em depoimentos daqueles que lá viviam. Com a estratégia simples de dar voz aos moradores, Coutinho constrói uma narrativa em que se misturam dramas e tragédias pessoais, cotidianidade, memória e humor, convidando o espectador para um exercício de estranhamento e empatia próximo ao que acontece no trabalho de campo dos antropólogos.

Síntese

Desde o século XVI, são produzidas reflexões sobre as diferenças culturais no Brasil. Entre os séculos XVI e XVIII, vários viajantes descreveram os modos de vida das sociedades indígenas situadas no país. As primeiras reflexões antropológicas de cunho científico ocorreram no contexto dos debates raciais do final do século XIX. Nas décadas de 1920 e 1930, a temática da identidade nacional e do caráter da cultura brasileira dominou a agenda intelectual no país. Entre 1930 e 1960, a antropologia foi produzida no Brasil de forma conjunta com a sociologia, havendo três campos centrais na história das ciências sociais brasileiras desse período: relações interétnicas, etnologia indígena e estudos urbanos. A partir dos anos 1970, com o surgimento de programas de pós-graduação específicos de antropologia, houve uma diversificação temática e teórica da antropologia produzida no país.

Atividades de autoavaliação

1. Analise as sentenças a seguir.

   I) Não é possível falar em antropologia no Brasil antes de 1970.

   II) As sociedades indígenas brasileiras têm um lugar de destaque na história das reflexões europeias sobre as diferenças humanas.

   III) Os relatos de viagem produzidos por Jean de Léry ou por Hans Staden são documentos históricos importantes no estudo das sociedades indígenas brasileiras, mas devem ser lidos com cuidado, em virtude do etnocentrismo dos autores.

IV) Não foi somente pelo aspecto humano que o Brasil chamou a atenção dos europeus entre os séculos XVI e XVIII. A natureza do país também se tornou alvo de reflexões.

Está(ão) correta(s) apenas a(s) afirmativa(s):

a) II.
b) II, III e IV.
c) I e IV.
d) III.

2. Analise as proposições a seguir.

I) A diversidade racial na sociedade brasileira se tornou a questão mais importante do pensamento social produzido no Brasil e sobre o Brasil entre 1850 e 1930.

II) A mestiçagem sempre foi vista como um aspecto positivo da sociedade brasileira.

III) No final do século XIX, houve uma combinação entre a reflexão sobre a mestiçagem e estudos sobre criminalidade, que culminou na obra de Nina Rodrigues.

IV) Os sertões, publicada por Euclides da Cunha em 1902, não pode ser lida como uma obra que sintetiza várias tendências teóricas do pensamento científico no final do século XIX.

Está(ão) correta(s) apenas a(s) afirmativa(s):

a) II, III e IV.
b) I e II.
c) III.
d) I e III.

3. Marque V para as afirmativas verdadeiras e F para as falsas.

( ) A partir da década de 1920, a temática da cultura brasileira e suas características tornou-se mais presente nos debates sociais.

( ) Apesar de a temática da cultura ter sido importante na agenda do pensamento social brasileiro na década de 1930, os estudos sobre cultura brasileira eram mais ensaísticos do que baseados na metodologia empírica.

( ) As reflexões sobre cultura brasileira foram desenvolvidas sem a influência de debates antropológicos sobre o assunto.

( ) Nos debates das décadas de 1920 e 1930 sobre a cultura brasileira, a mestiçagem era apontada como o maior problema da sociedade nacional.

Assinale a alternativa que corresponde à sequência correta:

a) V, V, F, F.
b) V, F, F, V.
c) V, F, V, F.
d) F, F, V, V.

4. Marque V para as afirmativas verdadeiras e F para as falsas.

( ) A profissionalização das ciências sociais no Brasil ocorreu a partir da década de 1930, e dois de seus marcos foram a fundação da Universidade de São Paulo e da Escola Livre de Sociologia e Política de São Paulo.

( ) As teses de Gilberto Freyre não foram criticadas pelas ciências sociais no Brasil nas décadas de 1940 e 1950.

( ) Os estudos de comunidade constituíram um importantíssimo campo de estudos nas ciências sociais brasileiras entre as décadas de 1930 e 1970.

( ) Até a década de 1960, as agendas de pesquisa da antropologia e da sociologia no Brasil eram conjuntas, sendo muito difícil abordar as duas disciplinas de forma separada.

Assinale a alternativa que corresponde à sequência correta:

a) F, V, F, F.
b) V, V, F, F.
c) V, F, V, V.
d) F, F, V, V.

5. Marque V para as afirmativas verdadeiras e F para as falsas.

( ) A etnologia indígena se desenvolveu no Brasil somente a partir da década de 1970.

( ) Nas décadas de 1960 e 1970, os conceitos de assimilação e aculturação foram muito utilizados para o estudo da relação entre as sociedades indígenas e a sociedade brasileira.

( ) Um dos principais campos da antropologia brasileira são os estudos de antropologia urbana, com análises sobre diferentes práticas culturais e formas de sociabilidade no meio urbano.

( ) Um dos temas mais relevantes desenvolvidos pela etnologia voltada à Amazônia é a corporalidade, que revela como as sociedades indígenas no Brasil têm nos corpos dos indivíduos um importantíssimo eixo de construção e expressão de processos sociais.

Assinale a alternativa que corresponde à sequência correta:

a) F, V, V, V.
b) V, F, F, V.
c) V, V, F, F.
d) F, V, F, V.

Atividades de aprendizagem

Questões para reflexão

1. Um dos efeitos colaterais da valorização da mestiçagem no pensamento modernista (décadas de 1920 e 1930) foi a criação de um mito de democracia racial, em que a sociedade brasileira é descrita como se nela não houvesse preconceito racial. Leia a reportagem "'Quando cheguei, descobri o que era ser negra': como africanos veem o preconceito no Brasil", da BBC, e reflita sobre essa questão.

BELLA, G. Di; CHRIST, G. 'Quando cheguei, descobri o que era ser negra': como africanos veem o preconceito no Brasil. BBC, 20 nov. 2016. Disponível em: <http://www.bbc.com/portuguese/brasil-38034668>. Acesso em: 15 jun. 2018.

2. Os estudos de comunidade tinham como foco o estudo dos impactos dos processos de modernização sobre comunidades com estilos de vida tradicionais (pescadores, trabalhadores rurais etc.). Reflita sobre os impactos e as mudanças que a modernização pode trazer à vida dessas comunidades (pense na tecnologia e na mudança da forma como o tempo é vivido).

Allan de Paula Oliveira

3. A questão mais geral deste capítulo é o desenvolvimento da antropologia no Brasil. É preciso reconhecer que, além da antropologia, há outras formas de reflexão sobre a sociedade brasileira e suas questões mais importantes. A música popular no Brasil, por exemplo, é um dos principais meios pelos quais a população toma consciência de sua própria sociedade, de seus problemas e de suas divisões (espaciais, étnicas, de gênero etc.). Reflita sobre essa capacidade da música popular. Pense em gêneros como o samba, o *rap*, o sertanejo e o brega para responder às seguintes perguntas: De que forma eles expressam questões da sociedade brasileira? Como esses gêneros refletem as diferenças na sociedade?

Atividade aplicada: prática

Faça um exercício de curadoria para uma mostra de cinema e música que aborde as diversidades racial e cultural brasileiras a partir das duas visões apresentadas neste capítulo:

1. uma visão que enfatiza os pontos de interseção e integração (debates do modernismo e da década de 1930);

2. uma visão que destaca os pontos de conflito e a violência (os estudos sobre relações raciais levados a cabo pela socioantropologia nas décadas de 1950 a 1970).

Realize um levantamento de filmes e canções que ilustrem esses dois pontos.

Capítulo 6

Relações entre
antropologia e história

Neste capítulo, abordamos as relações da antropologia, ao longo de sua história, com o saber histórico. Nesse sentido, descrevemos os usos da história pela antropologia, ou seja, a consideração do aspecto temporal no estudo das sociedades às quais a antropologia se dedicou ao estudo. Apresentamos também uma leitura crítica da história pela antropologia, em que a narrativa histórica é apontada como uma forma pela qual o Ocidente se impõe a outras culturas.

(6.1)
A DUPLA CONSCIÊNCIA EUROPEIA E A INVENÇÃO DA ANTROPOLOGIA

O surgimento da antropologia pode ser relacionado ao desenvolvimento de uma consciência europeia desdobrada em dois aspectos: um **espacial** e outro **temporal**, fundamentais na constituição da tópica em torno da qual surgiu a antropologia, a chamada *sociedade primitiva* (Kuper, 2008). A relação dos europeus com essa tópica tinha um sentido espacial, na medida em que essa sociedade "primitiva" estava distante: na Oceania, na África, na Ásia, na América do Sul. Mesmo antropólogos norte-americanos referindo-se às sociedades indígenas de seu país, na região dos Grandes Lagos, das planícies do centro, do Novo México e do Colorado ou das áreas do noroeste (atuais estados de Washington e Oregon), viam uma distância espacial profunda entre sua própria sociedade e essas sociedades indígenas, lembrando que a ocupação do interior dos Estados Unidos se tornou uma questão de fato durante o século XIX.

Em suma, a construção da ideia de uma sociedade "primitiva" envolveu no pensamento ocidental a constituição de um sentido espacial – "aqui" e "lá". Esse sentido não surgiu no século XIX e uma genealogia de seu desenvolvimento talvez nos remetesse ao final da

Idade Média. No entanto, o referido século significou o fim do processo de descoberta do mundo. Quando da constituição dos impérios coloniais europeus, todas as áreas do planeta, com exceção da Antártida, eram consideradas relativamente conhecidas (Hobsbawm, 2002). Consideravam-se algumas áreas, como a Amazônia, insuficientemente exploradas, mas sua presença na cartografia do mundo não era sequer motivo de debate. A ideia de primitivo, nessa ótica, operava nesse campo do imaginário europeu, marcado por uma consciência entre o "aqui" da Europa e o "lá" do mundo colonial.

O outro desdobramento da consciência europeia dizia respeito ao tempo e se traduziu na emergência de uma consciência histórica, que se tornou central no século XIX. O impacto dessa consciência no pensamento europeu foi gigantesco, seja nas transformações da narrativa histórica, seja nas transformações da própria ideia de ciência (White, 1992). O que interessa aqui é o fato de que, à medida que os europeus tomaram consciência de que ocupavam um lugar na história – atrelada a uma autoimagem de civilização e progresso –, as outras sociedades humanas, os outros povos, foram situados em outros lugares nessa história. O "primitivo" adquire o sentido de "nosso passado". Ele era não somente distante no espaço, mas também no tempo. A sociedade "primitiva", a tópica em torno da qual surgiu a antropologia, era uma representação que condensava uma dupla distância: no espaço e no tempo.

Um dos maiores índices dessa autoconsciência europeia e de seu desdobramento temporal e histórico talvez seja a popularização da ideia de museu, no começo do século XIX (Schwarcz, 2003). Da prática de coleções privadas nas mãos de nobres e reis, os museus se estabeleceram ao longo do século XIX como espaços públicos onde eram expostos o passado da sociedade europeia e os povos primitivos. Essa exposição se tornou tão presente na sociedade europeia da época que as exposições universais – feiras organizadas com o intuito de se exibir o progresso tecnológico do Ocidente – sempre traziam setores de exibição dos povos primitivos, provocando o surgimento dos *zoos humanos*. A popularidade da ideia de evolucionismo, a partir da década de 1860, tornou esses museus e essas exposições expressões da evolução humana.[1]

Fabian (2013), em um trabalho que se tornou clássico, mostra como a concepção de tempo foi central na constituição da antropologia como disciplina e como essa ideia é primordial nas muitas formas como os antropólogos constroem seus objetos de estudo. Um aspecto a ser enfatizado aqui é o fato de a antropologia ter surgido, no século XIX, como uma disciplina voltada a um objeto – as sociedades "primitivas" – considerado em vias de desaparecimento, em virtude do avanço da civilização. Esse "pessimismo sentimental" foi uma tônica, em maior ou menor grau, na obra de muitos autores clássicos da disciplina e transparece em textos de Franz Boas, na década de 1910, e de Lévi-Strauss, nos anos 1950. Este último, inclusive, referiu-se à antropologia várias vezes a partir de uma analogia com a atividade do "inventário", um registro das experiências humanas, seja no tempo (dadas pela história), seja no espaço (dadas pela etnografia), antes que várias delas se perdessem para sempre.

A consciência histórica europeia, portanto, era central no estabelecimento de um saber voltado à parte da humanidade que se encontrava em estágios evolutivos mais atrasados. Se a linha narrativa dessa obra tomou a antropologia como uma reflexão sobre o homem como ser social, a partir das diferenças entre as sociedades humanas (e tendo como pressuposto uma unidade humana), pode-se

---

1   *A Exposição de Londres, em 1851, geralmente é citada como um marco inicial dessas exposições universais. Sobre elas, veja Pesavento (1997).*

ver a antropologia evolucionista como uma primeira tentativa de compreensão e explicação dessas diferenças.

Tomando o pressuposto da unidade humana, as diferenças corresponderiam a estágios evolutivos distintos, ou seja, cada sociedade seria localizada em etapas diferentes da história. A antropologia evolucionista, assim, era altamente histórica, o que explica, em certa medida, a grande proximidade dessa antropologia com o desenvolvimento da arqueologia no século XIX. Ambas, encarando a história como eixo sobre o qual as sociedades humanas se localizam, tomavam como tarefa estabelecer a linha evolutiva dela.

Figura 6.1 – Gravura da Exposição Universal de Londres, realizada em 1851

Com relação à Figura 6.1, vale ressaltar que as exposições universais (que existem até hoje), nas quais cada país apresentava em estandes seus produtos tecnológicos e seus elementos culturais, constituíram expressões e meios de produção da consciência europeia com relação a sua história e sua inserção no mundo.

A concepção antropológica de cultura, proposta por Edward Tylor, não alterou essa ideia evolutiva. Pelo contrário: permitiu que a ideia de evolução se tornasse empiricamente observável por meio de uma concepção de cultura que, ao mesmo tempo que englobava produções intelectuais (mitos, crenças religiosas), se voltava, em grande medida, para a expressão material da cultura, com uma grande atenção às técnicas e aos objetos, haja vista a relação de Tylor com os museus. A cultura, vista como um conjunto integrado de traços, muitos deles materializados, daria ao antropólogo a possibilidade de comparar e classificar evolutivamente as sociedades.

O difusionismo, com sua ênfase na difusão dos traços culturais, também era profundamente histórico. É fato que essa tendência teórica relativizou a construção de uma linha evolutiva da história humana, bem como que os antropólogos e os arqueólogos difusionistas estavam preocupados em estabelecer histórias dos contatos culturais, do trânsito de traços da cultura. Em suma, tanto a antropologia evolucionista quanto a difusionista pensavam estabelecer uma historicidade das diferenças humanas. Compreendê-las era inseri-las na história.

(6.2)
A HISTÓRIA DA CULTURA: BOAS

A antropologia desenvolvida por Franz Boas nos Estados Unidos entre 1890 e 1940, conforme apontamos no Capítulo 4, aprofundou a concepção de que as culturas são um conjunto integrado de traços e elementos, de tal ordem que elas devem ser estudadas levando-se em conta essa integralidade. Boas significou uma ênfase na particularidade de cada cultura, em detrimento da ênfase comparativa da antropologia evolucionista, sendo que os sentidos de seus traços e seus elementos passam, em sua obra, a exigir do pesquisador um cuidado cada vez maior com essa particularidade.

Ao longo de sua obra, Boas defende cada vez mais a necessidade de cada cultura ser estudada levando-se em conta sua história. Os efeitos disso são diversos, sendo o desenvolvimento de trabalhos de campo mais acurados uma de suas grandes contribuições para a história da antropologia.

Mais importante, todavia, é o fato de Boas ir se afastando do método comparativo adotado pela antropologia evolucionista (Castro, 2004), não por uma negação de princípios, mas por entender que as comparações entre diferentes culturas só poderiam ser feitas após um estudo minucioso da história de cada uma delas. Dessa forma, foge de uma história da cultura humana – a cultura como um atributo da humanidade – e propõe uma história das culturas.

Entretanto, como o próprio Boas reconheceu, os antropólogos tinham limitações na construção de uma história das culturas que estudavam: "Com respeito à história dos povos primitivos, tudo o que os etnólogos elaboraram se reduz a reconstruções, e não poderia ser outra coisa... Infelizmente, nós não dispomos de nenhum fato que lance uma luz qualquer sobre estes desenvolvimentos [históricos]" (Boas, citado por Lévi-Strauss, 1996c, p. 19). Essa limitação, apontada como crítica à antropologia evolucionista, voltou-se contra o próprio Boas à medida que ele enfatizava a necessidade de uma história das culturas.

A história da evolução cultural poderia ser hipotética, assim como a da difusão cultural. Porém, com o material que os antropólogos tinham em mãos, na maioria das vezes, uma história particular de cada cultura também era uma empresa limitada, haja vista o fato de que a antropologia se ocupava de sociedades sem escrita.² De certa forma, essa ênfase em uma abordagem historicista da cultura talvez seja uma pista para compreender como a antropologia praticada por Boas manteve laços profundos com a arqueologia – em vários casos, esta disciplina seria responsável pela história da cultura.

Os alunos de Boas que desenvolveram os estudos de cultura e personalidade, como Ruth Benedict e Margaret Mead, simplesmente negaram essa questão. Seus principais trabalhos não apresentam uma história das culturas, e ambas as autoras, sobretudo a segunda, adotaram um modo de investigação sincrônico, sem grande atenção ao desenvolvimento diacrônico da cultura. *Sexo e temperamento* (1936), famosa obra de Mead sobre a construção cultural do temperamento e da personalidade em três culturas diferentes na Nova Guiné, é um bom exemplo: há informações sobre o modo de vida (características da economia, da política, do cotidiano etc.) de cada uma das culturas estudadas, mas o leitor não é informado sobre a história delas. Em outras palavras, o modo como cada cultura chegou à sua atual configuração não é revelado.

O mesmo vale para o clássico *Padrões de cultura*, publicado por Benedict em 1934. Essa ênfase na sincronia estava ligada, conforme explicaremos a seguir, à influência da antropologia social britânica e a sua ideia de trabalho antropológico. Essa "fuga" da história de cada cultura indica como a proposta metodológica de Boas levou seus próprios colaboradores a uma série de impasses. Como construir a história das culturas estudadas? Quais seriam as fontes? E qual seria a extensão dessa história?

---

2   Vale observar que, à época de Boas, a discussão sobre a natureza das fontes historiográficas ainda era muito voltada para a ideia de fontes escritas. A antropologia, inclusive, ajudou a história a alargar sua concepção de fonte.

Allan de Paula Oliveira

Essa concepção historicista da cultura como forma de compreensão de sua particularidade, ainda que não fosse seguida por seus alunos ligados aos estudos de cultura e personalidade, serviu de base para que outros alunos, em contextos diversos, desenvolvessem trabalhos importantes. Um exemplo é Zora Neale Hurston (1891-1960), que estudou com Boas no final na década de 1920, sendo uma das pouquíssimas estudantes negras da Universidade de Columbia naquela época.[3] Hurston voltou-se ao estudo da cultura negra no sul dos Estados Unidos, combinando uma abordagem etnográfica com uma história dos negros norte-americanos. Outro exemplo é Gilberto Freyre, que, no afã de compreender a particularidade da cultura brasileira, desenvolve, em *Casa-grande & senzala*, uma abrodagem da história da sociedade brasileira a partir da contribuição de cada uma de suas "raças formadoras".

Na década de 1940, a antropologia boasiana passou a ser muito criticada por sua ênfase particularista e pelo repúdio de esquemas históricos mais amplos. Essa foi a tônica das críticas da antropologia neo-evolucionista (com influências do marxismo) que emergiu nos Estados Unidos no final da década de 1940, sob a orientação de Julian Steward e Leslie White.

Esses dois autores citados representaram a retomada de uma ideia mais ampla de história, a qual era oferecida pela concepção marxista como uma sucessão de modos de produção econômica. Nesse caso, os antropólogos teriam a oportunidade de estudar uma fase da história humana marcada por economias de subsistência, caracterizadas por atividades como coleta e caça. Interessava muito a Steward e a White o modo como sociedades com esse tipo de base econômica se

---

3   Hurston estudou no Barnard College, uma instituição de ensino voltada somente para mulheres e ligada à Universidade de Columbia.

organizavam e como poderiam exemplificar as ideias marxistas de relação entre economia e organização social. Por exemplo: as sociedades amazônicas apresentavam uma ausência de Estado, havendo apenas uma organização política baseada em chefias sem grande poder de coerção. Isso, para Steward e White, era determinado pela baixa produção econômica, advinda de uma economia baseada majoritariamente em coleta e caça, com uma agricultura de subsistência extremamente incipiente. Por sua vez, sociedades andinas apresentavam tendências à centralização estatal, ligada a uma economia em que a produção agrícola era mais desenvolvida. Enfim, a relação entre Andes e Amazônia apontaria para a sucessão de modos de produção, com o primeiro espaço apresentando sociedades mais evoluídas que o segundo.

A presença do pensamento marxista na antropologia variava de acordo com a época e as temáticas de estudo. O marxismo, *grosso modo*, pode ser encarado sob dois aspectos: uma teoria da história e uma teoria social. Como teoria da história, vista como uma sucessão de modos de produção econômica, o marxismo teve um impacto reduzido na antropologia, influenciando algumas correntes do pensamento antropológico, como o neo-evolucionismo norte-americano nas décadas de 1940 e 1950. Por sua vez, como teoria social, seu impacto foi maior, sobretudo em sua ênfase do conflito (entre classes) como fundamento da dinâmica social. Os estudos sobre rituais e conflitos em sociedades africanas, que marcaram a antropologia britânica na década de 1950, dialogavam com o pensamento marxista. As análises que Roberto Cardoso de Oliveira produziu sobre o contato interétnico na sociedade brasileira também apresentavam esse diálogo.

De certa forma, a emergência dessa antropologia neo-evolucionista recolocou a questão mais antiga de esquemas históricos mais amplos que englobam todas as culturas humanas. O prefixo *neo* se referia ao fato de que esses esquemas adotavam novos padrões de classificação e comparação entre as culturas, marcadamente seus processos de adaptação ao meio ambiente (traduzidos em ideias como consumo de energia) e a relação entre estes e a organização social.

O debate aqui – antropologia boasiana e antropologia neo-evolucionista – é novamente entre uma ênfase no local e outra em processos mais amplos. Em ambos os casos, o trabalho do antropólogo envolve uma relação profunda com a ideia de historicidade, na qual o entendimento pela cultura passa por sua inserção em um quadro temporal. A diferença entre as abordagens é a amplitude desse quadro: na antropologia evolucionista do século XIX e na neo-evolucionista, trata-se de uma amplitude vasta, uma história de âmbito mundial que abarca todas as culturas humanas, ao passo que a antropologia boasiana refere-se a uma amplitude localizada, uma história particular de cada cultura.

(6.3)
Sincronia e diacronia na antropologia social britânica

Se Boas representou uma crítica ao caráter amplo e, portanto, hipotético do historicismo evolucionista, propondo um historicismo de nível local, a consagração da observação participante como fundamento do trabalho de campo do antropólogo, levada a cabo pelos ingleses das décadas de 1910 e 1920 e historicamente relacionada à figura de Bronislaw Malinowski, significou outra abordagem das diferenças humanas.

A palavra-chave na etnografia a partir de Malinowski passou a ser *sincronia* – uma descrição da vida social no presente, tal como se apresenta ao antropólogo. Malinowski contribuiu com o novo enfoque da etnografia e com a forma como uma sociedade é descrita. Em suas monografias sobre as ilhas Trobriand, ele descreve diversos domínios da vida social local – economia, magia, parentesco, vida sexual, técnicas e corpo de conhecimentos –, sem, no entanto, preocupar-se com a história da sociedade que estuda. Nem mesmo a situação colonial da Nova Guiné é levada em conta, tendo, em suas descrições, um papel extremamente secundário. O que se apresenta ao leitor é uma rica descrição da vida social trobriandesa na década de 1910, momento em que Malinowski realizou seu trabalho de campo. Porém, como era essa vida social décadas ou centenas de anos antes escapa aos interesses do pesquisador.

Reflexões teóricas sobre a relação entre a história e o trabalho do antropólogo foram feitas por Radcliffe-Brown em seus textos teóricos da década de 1930. Assim como Malinowski, em seu trabalho etnográfico – sua monografia sobre a vida social nas Ilhas Andaman, um arquipélago na costa da Índia, publicada em 1922 –, ele não se preocupava com o desenvolvimento histórico das sociedades estudadas. Em vez de descrever a história de uma sociedade ou uma cultura, detalhava as relações entre suas partes. Em um texto canônico de 1935, Radcliffe-Brown (2013c, p. 167) afirma que:

O ponto de vista "funcionalista" aqui apresentado implica, portanto, que tenhamos que investigar o mais completamente possível todos os aspectos da vida social, considerando-os uns em relação com os outros, e que parte fundamental da tarefa é a investigação do indivíduo e do modo pelo qual ele é modelado pela vida social ou ajustado a ela [...].

[...] Não há, nem pode haver, conflito algum entre a hipótese funcional e o parecer de que qualquer cultura, qualquer sistema social, sejam o resultado final de uma série de acidentes históricos. O processo de evolução da raça cavalar a partir de um antepassado foi uma série peculiar de acidentes históricos. Isto não conflita com a opinião do fisiologista de que o cavalo de hoje e todas as formas antecedentes se conformem ou

tenham se conformado às leis fisiológicas, isto é, às condições necessárias de existência orgânica. A paleontologia e a fisiologia não estão em conflito. A "explicação" para o cavalo puro-sangue deve ser procurada na história – como e onde ele veio a ser o que é. Outra "explicação" totalmente independente é mostrar como o cavalo vem a ser a exemplificação especial de leis fisiológicas. Analogamente, uma "explicação" de determinado sistema social será sua história, se soubermos o relato minucioso de como e onde ele veio a ser o que é. Outra "explicação" do mesmo sistema obtém-se mostrando (como os funcionalistas tentam fazer) que ele é uma ilustração especial das leis de fisiologia social ou do funcionamento social. Os dois tipos de explanação não conflitam, mas suplementam-se reciprocamente.*

Essa passagem ilumina algumas premissas importantes na forma como a antropologia social britânica se desenvolveu entre as décadas de 1910 e 1930. Uma delas seria a concepção orgânica da sociedade, o que revela a influência do pensamento de Émile Durkheim sobre as ideias de Radcliffe-Brown. Essa concepção permite, assim, uma analogia entre o estudo da sociedade e a fisiologia, ou seja, a descrição do funcionamento e a relação entre as partes de um organismo. Ao mesmo tempo, fica evidente a ideia de sistema que essa concepção oferece: assim como o organismo constitui um conjunto integrado de órgãos, a sociedade consiste em um sistema integrado de domínios e fatos sociais.

Usando o exemplo da evolução do cavalo, Radcliffe-Brown (2013c) estabelece sua ideia da relação entre o trabalho do antropólogo ou do sociólogo e o do historiador. O autor concorda que a espécie tem uma história, mas que o organismo de um cavalo pode ser descrito na relação entre suas diferentes partes – exatamente como faz o antropólogo ao estudar uma sociedade. Para isso, é válido o conceito de função: assim como cada órgão tem um papel no funcionamento do organismo, um fato no interior de uma sociedade tem uma função social.

O propósito daquilo que Radcliffe-Brown chama de *explicação funcional* seria estabelecer a função dos fatos no sistema social, e não explicar como estes vieram a ser o que são (explicação histórica). Ele não opõe os métodos e aponta, antes, sua complementaridade. Todavia, o método funcional se apresenta como uma forma de explicação da vida social que não passa, necessariamente, por sua imersão no tempo. Alguns autores, como Kuper (1978), estabeleceram o caráter a-histórico da abordagem funcionalista e estrutural de Radcliffe-Brown e, por extensão, da antropologia social britânica nas décadas de 1930 e 1940.

Esse caráter continuou sendo evocado quando, em 1940, Radcliffe-Brown (2013b), em outro texto canônico, propõe o conceito de estrutura social para denotar a rede de relações sociais nas quais os indivíduos estão inseridos. Conforme apontamos no Capítulo 4, sua concepção de estrutura era marcadamente sociológica e estava interessada nas formas de organização social e em suas dinâmicas: relações de parentesco e expressões políticas. A adoção do conceito de estrutura social lhe permitia retomar a ideia de comparação entre sistemas sociais, em bases, porém, diferentes da forma como a antropologia evolucionista o fazia (Radcliffe-Brown, 1983).

Convém ressaltar que essa abordagem estrutural-funcionalista de Radcliffe-Brown – hegemônica na antropologia britânica durante toda a década de 1940 – mantinha o caráter a-histórico do método funcional. As estruturas sociais eram descritas sem referências a seu contexto histórico e sem grandes apontamentos sobre suas transformações. Radcliffe-Brown reconhecia que o contexto histórico das estruturas descritas pelos antropólogos e suas transformações era uma lacuna da abordagem estrutural-funcionalista.

Tomando como exemplo as transformações das sociedades africanas diante do contato com os europeus, Radcliffe-Brown (2013b) vê a mudança a partir somente da chegada de uma força estrangeira (os europeus) e minimiza a própria capacidade de mudança da estrutura. Ou seja, ele reconhece que as estruturas sociais descritas pelos antropólogos estão cada vez mais inseridas em processos históricos, por efeito do contato com outras estruturas.

A história interna a cada estrutura escapa ao pesquisador. Essa abordagem a-histórica se manteve na década de 1940, quando a descrição de estruturas sociais africanas se tornou a principal temática da antropologia social britânica, a partir do trabalho de dois alunos de Radcliffe-Brown na Universidade de Oxford: Evans-Pritchard e Meyer Fortes.

Apesar de seu vigor teórico, essa "fuga" da história por parte da antropologia social britânica entre 1920 e 1950 foi vista de maneira crítica pelos próprios autores. Malinowski, no final dos anos 1920 e ao longo de toda a década de 1930, produziu algumas reflexões sobre a questão da mudança cultural, sobretudo a partir de seu contato com sociedades africanas por volta de 1934. Segundo ele, ao observar cidades africanas,

> Assim que o avião cruza a fronteira entre os povos nilóticos e bantos, torna-se óbvio que sobrevoamos uma África transformada... Estradas e igrejas, automóveis e caminhões, proclamam que estamos num mundo de mudança em que dois fatores atuam juntos e produzem um novo tipo de cultura relacionado com a Europa e a África, e, no entanto, não mera cópia de uma nem de outra. (Malinowski, citado por Kuper, 1978, p. 45)

Da mesma forma, em seu texto sobre estrutura, Radcliffe-Brown (2013a) reconhece que a transformação estrutural e a mudança cultural são temas importantes. Todavia, para ele, "não podemos estudar, mas tão somente especular sobre os processos de mudança que ocorreram no passado de que não temos registros" (Radcliffe-Brown, 2013a, p. 175). Nessa frase, fica clara a "fuga" da história: trata-se não apenas de propor outra forma de explicação da sociedade (a explicação funcionalista), mas também de reconhecer que o antropólogo não dispõe de meios (entenda-se fontes) para uma reconstrução da história das sociedades estudadas. Em 1961, em uma conferência em Manchester, Evans-Pritchard lamentou a distância que a antropologia havia estabelecido da história e reforçou o caráter complementar de ambas as disciplinas (Evans-Pritchard, 1974).

> A influência da sociologia durkheimiana sobre a antropologia social britânica, especialmente sobre Radcliffe-Brown, também ajuda a compreender essa relação de "fuga" da história. Em 1895, Durkheim (2007), em *Regras do método sociológico*, já apresentava esse método como uma forma diferente de compreensão dos fenômenos sociais, critincando a redução dessa compreensão a uma causalidade cronológica – explicar um fato social por um estado social anterior no tempo. Afirmações mais enfáticas dessa diferença entre os métodos da sociologia e os da história aparecem no verbete *sociologia*, que colaboradores de Durkheim elaboraram para uma enciclopédia em 1901 (Mauss; Fauconnet, 2001). Nesse texto, também está presente a ideia de que a explicação sociológica não significa a imersão de um fato social no tempo, no sentido de concatená-lo a outros fatos do passado. Isso não quer dizer que as sociedades do passado não serviam aos propósitos dos sociólogos. Mauss, por exemplo, fez um intenso uso dos trabalhos dos historiadores, mas não no sentido de explicar o presente, e sim de ter elementos comparativos entre diversas sociedades.

Os desenvolvimentos posteriores da antropologia social britânica, sobretudo na década de 1950, revelaram tentativas de estabelecimento de quadros analíticos mais abertos a uma combinação entre etnografia, entendida como uma investigação baseada na ideia de sincronia, e história, tida como uma análise baseada na dimensão diacrônica dos fatos sociais. As contribuições etnográficas de autores como

Edmund Leach (*Sistemas políticos na Alta Birmânia*) e Max Gluckman (*Análise de uma situação social na Zululândia moderna*) denotavam uma atenção maior tanto à história local da estrutura estudada quanto à história das relações da estrutura social com outras sociedades. A ideia de uma ilha isolada do mundo e que se mantém relativamente imutável não se sustentava mais nessa antropologia da década de 1950. Aqui, as estruturas sociais apareciam impregnadas de história, interna e externamente. Não sem razão, a antropologia britânica da década de 1950 teve influência nos estudos da história social inglesa na mesma época.

No entanto, a fama da antropologia social britânica permaneceu vinculada à ideia de sincronia, central na forma como os antropólogos consagram o trabalho etnográfico. Tanto Malinowski quanto Radcliffe-Brown criaram uma imagem da antropologia como um saber a-histórico, baseada em um tipo de trabalho comparável a uma fotografia: uma captura da realidade em um instante preciso e específico, sem muitas informações sobre os momentos anteriores. Mesmo que seus seguidores tenham reinserido a história e a dimensão diacrônica na compreensão da vida social, essa antropologia se tornou o símbolo de uma distância da história.

(6.4)
Ocidente e mito na história:
Lévi-Strauss e o tempo revisitado

De modo geral, os historiadores britânicos das décadas de 1920 e 1930 não tomaram muito conhecimento da produção antropológica. Malinowski, popular em Londres como um conhecedor dos povos primitivos, não chegou a debater com historiadores o lugar da história no trabalho etnográfico. Em suma, a antropologia social na Inglaterra manteve-se restrita a um círculo pequeno de praticantes e debatedores, não havendo um debate considerável entre antropologia e história.

Esse debate disciplinar ocorreu na França nas décadas de 1950 e 1960, sobretudo em função da ascensão da antropologia estrutural, ligada a Claude Lévi-Strauss. Esse autor tornou-se a face pública mais conhecida da antropologia no século XX, atribuindo-se a ele, muitas vezes de forma incorreta, aspectos específicos da relação entre antropologia e história.

Contudo, é necessário reconhecer que Lévi-Strauss desenvolveu reflexões provocativas sobre o lugar da história no pensamento do Ocidente. A compreensão dessas provocações exige, no entanto, que se observem duas influências importantes no desenvolvimento da antropologia estrutural: a Escola Sociológica Francesa, sobretudo na figura de Marcel Mauss, e a linguística estrutural, representada pelo contato de Lévi-Strauss com Roman Jakobson.

Em 1950, Lévi-Strauss escreveu um texto no qual estabelece várias contribuições de Marcel Mauss, que havia recém falecido, para o pensamento social.[4] Esse texto, entre outros elementos, relembra o fato de que Mauss via a sociologia como o estudo de representações coletivas que operavam no nível do inconsciente: "Tanto em magia e em religião como em linguística, são as ideias inconscientes que agem" (Mauss, citado por Lévi-Strauss, 2003, p. 28).

De fato, o próprio Mauss reconhecera que a sociologia, de certa forma, é também uma psicologia, haja vista suas preocupações com as formas do pensamento (Mauss; Fauconnet, 2001). Essa atenção às representações situadas no inconsciente deu um estilo às reflexões desenvolvidas por Mauss, com destaque para *O ensaio sobre a dádiva* (1924). Nesse livro, a diacronia está presente não no sentido

---

4   Para um estudo sobre as leituras da obra de Marcel Mauss, leia Sigaud (1999).

de explicar historicamente as representações envolvidas nas trocas de dádivas, mas no afã de mostrar que diferentes sociedades, afastadas no tempo e no espaço, apresentam fatos cuja lógica, que opera ao nível do inconsciente, é comum. Por isso, a leitura da referida obra é uma experiência antropológica por excelência: um texto em que a diversidade das culturas, no tempo (sociedades do passado) e no espaço (sociedades "primitivas" no presente), pode ser relacionada a uma lógica comum, ao nível do pensamento. Isso torna-se marcante na forma como Lévi-Strauss desenvolve sua antropologia: seu interesse é, antes de tudo, as formas do pensamento humano. Ainda nesse texto, o autor afirma que essa contribuição de Mauss apontava para uma direção similar àquela que ele, Lévi-Strauss, vira na linguística estrutural, da qual se aproximou na década de 1940 por intermédio do linguista russo Roman Jakobson.

Assim como a Mauss, a linguística estrutural deu a Lévi-Strauss a possibilidade de reduzir uma miríade de fatos diversos, no tempo e no espaço, a relações lógicas que operam ao nível do pensamento e são inconscientes ao sujeito. E mais importante: tais relações podem ser estabelecidas por meio de uma análise sincrônica dos fatos, do mesmo modo que a linguística estrutural produz análises dos sistemas linguísticos, no sentido de estabelecer relações lógicas entre os termos dos sistemas (Lévi-Strauss, 1996a). O método estrutural, portanto, tem na sincronia sua dimensão de operação. O que Lévi-Strauss entende por estrutura – modelos de relações lógicas construídos a partir da observação dos fatos sociais – não depende da historicidade para ser estabelecido.

Lévi-Strauss apresenta esse método estrutural de análise em seu primeiro livro, *As estruturas elementares do parentesco*, de 1949. A intenção do autor não é apresentar uma história de diferentes sistemas de parentesco, mas apontar relações lógicas internas a esses sistemas e, também, relações entre essas lógicas.

Embora ambos trabalhem sob a ideia de sincronia, convém frisar uma diferença entre as concepções de estrutura em Lévi-Strauss e em Radcliffe-Brown, com quem aquele dialoga: em Lévi-Strauss, a ideia de estrutura diz respeito a um modelo de relações lógicas, ao passo que, em Radcliffe-Brown, a estrutura é uma rede concreta de relações sociais. Por isso, em Radcliffe-Brown, a estrutura é sempre social e, em Lévi-Strauss, ela pode estar presente em domínios como as relações de parentesco ou nos elementos internos dos mitos. Talvez isso ajude a formular uma explicação para a diferença na forma como suas análises jogam com a variável temporal. Radcliffe-Brown insistiu no termo *sincronia* para descrever os trabalhos do antropólogo e do sociólogo. Lévi-Strauss, por sua vez, apesar de apontar o caráter sincrônico da análise estrutural, investiu muito mais no termo *inconsciente* como o elemento definidor dessa análise.

Assim, mais do que com o sentido de presente etnográfico que emana das monografias dos antropólogos ingleses – em que uma sociedade é descrita como ela aparece ao antropólogo no presente –, Lévi-Strauss estava preocupado com questões inconscientes que subjazem aos fenômenos da sociedade e do pensamento humano. Isso permitiu a ele um recurso que, *grosso modo*, não havia nas monografias inglesas: assim como Marcel Mauss em *O ensaio sobre a dádiva*, Lévi-Strauss se permitia recorrer a sociedades do passado como forma de ilustração dos princípios estruturais. Em seus textos, o leitor passa da China antiga à Polinésia atual, dos casamentos na Europa medieval a questões de parentesco em sociedades da Amazônia e assim por diante, pois a ênfase recai sobre o inconsciente e suas lógicas.

Se, em *As estruturas elementares do parentesco*, isso aparecia de forma mais ou menos oculta, Lévi-Strauss assumiu publicamente a importância desse elemento inconsciente nos interesses da antropologia em textos que surgiram de forma contemporânea a seus estudos sobre sistemas de parentesco. O texto de introdução à obra de Mauss, de 1950, é um exemplo. Porém, em outro texto, de 1949, ele não somente afirma a questão do inconsciente, como também o usa para diferenciar o trabalho do antropólogo do do historiador. Em *História e etnologia*, Lévi-Strauss (1996d, p. 33-34) afirma:

> *Então, o debate se reduz às relações entre a história e a etnologia no sentido estrito. Propomo-nos a mostrar que a diferença fundamental entre ambas não é nem de objeto, nem de objetivo, nem de método; mas que tendo o mesmo objeto, que é a vida social; o mesmo objetivo, que é uma compreensão melhor do homem; e um método onde varia apenas a dosagem dos processos de pesquisa, elas se distinguem sobretudo pela escolha de perspectivas complementares: a história organizando seus dados em relação às expressões conscientes, a etnologia em relação às condições inconscientes da vida social.*

O que Lévi-Strauss chama nesse texto de *história* é uma disciplina voltada, principalmente, ao estudo de fontes escritas. Ele não nega, todavia, que em 1949 os historiadores já haviam ido além desse elemento e incorporado em suas preocupações questões do inconsciente. O antropólogo cita o trabalho de Lucien Febvre como exemplo de uma historiografia atenta às ideias, às formas do pensamento e a seus elementos inconscientes (Lévi-Strauss, 1996c).

Lévi-Strauss estabelece, de início, a complementaridade entre as análises etnológicas e históricas e clama pela colaboração entre as duas disciplinas. Em 1952, ele produziu um texto explorando essa complementaridade. Em *O suplício do Papai Noel*, ele usa a figura mítica do Natal para apontá-la como uma atualização de ideias sobre as relações entre vivos e mortos, presentes em centenas de sociedades diferentes. Nas duas partes do texto, o autor tece considerações de ordem etnográfica e histórica para mostrar como as dimensões sincrônicas e diacrônicas podem ser complementares.

Esses textos de Lévi-Strauss, escritos na década de 1940 e no começo dos anos 1950, não provocaram grandes reações entre os historiadores, nem na França nem em outros países. Porém, o texto "Raça e história", de 1952, serviu de estopim para críticas que se estenderam ao longo da década e se aprofundaram nos anos seguintes. Publicado no seio do projeto da Organização das Nações Unidas para a Educação, a Ciência e a Cultura (Unesco) sobre a questão da raça, enfatizava dois elementos: uma crítica das diferenças raciais como fundamento para as diferenças culturais e uma crítica à noção ocidental de progresso – é esta que nos interessa aqui.

Nesta crítica, Lévi-Strauss esclarece que as sociedades vivem o processo histórico de formas distintas: algumas (como o Ocidente) fazem da transformação no tempo uma espécie de motor, e outras criam formas de negar essa transformação, vivendo como se ela não existisse. O antropólogo denominou a primeira relação com o tempo de *história cumulativa*; já a segunda seria uma *história estacionária*. Em uma série de entrevistas publicadas em 1960, ele retoma essa distinção, sugerindo que uma diferença entre o Ocidente e as sociedades estudadas pelos antropólogos poderia ser compreendida pela seguinte analogia: se algumas sociedades poderiam ser representadas pela máquina a vapor, outras seriam como relógios (Lévi-Strauss, 1991). Assim, algumas sociedades seriam "quentes", e outras, "frias". Essas colocações, somadas ao modo como o autor retratou, em *Tristes trópicos*, as sociedades indígenas com que teve um breve contato no Brasil, criaram um campo crítico no qual ele era acusado de negar a história.

Allan de Paula Oliveira

> Conforme mencionamos no Capítulo 4, a fama de Lévi-Strauss se tornou grande a partir de 1955, quando publicou *Tristes trópicos*. Em 1958, ele lançou a coletânea *Antropologia estrutural*, com muitos de seus textos publicados na década de 1940, como *História e etnologia*. Ao contrário da obra original, de 1949, essa republicação provocou respostas dos historiadores: Fernand Braudel o fez em um artigo intitulado "História e ciências sociais: a longa duração", publicado nos *Annales* no segundo semestre de 1958.

Essa acusação veio muito mais do campo da política – sobretudo do pensamento marxista, que, na França da década de 1950, vivia um momento de muita influência – que do campo da história. Braudel (1978) não discorda tanto das colocações de Lévi-Strauss sobre a questão do inconsciente, mas lembra que a história, tal como ele propunha, deveria se desdobrar em diferentes durações, ao passo que a etnologia se ateria somente à longa duração.

No decorrer da década de 1960, a análise estrutural foi se tornando cada vez mais relacionada a um formalismo que a afastava dos debates com a história, embora Lévi-Strauss sempre tenha sugerido a complementaridade entre ambas as disciplinas. Ele retomou o tema em um segundo texto, intitulado *História e etnologia*, publicado nos *Annales* em 1983.[5]

No entanto, é possível outra leitura dessas reflexões de Lévi-Strauss sobre a forma como cada sociedade se relaciona com a história. Não se trata de negar a história, mas de percebê-la como uma dimensão inserida em esquemas culturais. É inegável que o tempo passa e que há uma sucessão de eventos e acontecimentos em uma sociedade; no entanto, cada sociedade conceitualiza isso a sua maneira. Afirmar que certas sociedades vivem como se o tempo não tivesse transcorrido não significa que o tempo, de fato, não passou, mas que essas

---

5 Sobre os debates entre a antropologia estrutural e os historiadores, veja Hartog (2006).

sociedades se relacionam com o tempo e, por extensão, com a história de uma maneira específica.

Assim, os apontamentos de Lévi-Strauss em "Raça e história"; as ideias de história cumulativa e história estacionária e de sociedades "frias ou quentes"; e a forma como ele retratou as sociedades indígenas em *Tristes trópicos* não representavam afirmações da antropologia perante a história como disciplina, mas reflexões sobre como o tempo é conceitualizado. Dessa forma, Lévi-Strauss contribuía para uma reflexão sobre a forma como o tempo se constitui em uma categoria do pensamento – temática que sempre foi cara às ciências sociais na França, desde Durkheim.

> A questão relativa à forma como o tempo é conceitualizado em diversas culturas, ou ainda uma antropologia do tempo, foi matéria de diversos trabalhos. Evans-Pritchard (1978) tratou disso em 1940 entre os Nuer africanos. Em 1953, Leach (1978) produziu uma reflexão sobre a forma como sociedades distintas pensaram a questão do tempo. Mais recentemente, o antropólogo inglês Alfred Gell (2014) produziu uma antropologia do tempo, também abordando diferentes conceituações da ideia temporal.

Isso se tornou ainda mais evidente em *O pensamento selvagem*, publicado originalmente em 1962. O objetivo de Lévi-Strauss é restaurar o estatuto epistêmico do pensamento mítico e, no penúltimo capítulo, "O tempo redescoberto", o autor mostra como essa forma de pensamento lida com a questão do tempo e como várias sociedades, através de seus sistemas míticos, assumem a passagem do tempo. Ou seja, como o mito enquadra o tempo como dimensão.

Nesse sentido, Lévi-Strauss (1970) mostra como diversos sistemas míticos lidam com a questão da classificação dos fenômenos e sua serialização (concatenamento), de modo que vários deles "congelam" a passagem do tempo. Até esse ponto, de certa forma, ele exemplifica o que já havia afirmado anteriormente. No último capítulo,

Allan de Paula Oliveira

"História e dialética", todavia, voltou-se ao estatuto da história como saber. O autor toma como mote de análise as colocações de Jean-Paul Sartre sobre a questão da dialética na história. Para Lévi-Strauss (1970, p. 292), Sartre representava um tipo de discurso em que a história assume uma posição privilegiada no estudo do homem:

> Entre os filósofos contemporâneos, certamente Sartre não é o único a valorizar a história em detrimento das outras ciências humanas e a fazer dela uma concepção quase mística. [...]
>
> [...] Dir-se-ia que, a seus olhos, a dimensão temporal goza de um prestígio especial, como se a diacronia criasse um tipo de inteligibilidade, não apenas superior ao que traz a sincronia, mas, sobretudo, de ordem mais especificamente humana.

A crítica de Lévi-Strauss não se direciona à forma como os historiadores trabalham, mas ao lugar da história no pensamento ocidental ou, ainda, à consciência histórica citada na primeira parte deste capítulo (Goldman, 1999). A reflexão de Lévi-Strauss (1970) é surpreendente nesse sentido: ele sugere o caráter mítico da história, no qual ela aparece como uma tentativa do pensamento moderno de criar inteligibilidade a partir de formas específicas de concatenação de fatos.

Uma vez mais, não é o saber historiográfico que está em questão – não há um debate com historiadores –, mas os usos filosóficos da história, seu privilégio como saber sobre o homem. Esse privilégio foi elevado a uma concepção quase mítica, sobretudo pelo pensamento marxista. E não foi sem razão que as maiores críticas a esses escritos de Lévi-Strauss sobre a história ou, ainda, ao método estrutural como modo de análise de fenômenos da sociedade partiram de pensadores marxistas.[6]

---

6 Para uma crítica marxista das ideias de Lévi-Strauss, confira Althusser (2005).

(6.5)
ANTROPOLOGIA HISTÓRICA E ETNO-HISTÓRIAS

As reflexões de Lévi-Strauss sobre o lugar do tempo no pensamento mítico e sobre a história em algumas expressões da consciência moderna o transformaram em uma espécie de símbolo do afastamento entre antropologia e história. A partir do final da década de 1960, canais de diálogo entre as duas disciplinas começaram a ser mais estabelecidos de fato, rompendo barreiras entre abordagens sincrônicas e diacrônicas.

Do lado historiográfico, a emergência de algumas tendências no interior da disciplina acolheram certas perspectivas antropológicas, especialmente no que diz respeito à atenção de aspectos considerados menores da vida social. É o caso das temáticas abordadas pela terceira geração dos *Annales* na França e seu conceito de mentalidades; da história social inglesa com seu lema "a história vista de baixo"; e da emergência de uma história que se autointitulava *cultural*, atenta a práticas relacionadas à ideia de cultura. Autores que se tornaram referências nesses campos, como Philippe Aries, Robert Darnton, Carlo Ginzburg e Edward P. Thompson, apontaram sua atenção aos trabalhos desenvolvidos por antropólogos em sociedades "primitivas".

Do lado antropológico, dois desenvolvimentos foram muito importantes. O primeiro foi a superação da ideia de etnografia como um procedimento estritamente sincrônico, tal como consagrado por Malinowski. É fato que, em muitos casos, como assinalado por Evans-Pritchard (1985), a ênfase da etnografia em procedimentos sincrônicos se devia também à ausência de fontes sobre as quais o antropólogo pudesse trabalhar. Todavia, esse tipo de limitação se tornou cada vez menos usual, haja vista o desenvolvimento da própria ideia de fonte histórica e de técnicas de registro como a história oral.

Allan de Paula Oliveira

Ao mesmo tempo, antropólogos que trabalhavam em sociedades não ocidentais, mas dotadas de um grande registro histórico, como a Índia, países do Sudeste Asiático e a China, começaram a desenvolver trabalhos que se enquadravam na antropologia histórica, debruçando-se sobre fontes históricas e analisando-as a partir de conceitos alimentados por questões etnográficas. Como apontamos no Capítulo 3, trata-se do olhar etnográfico sobre documentos e fontes (Cunha, 2004) Essa antropologia histórica desenvolveu-se em torno do trabalho de autores como Bernard Cohn (estudioso da Índia), John e Jean Commaroff (estudiosos de sociedades africanas) e Marshall Sahlins, cujo trabalho *Ilhas de história*, sobre a história do Havaí nos séculos XVIII e XIX, tornou-se uma referência central nesse tipo de antropologia.

O segundo desenvolvimento foi a ideia de *etno-história*, um conceito atento às formas como cada cultura formula sua própria historicidade. Esse termo começou a ser usado na década de 1970 por estudiosos de culturas indígenas na América do Norte. Estudiosos de sociedades amazônicas o adotaram, ao mesmo tempo que retomavam, sob novas bases teóricas, as ideias de Lévi-Strauss – o estudo dos mitos em diversas sociedades ameríndias. Surgiram, então, abordagens em que a etno-história é estudada tanto pelo uso de técnicas de história oral quanto pelo uso de um corpo de informações dadas pela mitologia.

Além disso, as formas pelas quais as culturas se inserem em processos históricos mais amplos são descritas com atenção.[7] Um trabalho bastante referenciado nesse sentido é *Of Mixed Blood: Kinship and History in Peruvian Amazonia* (*De sangue misturado: parentesco e história*

---

7 Sobre o conceito de etno-história, confira Cavalcante (2011).

na Amazônia Peruana), publicado por Peter Gow em 1991. Nessa obra, o parentesco aparece como a forma central pela qual grupos indígenas peruanos incorporam as pressões e as transformações advindas dos contatos entre si e com a sociedade nacional peruana. Emerge daí outra visão dessas sociedades, geralmente vistas como vítimas de processos históricos mais amplos (a antiga ideia de aculturação), em que se ressaltam as formas como elas entendem os processos que vivem e os elaboram a partir de elementos de sua cultura, ou seja, como dão sentido aos processos históricos que vivenciam.

Indicação cultural

MUSIC for 18 Musicians. Composição: Steve Reich. 1976. Peça musical.

Steve Reich é um dos expoentes do minimalismo na música erudita, movimento que, na década de 1960, passou a pregar a composição a partir de elementos reduzidos, em termos de número de notas ou timbres, e com o uso intensivo de repetições. Essa repetição causa um efeito temporal, e é esse o aspecto que interessa em um capítulo sobre as relações entre antropologia e história. *Music for 18 Musicians* provoca, em certa medida, uma relativização do tempo de escuta, na medida em que a forma mais comum de escuta musical no Ocidente, baseada em um discurso que varia as notas durante um tempo, é posta em xeque. É importante observar que os compositores minimalistas das décadas de 1960 e 1970 tiveram grande influência de filosofias orientais.

Síntese

O surgimento da antropologia como saber científico ocorreu em um momento em que o Ocidente desenvolvia uma profunda autoconsciência, a qual passava por uma perspectiva extremamente histórica. Exatamente por isso, a antropologia evolucionista do século XIX tomava a história como o eixo sobre o qual as diferenças entre as sociedades poderiam ser representadas. Todavia, o desenvolvimento da antropologia como um saber produzido a partir de uma metodologia de trabalho de campo intensivo levou ao surgimento da ideia de que a análise antropológica era de cunho sincrônico, em oposição à diacronia da narrativa histórica. Isso foi muito presente na história da antropologia britânica entre 1920 e 1950. Um direcionamento mais crítico à história desenvolveu-se em torno da antropologia estrutural, proposta por Claude Lévi-Strauss, a qual apontou o caráter mítico da história e seu papel na relação de poder entre o Ocidente e as outras culturas do mundo. Essa antropologia também sugeriu que a história, como dimensão temporal, pode ser experimentada de diferentes maneiras, de acordo com cada cultura. A partir da década de 1970, desenvolveram-se abordagens antropológicas preocupadas com essas outras formas culturais da história e, também, campos como a etno-história.

Atividades de autoavaliação

1. Marque V para as afirmativas verdadeiras e F para as falsas.
   ( ) A antropologia influenciou a historiografia do século XX por sua atenção às dimensões simbólicas e aos aspectos considerados menores da vida social.
   ( ) A cristalização da antropologia no século XIX refletiu uma autoconsciência histórica da Europa.

( ) As sociedades às quais a antropologia se dedicou ao estudo já eram estudadas pela historiografia.

( ) A antropologia se desenvolveu ao longo do século XX mantendo-se a par dos desenvolvimentos da historiografia.

Assinale a alternativa que corresponde à sequência correta:

a) F, F, V, V.
b) F, V, F, V.
c) V, V, F, F.
d) V, F, F, F.

2. Analise as sentenças a seguir.

I) O objetivo da antropologia evolucionista era localizar as diferentes culturas em uma linha histórica evolutiva.

II) Franz Boas, em sua ênfase na particularidade de cada cultura, enfatizou a necessidade de o estudo das culturas passar por sua historicização.

III) A abordagem historicista da antropologia de Boas é uma influência importante em *Casa-grande & senzala*, de Gilberto Freyre.

IV) O neo-evolucionismo norte-americano significou a retomada de uma ideia de história mundial que permitisse a comparação de todas as culturas.

Assinale a alternativa correta:

a) Estão corretas apenas as afirmativas I e IV.
b) Está correta apenas a afirmativa III.
c) Estão corretas apenas as afirmativas II e IV.
d) Todas as afirmativas estão corretas.

3. Analise as proposições a seguir.

   I) A antropologia social britânica se caracterizou por uma ênfase na análise diacrônica dos fatos sociais, sobretudo a partir de teorizações desenvolvidas por Radcliffe-Brown.

   II) Uma das questões apontadas por Radcliffe-Brown para a ênfase em uma análise sincrônica era o fato de as sociedades estudadas pelos antropólogos serem, em grande medida, sem escrita, o que limitava o uso do método histórico.

   III) À medida que a antropologia britânica passou a estudar sociedades na África, a dimensão histórica dos fatos sociais foi sendo incorporada às agendas de pesquisa.

   IV) Antropólogos como Victor Turner, Max Gluckman e Mary Douglas foram influências importantes na historiografia inglesa, como atestam os trabalhos de Edward P. Thompson, por exemplo.

   Estão corretas apenas as afirmativas:

   a) I e IV.
   b) II, III e IV.
   c) I, II e III.
   d) III e IV.

4. Analise as sentenças a seguir.

   I) O fato de Lévi-Strauss apontar a natureza inconsciente dos fatos que interessavam à antropologia foi central na relação entre sua concepção antropológica e a história.

   II) Lévi-Strauss negou a dimensão histórica da experiência humana.

III) A história estacionária e a história cumulativa eram formas pelas quais Lévi-Strauss afirmava que algumas sociedades tinham história e outras não.

IV) Lévi-Strauss, em *O pensamento selvagem*, aponta o caráter mítico que a história assumiu no Ocidente.

Estão corretas as afirmativas:

a) I e II.
b) I, II e III.
c) III e IV.
d) I e IV.

5. Marque V para as afirmativas verdadeiras e F para as falsas.

( ) Os diálogos entre antropologia e história se tornaram mais intensos a partir da década de 1960.

( ) Do ponto de vista da antropologia, após a década de 1960, houve uma retomada da historicidade como dimensão possível para a análise antropológica, desenvolvendo-se, assim, a antropologia histórica.

( ) A etno-história possibilitou o estabelecimento de narrativas historiográficas a partir de parâmetros interculturais, em que se prezam as formas de outras culturas narrarem a própria história.

( ) Não é possível pensar no potencial político da etno-história.

Assinale a alternativa que corresponde à sequência correta:

a) V, V, V, F.
b) V, F, F, V.
c) V, F, V, V.
d) F, V, F, V.

Allan de Paula Oliveira

Atividades de aprendizagem

Questões para reflexão

1. Observe sua cidade ou algum lugar que você conhece há muito tempo. Pense nas coisas que mudaram completamente e naquelas que, para você, continuam do mesmo jeito. Sobre as coisas que não mudaram, responda: Como narrar a história delas? Elas têm uma história?

2. Nos últimos anos, várias manifestações musicais e artísticas brasileiras foram declaradas patrimônios imateriais, o que significa uma proteção do Estado a essas práticas, de modo que sua tradicionalidade seja protegida das pressões advindas do mundo moderno. Leia a reportagem "Jongo, expressão da cultura afro-brasileira", sobre uma tradicional manifestação negra presente no estado do Rio de Janeiro. Em sua cidade, o que poderia ser apontado como patrimônio imaterial?

ALTOÉ, L. Jongo, expressão da cultura afro-brasileira. **MultiRio**, 27 jan. 2016. Disponível em: <http://multirio.rio.rj.gov.br/index.php/leia/reportagens-artigos/reportagens/8637-jongo-expressao-da-cultura-afro-brasileira>. Acesso em: 18 jun. 2018.

Atividade aplicada: prática

1. A antropologia no século XX chamou a atenção para o fato de que o tempo é mediado pela cultura, ou seja, a história é experimentada de diferentes formas. Converse com amigos e familiares a respeito de algum processo ou fato histórico recente (que você também tenha vivido) e registre as informações por meio de gravações ou transcrições. Marque os pontos enfatizados e reflita sobre a forma como eles expressam o meio no qual a pessoa está inserida.

Considerações finais

Neste livro, apresentamos uma visão panorâmica de questões centrais para a antropologia e a história do desenvolvimento dessa disciplina. Alguns assuntos e debates importantes foram abordados de forma superficial, cabendo a você seguir as "pistas" caso se interesse.

Nos três primeiros capítulos, procuramos chamar a atenção para a contemporaneidade da antropologia. Nas últimas duas décadas, por conta de um processo de esvaimento da ideia de Estado de Bem-Estar Social, que se tornou hegemônica no Ocidente pós-Segunda Guerra Mundial, as humanidades têm sido bastante atacadas por discursos fundamentados em concepções utilitaristas. Nos Estados Unidos, o ensino das humanidades nas universidades tem sido atacado desde a década 1980, sob o argumento de que autores como Michel Foucault e Jacques Derrida são nocivos à sociedade. Na década de 1990, por exemplo, comissões do Congresso norte-americano foram organizadas para estabelecer parâmetros que impedissem reflexões baseadas em quaisquer ideias consideradas relativistas (Hartmann, 2015, p. 200-221). No Brasil, por sua vez, o avanço de ideias conservadoras calcadas em valores contrários à laicidade do Estado – aspecto importantíssimo do Estado moderno – expôs as humanidades e suas diferentes áreas (sociologia, história, antropologia, filosofia, psicologia) a ataques constantes e a ameaças de cerceamento de suas reflexões. Talvez por, historicamente, voltar-se àquilo que, no mundo moderno, foi relegado a uma posição de invisibilidade – sociedades indígenas ou grupos sociais cujo modo de vida escapava à normatização moderna –, a antropologia seja a área de humanas mais visada.

Exatamente por essa razão, a antropologia se faz extremamente necessária em qualquer esforço de preservar a democracia e o combate às desigualdades que marcam o mundo moderno. Não é possível falar em democracia se uma das marcas da contemporaneidade é a relegação de sociedades ou grupos sociais marcados por valores e modos de vida diferentes a um estado de invisibilidade social. Também não é possível qualquer debate mais sólido sobre a construção de sociedades mais justas sem aquilo que chamamos de *olhar antropológico*. Se a condição da política é a diferença, como aponta Arendt (2006), a inserção de grupos socialmente invisibilizados no debate político é de suma importância. A exclusão social de grupos marcados por visões de mundo, crenças religiosas, práticas sexuais e relações de gênero diferentes é um dos problemas mais prementes das democracias modernas e uma questão central para sociedades em processo de democratização. Por outro lado, as relações entre nações – marcadas no século XX por guerras terríveis – ainda carecem de uma sensibilidade capaz de perceber as diferenças e de refletir sobre elas. Em ambos os casos, a antropologia tem muito a oferecer.

Nos Capítulos 4 e 5, optamos por uma abordagem de síntese da história da antropologia, o que, do ponto de vista das atuais formas da escrita historiográfica, pode soar um tanto quanto ultrapassado. Uma possibilidade muito interessante seria o estabelecimento de problemas ou temas (religião, parentesco, política, arte, gênero, sexualidade, economia, ecologia, entre outros) em torno dos quais a história da disciplina fosse apresentada. Assim, no que se refere à religião, por exemplo, seriam agrupados autores de tradições distintas, como James Frazer, Bronisław Malinowski, Alfred Radcliffe-Brown, Mary Douglas, Claude Lévi-Strauss e Clifford Geertz. Todavia, conforme apontamos na apresentação, sínteses historiográficas do desenvolvimento da antropologia não são muito comuns e, quando se trata do estudo da disciplina por estudantes que não são da área de ciências sociais, uma síntese desse tipo pode ser útil.

No Capítulo 6, em que evidenciamos as visões sobre história adotadas pela antropologia e as diferentes aproximações desta com o saber historiográfico, abrimos a possibilidade de um trabalho inverso: as leituras antropológicas dos historiadores. Lucien Febvre, Edward P. Thompson, Carlo Ginzburg, Robert Darnton, Natalie Davis, Sidney Chalhoub, Nicolau Sevcenko, Laura de Mello e Souza, entre outros historiadores, revelaram-se em seus trabalhos (sobre diversos temas em diferentes temporalidades) muito atentos, senão influenciados, por uma literatura antropológica. Reflexões como as presentes no texto de Desan (1992), que mostrou como os trabalhos de Thompson e Davis – importantes nomes da historiografia nas décadas de 1970 e 1980 – foram influenciados pelas teorizações sobre rituais feitas por antropólogos como Victor Turner e Mary Douglas, só teriam a acrescentar a ambas as disciplinas.

Na bibliografia ao final do volume, há uma vasta literatura antropológica disponível em português e, felizmente, muitos textos canônicos da disciplina estão à disposição do leitor brasileiro.

Allan de Paula Oliveira

Referências

AGASSIZ, L.; AGASSIZ, E. C. C. **Viagem ao Brasil: 1865-1866**. Brasília: Senado Federal, 2000.

ALTHUSSER, L. Sobre Lévi-Strauss. **Campos: Revista de Antropologia**, Curitiba, v. 6, n. 1-2, p. 197-205, 2005.

ANDERSON, B. **Comunidades imaginadas**: reflexões sobre a origem e a difusão do nacionalismo. São Paulo: Companhia das Letras, 2008.

ARAÚJO, R. B. de. **Guerra e paz**: Casa-grande & senzala e a obra de Gilberto Freyre nos anos 30. Rio de Janeiro: Ed. 34, 1994.

ARENDT, H. **O que é política?** Rio de Janeiro: Bertrand Brasil, 2006.

ARON, R. **As etapas do pensamento sociológico**. São Paulo: M. Fontes, 2000.

ARRUDA, M. A. do N. A sociologia de Florestan Fernandes. **Tempo Social**, São Paulo, v. 22, n. 1, p. 9-27, 2010.

BALANDIER, G. A noção de situação colonial. **Cadernos de Campo**, São Paulo, n. 3, p. 107-131, 1993.

BARREIRO, J. C. **Imaginário e viajantes no Brasil do século XIX**: cultura e cotidiano, tradição e resistência. São Paulo: Ed. da Unesp, 2002.

BASTOS, E. R. et al. (Org.). **Conversas com sociólogos brasileiros:** retórica e teoria na história do pensamento sociológico no Brasil. São Paulo: Ed. 34, 2006.

BECKER, H. A Escola de Chicago. **Mana: Revista de Antropologia Social**, Rio de Janeiro, v. 2, n. 2, p. 177-188, 1996.

BOAS, F. **A formação da antropologia norte-americana:** 1883-1911. Rio de Janeiro: Ed. da UFRJ/Contraponto, 2004a.

BOAS, F. **Anthropology and Modern Life**. New York: W. W. Norton & Company, 1962.

BOAS, F. As limitações do método comparativo da antropologia. In: BOAS, F. **Antropologia cultural**. Rio de Janeiro: J. Zahar, 2004b. p. 34-39.

BOELLSTORFF, T. et al. (Ed.). **Ethnography and Virtual Worlds:** a Handbook of Method. New Jersey: Princeton University Press, 2012.

BRAUDEL, F. História e ciências sociais: a longa duração. In: BRAUDEL, F. **Escritos sobre a história**. São Paulo: Perspectiva, 1978. p. 41-78.

BRUMANA, F. G. Griaule, a etnografia do segredo. In: GROSSI, M.; MOTTA, A.; CAVIGNAC, J. **Antropologia francesa no século XX**. Recife: Fundação Joaquim Nabuco, 2006. p. 129-173.

BURKE, P. Gilberto Freyre e a Nova História. **Tempo Social**, v. 9, n. 2, p. 1-12, out. 1997.

CAMPOY, L. **Trevas sobre a luz:** o underground do heavy metal extremo no Brasil. São Paulo: Alameda, 2010.

CANCLINI, N. G. **Culturas híbridas:** estratégias para entrar e sair da modernidade. São Paulo: Edusp, 2008.

CASTRO, C. Apresentação. In: BENEDICT, R.; MEAD, M.; SAPIR, E. **Cultura e personalidade**. Rio de Janeiro: Zahar, 2015. p. 7-15.

CASTRO, C. Apresentação. In: BOAS, F. **Antropologia cultural**. Rio de Janeiro: J. Zahar, 2004. p. 7-23.

CASTRO, C. (Org.). **Evolucionismo cultural**: textos de Morgan, Tylor e Frazer. Rio de Janeiro: J. Zahar, 2005.

CAVALCANTE, T. Etno-história e história indígena: questões sobre os conceitos, métodos e relevância da pesquisa. **História**, São Paulo, v. 30, n. 1, p. 349-371, 2011.

CAVALCANTI, M. L. V. de C. Luzes e sombras no dia social: o símbolo ritual em Victor Turner. **Horizontes Antropológicos**, Porto Alegre, ano 18, n. 37, p. 103-131, jan./jun. 2012.

CLIFFORD, J. **A experiência etnográfica**: antropologia e literatura no século XX. Rio de Janeiro: Ed. da UFRJ, 2002a.

CLIFFORD, J. **Routes**: Travel and Translation in the Late Twentieth Century. Boston: Harvard University Press, 1997.

CLIFFORD, J. Sobre a autoridade etnográfica. In: CLIFFORD, J. **A experiência etnográfica**: antropologia e literatura no século XX. Rio de Janeiro: Ed. da UFRJ, 2002b. p. 17-62.

COELHO, V. P. (Org.). **Karl von den Steinem**: um século de antropologia no Xingu. São Paulo: Edusp, 1993.

CORBIN, A. Bastidores. In: PERROT, M. (Org.). **História da vida privada**. São Paulo: Companhia das Letras, 2009. p. 387-568. v. IV: Da Revolução Francesa à Primeira Guerra.

CORRÊA, M. **As ilusões da liberdade**: a Escola Nina Rodrigues e a antropologia no Brasil. São Paulo: Edusp, 2013.

CORRÊA, M. Nina Rodrigues e a garantia de "ordem social". **Revista USP**, São Paulo, n. 68, p. 130-139, 2006.

CUNHA, E. **Os sertões**. Curitiba: Positivo, 2004.

CUNHA, M. C. da. **Cultura com aspas e outros ensaios.** São Paulo: Cosac Naify, 2009.

CUNHA, O. M. G. da. Do ponto de vista de quem? Diálogos, olhares e etnografias dos/nos arquivos. Estudos Históricos, Rio de Janeiro, v. 2, n. 36, p. 7-32, jul./dez. 2005.

CUNHA, O. M. G. da. Tempo imperfeito: uma etnografia do arquivo. **Mana: Revista de Antropologia,** Rio de Janeiro, v. 10, n. 2, out. 2004.

DAMATTA, R. Repensando E. R. Leach. In: DAMATTA, R. (Org.). **Edmund Leach:** antropologia. São Paulo: Ática, 1983. p. 7-54.

DARNTON, R. **O grande massacre de gatos:** e outros episódios da história cultural francesa. Rio de Janeiro: Graal, 1988.

DELEUZE, G.; GUATTARI, F. **O que é filosofia?** São Paulo: Ed. 34, 1991.

DESAN, S. Massa, comunidade e ritual na obra de E. P. Thompson e Natalie Davies. In: HUNT, L. (Org.). **Nova história cultural.** São Paulo: M. Fontes, 1992. p. 63-95.

DOSSE, F. **História do estruturalismo:** o campo do signo – 1945-1966. São Paulo: Ensaio, 1993. v. 1.

DOUGLAS, M. **El Levítico como literatura.** Madrid: Gedisa, 1999.

DOUGLAS, M. **Pureza e perigo.** São Paulo: Perspectiva, 2005.

DUARTE, L. F. D. (Org.). **Horizontes das ciências sociais no Brasil.** São Paulo: Anpocs, 2010. v. 1: Antropologia.

DUMONT, L. **Homo Hierarchicus:** o sistema das castas e suas implicações. São Paulo: Edusp, 2005.

DURKHEIM, E. **As formas elementares da vida religiosa.** São Paulo: M. Fontes, 2003.

DURKHEIM, E. **As regras do método sociológico.** São Paulo: M. Fontes, 2007.

ELIAS, N. **Mozart**: sociologia de um gênio. Rio de Janeiro: Zahar, 1995.

ELIAS, N. **O processo civilizador**. Rio de Janeiro: Zahar, 2011. v. 1: Uma história dos costumes.

EVANS-PRITCHARD, E. Antropologia e história. In: EVANS-PRITCHARD, E. **Ensayos de Antropologia Social**. México: Siglo Veinteuno, 1974. p. 44-67.

EVANS-PRITCHARD, E. **Bruxaria, oráculos e magia entre os Azande**. Rio de Janeiro: Zahar, 2005.

EVANS-PRITCHARD, E. **Os Nuer**: uma descrição do modo de subsistência e das instituições políticas de um povo nilota. São Paulo: Perspectiva, 1978.

FABIAN, A. (Org.). **Evolução**: sociedade, ciência e universo. Bauru: Edusc, 2003.

FABIAN, J. **O tempo e o outro**: como a antropologia estabelece seu objeto. Petrópolis: Vozes, 2013.

FRANK, E. Viajar é preciso: Theodor Koch-Grünberg e a *Völkerkunde* alemã do século XIX. **Revista de Antropologia**, São Paulo, v. 48, n. 2, p. 559-584, jul./dez. 2005.

FRAZER, J. **O ramo de ouro**. Rio de Janeiro: J. Zahar, 1982.

FREUD, S. **Totem e tabu**. São Paulo: Companhia das Letras, 2013.

FREYRE, G. **Casa-grande & senzala**. Recife: Fundação Gilberto Freyre, 2003.

GEERTZ, C. O impacto do conceito de cultura sobre o conceito de homem. In: GEERTZ, C. **A interpretação das culturas**. Rio de Janeiro: LTC, 1989a. p. 185-213.

GEERTZ, C. **Obras e vidas**: o antropólogo como autor. Rio de Janeiro: Editora da UFRJ, 2002.

GÂNDAVO, P. de M. **Tratado da terra do Brasil**. Brasília: Senado Federal, 2008.

GEERTZ, C. Um jogo absorvente: notas sobre a briga de galos balinesa. In: GEERTZ, C. **A interpretação das culturas**. Rio de Janeiro: LTC, 1989b. p. 6-22.

GELL, A. **A antropologia do tempo**: construções culturais de mapas e imagens temporais. Petrópolis: Vozes, 2014. (Coleção Antropologia).

GIDDENS, A.; SUTTON, P. W. **Conceitos essenciais de sociologia**. São Paulo: Ed. da Unesp, 2016.

GIUMBELLI, E. Para além do "trabalho de campo": reflexões supostamente malinowskianas. **Revista Brasileira de Ciências Sociais**, v. 17, n. 48, p. 91-107, 2002.

GLUCKMAN, M. Análise de uma situação social na Zululândia moderna. In: FELDMAN-BIANCO, B. (Org.). **Antropologia das sociedades contemporâneas**: métodos. São Paulo: Global, 1987. p. 227-267.

GOLDMAN, M. Lévi-Strauss e os sentidos da história. In: GOLDMAN, M. **Alguma antropologia**. Rio de Janeiro: Relume-Dumará, 1999. p. 43-54.

GOMES, L. G.; BARBOSA, L.; DRUMMOND, J. A. (Org.). **O Brasil não é para principiantes**: carnavais, malandros e heróis – 20 anos depois. Rio de Janeiro: FGV, 2001.

GROSSI, M. Duas Germaines e uma Denise: as alunas de Mauss. In: GROSSI, M.; MOTTA, A.; CAVIGNAC, J. (Org.). **Antropologia francesa no século XX**. Recife: Massangana, 2006. p. 239-258.

GROSSI, M.; MOTTA, A.; CAVIGNAC, J. (Org.). **Antropologia francesa no século XX**. Recife: Massangana, 2006.

GUIMARÃES, R. E. M. Os estudos de comunidade e urbanos coordenados por Donald Pierson na Escola Livre de Sociologia e Política de São Paulo. **Cadernos CERU**, v. 22, n. 1, p. 221-238, jun. 2011.

HARTMANN, A. **A War for the Soul of America**. Chicago: The Chicago University Press, 2015.

HARTOG, F. O olhar distanciado: Lévi-Strauss e a história. **Topoi**, v. 7, n. 12, p. 9-24, jan./jun. 2006.

HINE, C. **Ethnography for the Internet**: Embedded, Embodied and Everyday. New York: Bloomsbury, 2015.

HOBSBAWM, E. **A era dos impérios**: 1875-1914. São Paulo: Paz e Terra, 2002.

HOLANDA, S. B. **Visão do paraíso**: os motivos edênicos no descobrimento e colonização do Brasil. São Paulo: Brasiliense/Publifolha, 2000.

INGOLD, T. A evolução da sociedade. In: FABIAN, A. (Org.). **Evolução**: sociedade, ciência e universo. Bauru: Edusc, 2003. p. 103-131.

INGOLD, T. **Key Debates in Anthropology**. London: Routledge, 1996.

JAMESON, F. **Pós-modernismo**: a lógica cultural do capitalismo tardio. São Paulo: Ática, 2007.

KUPER, A. **A reinvenção da sociedade primitiva**: transformações de um mito. Recife: Ed. da UFPE, 2008.

KUPER, A. **Antropólogos e antropologia**. Rio de Janeiro: F. Alves, 1978.

KUPER, A. **Cultura**: a visão dos antropólogos. Bauru: Edusc, 2002.

LANNA, M. Marcel Mauss. In: ROCHA, E.; FRID, M. (Org.). **Os antropólogos**: de Edward Tylor a Pierre Clastres. Petrópolis: Vozes, 2015. p. 61-78. (Coleção Clássicos das Ciências Sociais).

LARAIA, R. de B. **Cultura**: um conceito antropológico. Rio de Janeiro: Zahar, 2009.

LATOUR, B. **Jamais fomos modernos**: ensaio de antropologia simétrica. São Paulo: 34, 1994.

LEACH, E. R. Dois ensaios a respeito da representação simbólica do tempo. In: LEACH, E. R. **Repensando a antropologia.** São Paulo: Perspectiva, 1978. p. 193-210.

LEACH, E. R. O cabelo mágico. In: DAMATTA, R. (Org.). **Edmund Leach:** antropologia. São Paulo: Ática, 1983. p. 139-169.

LÉVI-STRAUSS, C. A análise estrutural em linguística e em antropologia. In: LÉVI-STRAUSS, C. **Antropologia estrutural.** Rio de Janeiro: Tempo Brasileiro, 1996a. p. 45-70.

LÉVI-STRAUSS, C. A crise da moderna antropologia. **Revista de Antropologia,** São Paulo, v. 10, n. 1-2, p. 19-26, 1962.

LÉVI-STRAUSS, C. A noção de estrutura em etnologia. In: LÉVI-STRAUSS, C. **Antropologia estrutural.** Rio de Janeiro: Tempo Brasileiro, 1996b. p. 313-359.

LÉVI-STRAUSS, C. **Arte, linguagem e etnologia.** Entrevista concedida a Georges Charbonnier. Campinas: Papirus, 1991.

LÉVI-STRAUSS, C. **As estruturas elementares do parentesco.** Petrópolis: Vozes, 2010.

LÉVI-STRAUSS, C. **De perto e de longe.** São Paulo: Cosac Naify, 2005.

LÉVI-STRAUSS, C. História e etnologia. In: LÉVI-STRAUSS, C. **Antropologia estrutural.** Rio de Janeiro: Tempo Brasileiro, 1996c. p. 13-41.

LÉVI-STRAUSS, C. Introdução à obra de Marcel Mauss. In: MAUSS, M. **Sociologia e antropologia.** São Paulo: Cosac Naify, 2003. p. 11-46.

LÉVI-STRAUSS, C. **O pensamento selvagem.** São Paulo: Companhia Editora Nacional, 1970.

LÉVI-STRAUSS, C. Raça e história. In: **Antropologia estrutural dois.** Rio de Janeiro: Tempo Brasileiro, 1993. p. 328-366.

LÉVI-STRAUSS, C. **Tristes trópicos**. São Paulo: Companhia das Letras, 1996d.

McLUHAN, M. **A galáxia Gutemberg**: a formação do homem tipográfico. São Paulo: Companhia Editora Nacional, 1972.

MAGNANI, J. G. Quando o campo é a cidade. In: MAGNANI, J. G.; TORRES, L. (Org.). **Na metrópole**: textos de antropologia urbana. São Paulo: Edusp/Fapesp, 2000. p. 12-53.

MAGNANI, J. G.; TORRES, L. (Org.). **Na metrópole**: textos de antropologia urbana. São Paulo: Edusp/Fapesp, 2000.

MAIO, M. C. O projeto Unesco e a agenda das ciências sociais no Brasil dos anos 40 e 50. **Revista Brasileira de Ciências Sociais**, v. 14, n. 41, p. 142-158, 1999.

MALINOWSKI, B. **Os argonautas do Pacífico Ocidental**. São Paulo: Abril Cultural, 1984.

MARCUS, G. E. Ethnography in/of World System: the Emergence of Multi-Sited Ethnography. **Annual Review of Anthropology**, v. 24, p. 95-117, 1995.

MAUSS, M. **Ensaios de sociologia**. São Paulo: Perspectiva, 2001.

MAUSS, M. **Sociologia e antropologia**. São Paulo: Cosac Naify, 2003.

MAUSS, M.; FAUCONNET, P. Sociologia. In: MAUSS, M. **Ensaios de sociologia**. São Paulo: Perspectiva, 2001. p. 3-33. (Coleção Estudos).

MELATTI, J. C. Antropologia no Brasil: um roteiro. **Boletim Informativo e Bibliográfico de Ciências Sociais (BIB)**, Rio de Janeiro, n. 17, p. 1-92, 1984.

MENDOZA, E. Donald Pierson e a escola sociológica de Chicago no Brasil: os estudos urbanos na cidade de São Paulo (1935-1950). **Sociologias**, Porto Alegre, ano 7, n. 14, p. 440-470, jun./dez. 2005.

MORGAN, L. H. "A sociedade antiga". In: CASTRO, C. (Org.). **Evolucionismo cultural**: textos de Morgan, Tylor e Frazer. Rio de Janeiro: J. Zahar, 2005. p. 21-31.

MOTTA, A. A África fantasma de Michel Leiris. In: GROSSI, M.; MOTTA, A.; CAVIGNAC, J. (Org.). **Antropologia francesa no século XX**. Recife: Fundação Joaquim Nabuco, 2006. p. 261-283.

MOURA, M. **Nascimento da antropologia cultural**: a obra de Franz Boas. São Paulo: Hucitec, 2004.

NICOLAZZI, F. **Um estilo de história**: a viagem, a memória, o ensaio – sobre Casa-grande & senzala e a representação do passado. São Paulo: Ed. da Unesp, 2011.

NOGUEIRA, O. Os estudos de comunidade no Brasil. **Revista de Antropologia**, São Paulo, v. 3, n. 2, p. 95-104, 1955.

OLIVEIRA, N. da S.; MAIO, M. C. Estudos de comunidade e ciências sociais no Brasil. **Revista Sociedade e Estado**, Brasília, v. 26, n. 3, p. 521-550, set./dez. 2011.

OLIVEIRA, R. C. de. A noção de "colonialismo interno" na etnologia (1966). In: OLIVEIRA, R. C. de. **A sociologia do Brasil indígena**. Rio de Janeiro: Tempo Brasileiro, 1978. p. 75-82.

OLIVEIRA, R. C. de. Euclides da Cunha, Os sertões e a invenção de um Brasil profundo. **Revista Brasileira de História**, São Paulo, v. 22, n. 44, p. 511-537, 2002.

OLIVEIRA, R. C. de. **O índio e o mundo dos brancos**. São Paulo: Pioneira, 1972.

OLIVEIRA, R. C. de. O movimento dos conceitos na antropologia. In: OLIVEIRA, R. C. de. **O trabalho do antropólogo**. São Paulo: Ed. da Unesp, 2000. p. 37-52.

OLIVEIRA, R. C. de. **Tempo e tradição:** interpretando a antropologia. In: OLIVEIRA, R. C. de. Anuário Antropológico 84, Brasília, 1984, p. 191-203.

PARKIN, R. Los países francoparlantes. In: BARTH, F. et al. (Ed.). **Una disciplina, cuatro caminos:** antropologia británica, alemana, francesa y estadounidense. Buenos Aires: Prometeo, 2012. p. 199-316.

PEIRANO, M. Edmund Leach. In: ROCHA, E.; FRID, M. (Org.). **Os antropólogos:** de Edward Tylor a Pierre Clastres. Petrópolis: Vozes, 2015. p. 181-192. (Coleção Clássicos das Ciências Sociais).

PEIXOTO, F. Franceses e norte-americanos nas ciências sociais brasileiras. In: MICELI, S. (Org.). **História das ciências sociais no Brasil.** São Paulo: Sumaré, 2001. p. 477-531. v. 1.

PESAVENTO, S. **Exposições universais:** espetáculos da modernidade do século XIX. São Paulo: Hucitec, 1997.

POZ, J. dal. A etnia como sistema: contato, fricção e identidade no Brasil indígena. **Sociedade e Cultura,** v. 6, n. 2, p. 177-188, jul./dez. 2003.

PRATT, M. L. **Os olhos do Império:** relatos de viagem e transculturação. Bauru: Edusc, 1999.

RADCLIFFE-BROWN, A. O método comparativo em antropologia social. In: MELATTI, J. C. (Org.). **Radcliffe-Brown:** antropologia. São Paulo: Ática, 1983. p. 44-58. (Coleção Grandes Cientistas Sociais).

RADCLIFFE-BROWN, A. Sobre estrutura social. In: RADCLIFFE-BROWN, A. **Estrutura e função na sociedade primitiva.** Petrópolis: Vozes, 2013a. p. 169-182.

RADCLIFFE-BROWN, A. Sobre o conceito de função em ciências sociais. In: RADCLIFFE-BROWN, A. **Estrutura e função na sociedade primitiva.** Petrópolis: Vozes, 2013b. p. 161-168.

RAMINELLI, R. Do conhecimento físico e moral dos povos: iconografia e taxionomia na viagem filosófica de Alexandre Rodrigues Ferreira. **História, Ciências e Saúde**, Manguinhos, v. 3, p. 969-992, 2001.

RAMINELLI, R. **Imagens da colonização**: a representação do índio de Caminha a Vieira. São Paulo: Edusp, 1996.

REVISTA SEXTA-FEIRA. Entrevista com o antropólogo Eduardo Viveiros de Castro. São Paulo, v. 4, p. 112-129, 1999.

ROCHA, E.; FRID, M. Mary Douglas. In: ROCHA, E.; FRID, M. (Org.). **Os antropólogos**: de Edward Tylor a Pierre Clastres. Petrópolis: Vozes, 2015. p. 225-239. (Coleção Clássicos das Ciências Sociais).

ROGERS, S. C. Anthropology in France. **Annual Review of Anthropology**, v. 30, p. 481-504, 2001.

SAHLINS, M. O que é Iluminismo antropológico? Algumas lições do século XX. In: SAHLINS, M. **Cultura na prática**. Rio de Janeiro: Ed. da UFRJ, 2007. p. 533-560.

SAMPAIO-SILVA, O. O antropólogo Herbert Baldus. **Revista de Antropologia**, São Paulo, v. 43, n. 2, p. 23-79, 2000.

SANSONE, L. Estados Unidos e Brasil no Gantois: o poder e a origem transnacional dos estudos afro-brasileiros. **Revista Brasileira de Ciências Sociais**, v. 27, n. 79, p. 9-29, jun. 2012.

SCHADEN, E. Pioneiros alemães da exploração etnológica do Alto Xingu. **Revista de Antropologia**, São Paulo, v. 33, p. 1-18, 1990.

SCHWARCZ, L. M. **O espetáculo das raças**: cientistas, instituições e questão racial no Brasil – 1870-1930. São Paulo: Companhia das Letras, 2003.

SEEGER, A. Etnografia da música. **Cadernos de Campo**, São Paulo, n. 17, p. 237-260, 2008.

SIGAUD, L. Apresentação. In: LEACH, E. **Sistemas políticos da Alta Birmânia**. São Paulo: Edusp, 2014. p. 9-47.

SIGAUD, L. As vicissitudes do "ensaio sobre o dom". **Mana: Revista de Antropologia Social**, Rio de Janeiro, v. 5, n. 2, p. 89-124, 1999.

SKIDMORE, T. **Preto no branco**: raça e nacionalidade no pensamento brasileiro (1870-1930). São Paulo: Companhia das Letras, 2012.

SMITH, G. E. **The Migrations of Early Culture**. Manchester: University of Manchester, 1915.

SOARES, A. A. Victor Turner. In: ROCHA, E.; FRID, M. (Org.). **Os antropólogos**: de Edward Tylor a Pierre Clastres. Petrópolis: Vozes, 2015. p. 207-224. (Coleção Clássicos das Ciências Sociais).

SOUSA, R. A. S. de. A extinção dos brasileiros segundo o conde Gobineau. **Revista Brasileira de História da Ciência**, v. 6, n. 1, p. 21-34, jan./jun. 2013.

SOUSA, R. A. S. de. **Agassiz e Gobineau**: as ciências contra o Brasil mestiço. Dissertação (Mestrado em História das Ciências e da Saúde) – Fundação Oswaldo Cruz, Rio de Janeiro, 2008.

STOCKING JR., G. W. **Malinowski, Rivers, Benedict and Others**: Essays on Culture and Personality. Madison: University of Wisconsin Press, 1986.

STOCKING JR., G. W. The Ethnographer's Magic: Fieldwork in British Anthropology from Tylor to Malinowski. In: STOCKING JR., G. W. (Ed.). **Observers Observed**: Essays on Ethnographic Fieldwork. Madison: The University of Wisconsin Press, 1983. p. 70-120.

TODOROV, T. **A conquista da América**: a questão do outro. São Paulo: M. Fontes, 2003.

TOLEDO, L. H. de. **Torcidas organizadas de futebol.** Campinas: Autores Associados/Anpocs, 1996.

TRAJANO FILHO, W. Que barulho é esse, o dos pós-modernos? **Anuário Antropológico,** Brasília, n. 86, p. 133-151, 1988.

TRAVASSOS, E. **Os mandarins milagrosos:** arte e etnografia em Mário de Andrade e Béla Bartók. Rio de Janeiro: Funarte/J. Zahar, 1997.

TYLOR, E. B. A ciência da cultura. In: CASTRO, C. (Org.). **Evolucionismo cultural:** textos de Morgan, Tylor e Frazer. Rio de Janeiro: J. Zahar, 2005. p. 69-99.

TURNER, V. **O processo ritual:** estrutura e antiestrutura. Petrópolis: Vozes, 1974.

VELHO, G. Antropologia urbana: interdisciplinaridade e fronteiras do conhecimento. **Mana: Revista de Antropologia Social,** Rio de Janeiro, v. 17, n. 1, p. 161-185, 2011.

VILHENA, L. R. **Projeto e missão:** o movimento folclórico brasileiro – 1947-1964. Rio de Janeiro: Funarte/Fundação Getulio Vargas, 1997.

VIVEIROS DE CASTRO, E. Imagens da natureza e da sociedade. In: VIVEIROS DE CASTRO, E. **A inconstância da alma selvagem.** São Paulo: Cosac Naify, 2002. p. 317-343.

VIVEIROS DE CASTRO, E. "Transformação" na antropologia, transformação da "antropologia". **Mana: Revista de Antropologia Social,** Rio de Janeiro, v. 18, n. 1, p. 151-171, 2012.

WACQUANT, L. **Corpo e alma:** notas etnográficas de um aprendiz de boxe. Rio de Janeiro: Relume-Dumará, 2002.

WAGNER, R. **A invenção da cultura.** São Paulo: Cosac Naify, 2010.

WEBER, M. Conceito e categorias da cidade. In: VELHO, O. (Org.). **O fenômeno urbano**. Rio de Janeiro: J. Zahar, 1967. p. 67-88.

WHITE, H. **Meta-história**: a imaginação histórica do século XIX. São Paulo: Edusp, 1992.

WHITE, H. Teoria literária e escrita da história. **Estudos Históricos**, Rio de Janeiro, v. 7, n. 13, p. 21-48, 1991.

WHITE, L.; DILLINGHAM, B. **O conceito de cultura**. Rio de Janeiro: Contraponto, 2009.

WOORTMANN, K. O selvagem e a história. Heródoto e a questão do outro. **Revista de Antropologia**, São Paulo, v. 43, n. 1, p. 13-59, 2000.

ZALUAR, A. Pesquisando no perigo: etnografias voluntárias e não acidentais. **Mana: Revista de Antropologia Social**, Rio de Janeiro, v. 15, n. 2, p. 557-584, out. 2009.

ZILLY, B. Sertão e nacionalidade: formação étnica e civilizatória no Brasil segundo Euclides da Cunha. **Estudos: Sociedade e Agricultura**, n. 12, p. 5-45, 1999.

Bibliografia comentada

Capítulo 1

KOPENAWA, D.; ALBERT, B. **A queda do céu**: palavras de um xamã yanomami. São Paulo: Companhia das Letras, 2015.

Kopenawa é um xamã yanomami que escreveu uma obra profunda na qual apresenta uma visão dos processos vividos por seu povo a partir do contato com o homem branco. É um convite ao pensamento indígena e a suas concepções sobre o mundo moderno.

SAID, E. **Orientalismo**: o Oriente como invenção do Ocidente. São Paulo: Companhia das Letras, 2007.

Publicado originalmente em 1978, o livro do intelectual palestino Said se tornou um clássico do chamado *pensamento pós-colonial* ao analisar as formas estereotipadas pelas quais o Ocidente sempre mirou o Oriente. Apesar das críticas a que a obra foi submetida, é uma boa reflexão sobre como as diferenças culturais são pensadas no Ocidente.

STADEN, H. **Duas viagens ao Brasil**. Porto Alegre: L&PM, 2008. Edição de bolso.

Um dos primeiros relatos sobre o encontro entre europeus e americanos, esse livro é uma deliciosa introdução a qualquer reflexão sobre as diferenças. Ficam evidentes para o leitor o susto inicial de ambos os lados no encontro, os medos, os julgamentos morais e as tentativas, mesmo que preconceituosas, de administração e compreensão da diferença.

TODOROV, T. **A conquista da América**: a questão do outro. São Paulo: M. Fontes, 2003.

Publicado na França originalmente em 1983, esse livro é uma excelente reflexão sobre como a descoberta da América alterou as concepções de alteridade no pensamento europeu. Ao mesmo tempo, revela como essas concepções ainda são importantes em nossa percepção sobre as diferenças.

Capítulo 2

GEERTZ, C. **Nova luz sobre a antropologia**. Rio de Janeiro: Zahar, 2001.

Coletânea de textos e de conferências produzidos nas décadas de 1980 e 1990, esse livro traz várias reflexões sobre a atualidade do trabalho antropológico, a questão do relativismo e a sociedade no final do século XX.

LARAIA, R. de B. **Cultura: um conceito antropológico**. Rio de Janeiro: Zahar, 2009.

Apesar de ter sido escrito na década de 1980 e, por isso, não apresentar debates mais recentes sobre a antropologia e seus conceitos, esse livro continua sendo muito útil como introdução à antropologia e a alguns de seus conceitos, sobretudo para o público externo às ciências sociais.

WAGNER, R. **A invenção da cultura**. São Paulo: Cosac Naify, 2010.

Publicado originalmente em 1976, esse livro foi retomado em debates muito recentes sobre a questão do uso do termo *cultura* no cenário político contemporâneo. O autor faz um convite a uma reflexão profunda sobre as possibilidades inventivas e dinâmicas da cultura.

YUDICE, G. **A conveniência da cultura**: usos da cultura na era global. Belo Horizonte: Ed. da UFMG, 2004.

Professor do Departamento de Línguas e Culturas Modernas da Universidade de Miami, Yudice tem produzido reflexões sobre diversos temas da cultura contemporânea, sobretudo os novos espaços políticos que a palavra *cultura* passou a ter nos últimos 40 anos. Essa coletânea é um ótimo índice dessas reflexões, que dialogam tanto com a antropologia quanto com a linha dos estudos culturais anglo-saxões.

Allan de Paula Oliveira

Capítulo 3

AGIER, M. **Encontros etnográficos**: interação, contexto, comparação. Maceió: Edufal, 2015.

A partir de sua experiência de pesquisa em contextos urbanos e de imigração, o autor oferece um bom ponto de partida para questionamentos contemporâneos sobre a ideia de etnografia, chamando a atenção tanto para questões clássicas quanto para críticas modernas à prática etnográfica.

CLASTRES, P. **Crônica dos índios Guayaki**. São Paulo: Ed. 34, 2001.

Pode parecer estranho para alguns teóricos o livro de Clastres ser citado como um exemplo de etnografia, haja vista as críticas etnográficas que seu trabalho recebe. Todavia, a obra em questão pode ser lida como um exemplo da vertigem que a etnografia, como literatura, pode produzir no leitor. O autor revela uma sociedade que, em certos aspectos, é oposta à forma como vivemos. No entanto, durante a leitura, é possível perceber que a vida guayaki, ou as formas que eles inventaram para responder às questões da vida (nascimento, morte, amor, ódio, medo etc.), faz sentido. Podemos não compactuar com esses sentidos, mas eles são produzidos também por seres humanos.

CLIFFORD, J. **A experiência etnográfica:** antropologia e literatura no século XX. Rio de Janeiro: Ed. da UFRJ, 2002.

Essa obra oferece uma visão das críticas pós-modernas e questões importantes referentes a elas, propiciando, ao mesmo tempo, reflexões sobre parâmetros clássicos da produção etnográfica.

WACQUANT, L. **Corpo e alma:** notas etnográficas de um aprendiz de boxe. Rio de Janeiro: Relume-Dumará, 2002.

Esse livro pode ser lido como ilustração de uma série de questões. Em primeiro lugar, a prática etnográfica em si mesma. Ao descrever seu processo de aprendizagem do boxe em uma academia em um gueto negro de Chicago, Wacquant revela as múltiplas temporalidades envolvidas na prática da etnografia, desde os momentos de estar com o outro até os registros em cadernos de campo e os diálogos com pares na universidade no sentido de apresentar seu trabalho. Em segundo lugar, o autor também exemplifica novas conceituações da ideia clássica de observação participante em função de categorias como corpo.

Capítulo 4

CASTRO, C. (Org.). **Textos básicos de antropologia:** cem anos de tradição – Boas, Malinowski, Lévi-Strauss e outros. Rio de Janeiro: Zahar, 2016.

Celso Castro vem realizando uma sequência de edições críticas de textos ligados à história da antropologia. Ele já organizou

Allan de Paula Oliveira

edições de antropólogos evolucionistas, de Franz Boas e de estudos de cultura e personalidade. A edição mais recente foi essa coletânea de textos clássicos, precedidos de comentários críticos de vários autores, como Malinowski, Lévi-Strauss, Turner, Dumont e Sahlins.

ERIKSEN, T.; NIELSEN, F. **História da antropologia**. Petrópolis: Vozes, 2010.

Uma das pouquíssimas histórias panorâmicas da antropologia publicadas no Brasil, esse livro oferece uma narrativa cronológica sobre a hegemonia de temas da disciplina: fundação, institucionalização, estudos sobre mudança, simbolismo, entre outros.

KUPER, A. **Cultura**: a visão dos antropólogos. Bauru: Edusc, 2002.

Esse livro oferece uma história do conceito de cultura e de seus desdobramentos na antropologia norte-americana. Além disso, o autor foca nos desenvolvimentos posteriores à década de 1960, a partir da análise de obras de Marshall Sahlins, David Schneider e Clifford Geertz e de trabalhos de autores pós-modernos.

ROCHA, E.; FRID, M. (Org.). **Os antropólogos**: de Edward Tylor a Pierre Clastres. Petrópolis: Vozes, 2015.

Essa coletânea traz textos, escritos por antropólogos brasileiros, sobre grandes nomes da história da antropologia, nos quais se mesclam a biografia e as contribuições teóricas de cada um. Os textos são curtos e constituem excelentes introduções ao estudo de cada autor.

Capítulo 5

CORRÊA, M. **Traficantes do simbólico e outros ensaios sobre a história da antropologia.** Campinas: Ed. da Unicamp, 2013.

Esse trabalho de Corrêa é uma das poucas obras que trazem um quadro panorâmico da história da antropologia no Brasil. A autora, ao longo de sua carreira, tomou como projeto o estudo dessa história e produziu trabalhos muito importantes sobre a antropologia no começo do século XX e sobre a obra de mulheres na antropologia brasileira, apresentando um recorte historiográfico feminista.

CUNHA, M. C. da. **Cultura com aspas e outros ensaios.** São Paulo: Cosac Naify, 2009.

Coletânea de trabalhos publicados nos últimos 30 anos por uma das principais antropólogas atuantes no Brasil. Com textos que transitam entre estudos sobre sociedades indígenas e temáticas que envolvem a ideia de antropologia simétrica, essa obra oferece, antes de tudo, uma leitura que aponta a politicidade da antropologia e sua importância na reflexão de questões sociais brasileiras.

DUARTE, L. F. D. (Org.). **Horizontes das ciências sociais no Brasil.** São Paulo: Anpocs, 2010. v. 1: Antropologia.

Coletânea organizada pela principal associação da área de ciências sociais no Brasil: a Anpocs. O material faz parte de uma trilogia dedicada a um mapeamento da produção atual das ciências sociais no Brasil, com um volume para cada área (antropologia, sociologia e ciência política). Com exceção de pouquíssimas áreas, como etnomusicologia, o volume dedicado à antropologia traz um quadro das principais áreas de pesquisa da antropologia brasileira no começo do século XXI, com indicações de trabalhos de referência e lacunas que ainda merecem ser pesquisadas.

SCHWARCZ, L. M. **O espetáculo das raças**: cientistas, instituições e questão racial no Brasil – 1870-1930. São Paulo: Companhia das Letras, 2003.

Esse livro aborda o desenvolvimento dos museus no Brasil do século XIX e as premissas de suas pesquisas científicas, que combinavam antropologia, história e biologia. Oferece uma excelente contextualização da entrada de ideias evolucionistas no meio intelectual brasileiro.

Capítulo 6

FAUSTO, C. **Inimigos fiéis**: história, guerra e xamanismo na Amazônia. São Paulo: Edusp, 2001.

Trabalho dedicado ao estudo dos Parakanã, grupo tupi da Amazônia, que sintetiza as abordagens contemporâneas da etnologia indígena, sobretudo sua relação com a história indígena e a etno-história.

GEERTZ, C. **Negara**: o Estado teatro no século XIX. Lisboa: Difel, 1991.

Publicado originalmente em 1980, esse estudo sobre a história política de Bali (que atualmente faz parte da Indonésia) foi produzido a partir de um experimento metodológico que combina recursos historiográficos com etnografia. O livro se tornou uma referência nos estudos antropológicos sobre política.

SAHLINS, M. **Ilhas de história.** Rio de Janeiro: Zahar, 1995.

Essa obra é fundamental para os debates entre antropologia e história e oferece ao leitor um panorama histórico desaa relação, com comentários sobre o pensamento marxista, a Nova História e a antropologia estrutural.

Allan de Paula Oliveira

Respostas

Capítulo 1

Atividades de autoavaliação
1. d
2. d
3. b
4. d
5. b

Capítulo 2

Atividades de autoavaliação
1. a
2. c
3. d
4. b
5. a

Atividades de aprendizagem
3. A reportagem revela o debate dentro da Igreja Católica sobre a adaptação ou não de um ritual tradicional a elementos da vida

moderna, como as dietas sem glúten, que têm sido adotadas por diversas pessoas e comunidades. Ou seja, um debate sobre até que ponto é possível mudar. Por outro lado, essas demandas mostram a pressão que o multiculturalismo coloca sobre as práticas culturais na modernidade.

Capítulo 3
Atividades de autoavaliação
1. b
2. c
3. a
4. c
5. a

Atividades de aprendizagem
2. As vantagens estão no acesso a aspectos que inserções rápidas no espaço de estudo não ofereceriam. A desvantagem é o perigo de uma conversão total do antropólogo, quando ele deixa de ser alguém que observa e passa a ser um mero participante.

Capítulo 4
Atividades de autoavaliação
1. d
2. a
3. b
4. a
5. d

Capítulo 5
Atividades de autoavaliação
1. b
2. d
3. a
4. c
5. a

Capítulo 6
Atividades de autoavaliação
1. c
2. d
3. b
4. d
5. a

Sobre o autor

Allan de Paula Oliveira é graduado em História pela Universidade Federal do Paraná (UFPR) e mestre e doutor em Antropologia Social pela Universidade Federal de Santa Catarina (UFSC). É professor de Antropologia e Sociologia na Universidade Estadual do Paraná (Unespar). Tem desenvolvido pesquisas sobre música popular, estudando gêneros musicais urbanos a partir de uma perspectiva que alia abordagens antropológicas e historiográficas. Realiza também pesquisas sobre futebol, tendo publicado o livro *O futebol da contracapa* (2012), um estudo etnográfico sobre a prática do futebol amador na cidade de Curitiba.

Impressão:
Junho/2023